अरविन्द जैन

जन्म : 7 दिसम्बर, 1953, उकलाना मंडी, हिसार (हरियाणा)। **शिक्षा :** प्रारम्भिक शिक्षा जनता हाईस्कूल, उकलाना; एस.डी. हायर सेकंडरी स्कूल, हाँसी, जैन हाईस्कूल और वैश्य कॉलेज, रोहतक (हरियाणा) में। पंजाब विश्वविद्यालय से वाणिज्य स्नातक (1974) और दिल्ली विश्वविद्यालय से विधि स्नातक (1977)। पंजाब विश्वविद्यालय (1973) में 'सर्वश्रेष्ठ वक्ता पुरस्कार' से सम्मानित। महिला, बाल एवं कॉपीराइट कानून के विशेषज्ञ। बाल-अपराध न्याय अधिनियम के लिए भारत सरकार द्वारा गठित विशेषज्ञ समिति के सदस्य।

रचनाएँ : *औरत होने की सज़ा, उत्तराधिकार बनाम पुत्राधिकार, न्यायक्षेत्रे अन्यायक्षेत्रे, यौन हिंसा और न्याय की भाषा* तथा *औरत : अस्तित्व और अस्मिता* शीर्षक से महिलाओं की कानूनी स्थिति पर विचारपरक पुस्तकें। *लापता लड़की* कहानी-संग्रह। विभिन्न पत्र-पत्रिकाओं में शोध लेख, कहानियाँ, समीक्षाएँ, कविताएँ और कानून सम्बन्धी स्तम्भ-लेखन।

सम्मान : हिन्दी अकादमी, दिल्ली द्वारा वर्ष 1999-2000 के लिए 'साहित्यकार सम्मान'; कथेतर साहित्य के लिए वर्ष 2001 का राष्ट्रीय शमशेर सम्मान।

सम्पर्क : सेक्टर 5, प्लाट नं. 835, वैशाली, गाजियाबाद, उत्तर प्रदेश-201010

अरविन्द जैन

बचपन से बलात्कार

राजकमल पेपरबैक्स

राजकमल पेपरबैक्स में
पहला संस्करण : 2015

राजकमल पेपरबैक्स : उत्कृष्ट साहित्य के जनसुलभ संस्करण

राजकमल प्रकाशन प्रा. लि.
1-बी, नेताजी सुभाष मार्ग, दरियागंज
नई दिल्ली-110 002
द्वारा प्रकाशित

शाखाएँ : अशोक राजपथ, साइंस कॉलेज के सामने, पटना-800 006
पहली मंजिल, दरबारी बिल्डिंग, महात्मा गांधी मार्ग, इलाहाबाद-211 001
36 ए, शेक्सपियर सरणी, कोलकाता-700 017

वेबसाइट : www.rajkamalprakashan.com
ई-मेल : info@rajkamalprakashan.com

बी.के. ऑफसेट
नवीन शाहदरा, दिल्ली-110 032
द्वारा मुद्रित

मूल्य : ₹ 150

BACHAPAN SE BALATKAR
by Arvind Jain

ISBN : 978-81-267-2886-2

आधी दुनिया के अधिकारों के लिए
संघर्षरत अनामिका, मणिमाला और मनीषा
की बेजोड़ कलम के लिए

अनुक्रम

यौन हिंसा और न्याय की भाषा

"The Ideology of rape is aided by more than a system of linient laws that serve to protect offenders and is abetted by more than the fiat of total male control over the lawful use of power. The ideology of rape is fueled by cultural, values that are perpetuated at every level of our society, and nothing less than a frontal attack is needed to repel this cultural attack."

(Susan Brownmiller in Against Our will : Men, Women and Rape, Page 389)

"Viewing of violent pornography results in higher rates of aggression against women by male subjects."

(Diana E.H. Russell in pornography : Women violence and Civil liberties, page 374)

"There are certainly more rapes committed in marriage than out side." (Havelock Ellis)

बलात्कार के (सरकारी) आँकड़े पूर्ण रूप से अविश्वसनीय हैं क्योंकि बलात्कार की सभी दुर्घटनाएँ आँकड़ों पर पहुँचती ही नहीं। फिर भी जो आँकड़े उपलब्ध हैं, उनके आधार पर कहा जा सकता है कि इस प्रकार की दुर्घटनाएँ निरन्तर बढ़ रही हैं। राष्ट्रीय अपराध रिकॉर्ड ब्यूरो की रिपोर्ट (1996) के अनुसार, देश भर में 1996 में 14,849 बलात्कार हुए, जबकि 1990 में यह संख्या 10,068 थी। यानी 1990 के मुकाबले 1996 में 47.5 प्रतिशत अधिक बलात्कार हुए। 1995 में बलात्कार के अपराधों की संख्या 13,774 थी, इसलिए पिछले वर्ष से 1996 में सिर्फ 7.8 प्रतिशत अधिक अपराध हुए। कहा यह भी जा सकता है कि अपराधों की 'रिपोर्टिंग बढ़ रही है। कुछ संवेदनशाली विद्वानों का कहना है, "अपराधों की बढ़ोतरी को जनसंख्या के अनुपात में देखें तो अपराध कहाँ बढ़ रहे हैं?" एक और तर्क (कुतर्क) यह भी दिया जाता है कि कुल अपराधों की तुलना में स्त्री के प्रति अपराध का प्रतिशत तो सिर्फ 6.8 ही है।

आँकड़ों का आतंक

राष्ट्रीय अपराध रिकॉर्ड ब्यूरो द्वारा जारी 1996 की रिपोर्ट के पृष्ठ संख्या 88 पर तालिका 7.2 में बलात्कार के आँकड़े कहते हैं कि 1994 में 12,351, 1995 में 13,774 और 1996 में 14,849 बलात्कार हुए। लेकिन इसी रिपोर्ट के पृष्ठ संख्या 90 पर तालिका 7.4 कहती है कि 1994 में 13,218, 1995 में 13,774 और 1996 में 14,649 बलात्कार के मामले दर्ज किए गए। एक तालिका के अनुसार 1994 में 12,351 बलात्कार हुए और दूसरी के अनुसार 13,218 यानी 867 बलात्कार के मामलों का घपला है। किसे सही माना जाए और किसे गलत? राष्ट्रीय अपराध रिकॉर्ड ब्यूरो की 1994 वाली रिपोर्ट के पृष्ठ संख्या 212 पर 1994 में बलात्कार के अपराध का आँकड़ा 12,351 ही है। 1995 की रिपोर्ट के पृष्ठ संख्या 222 में भी 1994 में हुए बलात्कारों की संख्या 12,351 ही दिखाई गई है। लेकिन क्रमशः पृष्ठ 216 और 226 में बनाई तालिका में यह संख्या 13,218 प्रकाशित हुई है।

1994 की रिपोर्ट (पृष्ठ 212) के अनुसार 1993 में 11,242, 1992 में 11,112 बलात्कार के केस दर्ज हुए लेकिन इसी रिपोर्ट के पृष्ठ 216 पर बनी तालिका के अनुसार 1993 में 12,223 और 1992 में 11,734 बलात्कार हुए। मतलब यह है कि 1993 में 981 और 1992 में 622 बलात्कार के मामलों का घपला है। 1992 से 1996 तक कुल 2,493 बलात्कार के मामलों का यह अन्तर किसी की भी समझ से बाहर का मामला है। आँकड़ों के इस 'घपले' पर राष्ट्रीय अपराध रिकॉर्ड ब्यूरो ही स्थिति स्पष्ट कर सकता है। तीन सालों में आँकड़े क्या 'भूलवश' छपते रहे हैं और छपते रहेंगे? यह मात्र एक उदाहरण है, घपले अभी और भी हैं। शेष फिर कभी।

यौन हिंसा की शिकार युवा स्त्री

1996 में हुए 14,849 बलात्कारों में से 8,281 (55.76 प्रतिशत) 16 से 30 वर्ष की महिलाओं के साथ और 3,475 (23.4 प्रतिशत) 10 से 16 वर्ष की किशोरियों के साथ हुए। दोनों को जमा करें तो मालूम होगा कि 79.16 प्रतिशत बलात्कार की शिकार स्त्रियाँ 10 से 30 वर्ष की थीं। 30 वर्ष से अधिक उम्र की स्त्रियों के साथ बलात्कार के अपराध 608 (4.1 प्रतिशत) हैं। संक्षेप में, लगभग 80 प्रतिशत बलात्कार 10 से 30 वर्ष की महिलाओं के साथ और करीब 20 प्रतिशत बलात्कार 10 वर्ष से कम उम्र की बच्चियों और 30 वर्ष से अधिक उम्र की महिलाओं के साथ हुए। स्पष्ट है कि युवा स्त्रियों के साथ बलात्कार की सम्भावना सबसे अधिक रहती है।

गत वर्ष की तुलना में

हालाँकि प्रतिशत की भाषा में 10 वर्ष से कम उम्र की बच्चियों के साथ हुए बलात्कार लगभग 4 प्रतिशत ही हैं, लेकिन यह प्रतिशत लगातार बढ़ रहा है। इसलिए गम्भीर चिन्ता का विषय है। बच्चियों के बढ़ते बलात्कार को अधिक गम्भीर कहने का मतलब यह नहीं है कि शेष बलात्कारों को गम्भीर अपराध न माना जाए। 1996 में 10 वर्ष से कम उम्र की लड़कियों के साथ हुए बलात्कार का आँकड़ा 1990 से 394 से बढ़कर 608 हो गया है। 1990 के मुकाबले 1996 में 54.3 प्रतिशत अधिक बलात्कार हुए मगर 1995 में हुए 747 बलात्कारों की तुलना में 18.6 प्रतिशत घट गए हैं। 1991 में आश्चर्यजनक रूप से यह संख्या पिछले वर्ष की अपेक्षा 47.12 प्रतिशत बढ़कर 1,099 हो गई थी। इन दोनों ही सालों में हुई आश्चर्यजनक बढ़ोतरी या घटोतरी विश्वास योग्य नहीं लग रही। 1996 के आँकड़ों की तुलना अगर 1991 के आँकड़ों से करें तो सारे प्रतिशत उलट-पुलट हो जाते हैं। 10 वर्ष से कम उम्र की बच्चियों से बलात्कार में 44.3 प्रतिशत की कमी और 30 वर्ष से अधिक उम्र की महिलाओं से बलात्कार में 88 प्रतिशत वृद्धि यह असम्भव नहीं मगर...विश्वास योग्य भी नहीं।

इसके विपरीत, 1996 में 30 वर्ष से अधिक उम्र की महिलाओं के साथ 2,485 बलात्कार हुए। 1995 में यह संख्या 1955 है। कहने का अभिप्राय यह है कि 1996 में 1,995 की तुलना में बलात्कार 27.1 प्रतिशत अधिक हुए हैं। 1991 में 1990 की तुलना में जहाँ 10 वर्ष से कम उम्र की बच्चियों के साथ बलात्कार 178.9 प्रतिशत बढ़ गया था, वहीं 30 वर्ष से अधिक उम्र की महिलाओं के साथ 14.4 प्रतिशत और 16 से 30 वर्ष की महिलाओं के साथ 10.8 प्रतिशत घट गया था। 1992 में अचानक 10 वर्ष की उम्र की बच्चियों से बलात्कार 1,099 से घटकर 532 (51.5 प्रतिशत कम) हो गया लेकिन 16.30 वर्ष के वर्ग में 30 प्रतिशत और 30 वर्ष से अधिक वर्ग में 22.8 यानी 52.8 प्रतिशत बढ़ गया। अगर ये आँकड़े सचमुच विश्वनीय हैं तो इसका विस्तार से विवेचन आवश्यक है कि इन वर्षों में ऐसा होने के पीछे कौन से कारण या स्थितियाँ सक्रिय थीं। कहीं यह आँकड़ों की उलटफेर ही तो नहीं है? 1991 के आँकड़ों में कहीं कुछ गम्भीर गड़बड़ है। इसके आधार पर तो नतीजे एकदम काल्पनिक लगते हैं। क्या नहीं?

सात सालों में हिंसा

खैर...1990 से 1996 तक हुए बलात्कार के अपराधों को देखें तो सात सालों में 86,291 बलात्कार हुए। 4,748 (5.5 प्रतिशत) 10 वर्ष से कम उम्र की बच्चियों के साथ, 20,114 (23.3 प्रतिशत) 10 से 16 वर्ष की किशोरियों के साथ, 48,918

(56.7 प्रतिशत) 16 से 30 वर्ष की महिलाओं के साथ और 12,511 (14.5 प्रतिशत) 30 वर्ष से अधिक उम्र की महिलाओं के साथ हुए। साफ दिखाई देता है कि 16 से 30 वर्ष की युवा स्त्रियाँ सबसे अधिक बलात्कार की शिकार बनीं। 80 प्रतिशत बलात्कार के मामलों में महिलाओं की उम्र 10 से 30 साल है। 22.8 प्रतिशत बलात्कार के मामले सिर्फ 16 वर्ष से कम उम्र की लड़कियों के साथ हुए। उल्लेखनीय है कि 16 वर्ष से कम उम्र की लड़की से सहवास बलात्कार ही माना जाता है, भले ही सहमति हो।

प्रतिशत की भाषा

हालाँकि बलात्कार की शिकार अधिकांश महिलाओं की उम्र 16 से 30 साल के बीच रहती है लेकिन 1990 की तुलना में 1996 में इस वर्ग में सबसे कम 37.4 प्रतिशत बढ़ोतरी हुई है। सबसे अधिक अपराध (65.1 प्रतिशत) 10 से 16 वर्ष की किशोरियों के साथ बढ़े। 30 वर्ष से अधिक उम्र की महिलाओं के साथ 6.12 प्रतिशत और 10 वर्ष से कम उम्र की बच्चियों के साथ 54.3 प्रतिशत की बढ़ोतरी हुई है। मतलब यह है बलात्कार के मामलों में 16-30 वर्ष की स्त्रियों की संख्या सबसे अधिक रही है, परन्तु 1990 की अपेक्षा 1996 में 10-16 वर्ष की किशोरियों के साथ हुए बलात्कारों का प्रतिशत सबसे अधिक बढ़ा है। कहा जा सकता है कि इस वर्ग की लड़कियों के साथ बलात्कार की आपराधिक प्रवृत्ति बढ़ रही है। जहाँ कुल अपराधों का 1996 में प्रतिशत (1990 की तुलना में) 47.5 प्रतिशत बढ़ा है, वहाँ 10-16 वर्ष की किशोरियों के साथ बलात्कार की दुर्घटनाएँ 65.1 प्रतिशत अधिक हो गई हैं।

1990 से 1996 तक हुए बलात्कारों में 71 प्रतिशत बलात्कार 16 साल से अधिक उम्र की स्त्रियों के साथ और 29 प्रतिशत बलात्कार 16 वर्ष से कम उम्र की लड़कियों के साथ हुए हैं। 1990 में यही प्रतिशत क्रमशः 75 प्रतिशत और 25 प्रतिशत के लगभग था। अभिप्राय यह है कि पिछले सात सालों में जहाँ 4 प्रतिशत बलात्कार 16 वर्ष से कम उम्र की लड़कियों के साथ बढ़े हैं, वहीं 16 वर्ष से अधिक उम्र की स्त्रियों के साथ हुए बलात्कारों में 4 प्रतिशत की कमी हुई है। यह 4 प्रतिशत का परिवर्तन बेहद महत्त्वपूर्ण बदलाव की ओर संकेत देता है। इस बदलाव के सामाजिक-सांस्कृतिक कारणों को रेखांकित करने के लिए अपराध और संचार माध्यमों की भूमिका को भी देखना पड़ेगा।

रिपोर्ट के अनुसार देश के 23 महानगरों में वर्ष 1996 के दौरान 545 बलात्कार 16 वर्ष से कम उम्र की लड़कियों के साथ, और 456 केस 16 से 30 वर्ष की स्त्रियों के साथ और 95 मामले 30 वर्ष से अधिक उम्र की महिलाओं के साथ हुए। शहरी

क्षेत्रों में 16 वर्ष से कम उम्र की लड़कियों से बलात्कार अन्य क्षेत्रों की अपेक्षा लगभग दो गुना है। 16 वर्ष से बड़ी उम्र की स्त्रियाँ शहरी क्षेत्रों में अन्य की तुलना में 20 प्रतिशत कम बलात्कार की शिकार हुई हैं।

1996 में हुए 14,849 बलात्कार के मामलों में से मध्य प्रदेश में 3,265 (22 प्रतिशत), उत्तर प्रदेश में 1,854 (12.5 प्रतिशत), बिहार में 1,453 (9.8 प्रतिशत), महाराष्ट्र में 1,444 (9.7 प्रतिशत), राजस्थान में 1,162 (7.8 प्रतिशत) और पश्चिम बंगाल में 855 (5.8) प्रतिशत हुए। दिल्ली में 484 (3.3 प्रतिशत) बलात्कार के केस दर्ज किए गए। जनसंख्या के अनुसार अपराध दर, सबसे अधिक मध्य प्रदेश (4.4 प्रतिशत) और दिल्ली (4.37 प्रतिशत) में रही। 1994 की अपेक्षा 1996 में जहाँ उपरोक्त राज्यों में (बिहार और दिल्ली के अलावा) बलात्कार के अपराधों में कमी आई है, वहाँ बिहार और दिल्ली के साथ-साथ केरल, हरियाणा, उड़ीसा, पंजाब, सिक्किम और त्रिपुरा में भी बलात्कार के अपराधों में बढ़ोतरी हुई है। इसके आर्थिक, सामाजिक और राजनीतिक कारणों की जाँच-पड़ताल अनिवार्य है। दिल्ली और हरियाणा में भारतीय जनता पार्टी का शासन रहा है और बिहार में लालू यादव का। बिहार में 1994 में जहाँ 823 (6.7 प्रतिशत) बलात्कार रिकॉर्ड हुए थे, वहाँ 1996 में यह संख्या बढ़कर 1,453 (9.8 प्रतिशत) पर पहुँच गई है। दिल्ली में 1994 में 261 (2.1 प्रतिशत) से बढ़कर 1996 में 484 (3.3 प्रतिशत) वृद्धि हुई है। आश्चर्यजनक रूप से हरियाणा में भी 1994 में 198 बलात्कार का आँकड़ा बढ़कर 336 पर पहुँच गया।

इसी सन्दर्भ में थोड़ा और पीछे मुड़कर देखने पर पता चलता है कि जहाँ 1976 में 3,893 बलात्कार के मामले दर्ज हुए थे, वहाँ 1978 में यह संख्या बढ़कर 4,559, 1980 में 5023, 1984 में 6,203, 1985 में 6,356 और 1988 में 6,888 हो गई थी। अगर 1976को आधार वर्ष मानें तो 1996 में 282 प्रतिशत बलात्कार हुए हैं। दिल्ली में 1985 में 88, 1986 में 97, 1987 में 104, 1988 में 127, 1989 में 161, 1990 में 196, 1991 में 214 बलात्कार बढ़कर 1996 में 419 हो गए। 1985 की अपेक्षा 1996 में यह भयावह वृद्धि 376 प्रतिशत बैठती है।

सबसे आगे कौन ?

16 वर्ष से कम उम्र की बच्चियों से बलात्कार के मामले में भी मध्य प्रदेश (873), उत्तर प्रदेश (535), महाराष्ट्र (453), आन्ध्र प्रदेश (269), दिल्ली (269), पश्चिम बंगाल (251) और बिहार (217) सबसे आगे रहे। उपरोक्त राज्यों में ही कुल बलात्कारों का प्रतिशत 70.7 बैठता है। 30 वर्ष से कम उम्र की महिलाओं के साथ मध्य प्रदेश (95), महाराष्ट्र (60), दिल्ली (67), उत्तर प्रदेश (49), आन्ध्र

प्रदेश (48) और पंजाब में (46) बलात्कार दर्ज हुए। 16 वर्ष से कम उम्र की लड़कियों के लिए सबसे अधिक खतरनाक शहर इस देश की राजधानी दिल्ली ही है, जहाँ 1996 में 232 बलात्कार हुए। इसके बाद बम्बई में (97), बंगलौर में (24), भोपाल में (19) और पुणे में (24) मामले रिकॉर्ड किए गए। उल्लेखनीय है कि अधिकांश महानगरों में 98 प्रतिशत बलात्कार 30 वर्ष तक की महिलाओं के साथ और 2 प्रतिशत इससे बड़ी उम्र की स्त्रियों के साथ हुए। कुछ महानगरों में, जैसे—हैदराबाद, लुधियाना, मद्रास, मदुरै, सूरत, बड़ौदा में 100 प्रतिशत बलात्कार सिर्फ 30 वर्ष से कम उम्र की स्त्रियों के साथ ही हुए। बलात्कार ही नहीं, स्त्री के प्रति हिंसा और अपराध में भी दिल्ली सबसे आगे है। यहाँ अपराध 23.5 प्रतिशत है जबकि महाराष्ट्र में 14.3, मध्य प्रदेश में 12.9 और उत्तर प्रदेश में 11.8 प्रतिशत है।

अनुसूचित जाति की महिलाओं के साथ 1994 में 992, 1995 में 873 और 1996 में 949 बलात्कार हुए। इनमें से 34 प्रतिशत बलात्कार अकेले उत्तर प्रदेश में हुए। अनुसूचित जनजाति की महिलाओं के साथ 1996 में 385, 1995 में 369 और 1996 में 314 बलात्कार की दुर्घटनाएँ हुईं, जिनमें से करीब 53 प्रतिशत अकेले मध्य प्रदेश में हुईं। हालाँकि हर साल यह संख्या घट रही है, लेकिन स्थिति चिन्ताजनक है। अनुसूचित जाति पर हुए अपराधों में उत्तर प्रदेश (35 प्रतिशत), राजस्थान (21 प्रतिशत) और मध्य प्रदेश (13 प्रतिशत) सबसे प्रमुख हैं। इन तीनों प्रदेशों का कुल हिस्सा ही 69 प्रतिशत बैठता है। अनुसूचित जनजातियों के विरुद्ध अपराधों में मध्य प्रदेश (29.4 प्रतिशत), राजस्थान (28 प्रतिशत), गुजरात (7.4 प्रतिशत), महाराष्ट्र (6.8 प्रतिशत) और उत्तर प्रदेश (6.7 प्रतिशत) प्रमुख हैं। जनजातियों के विरुद्ध अपराधों का करीब 78 प्रतिशत अपराध इन पाँच राज्यों में हो रहा है। राजस्थान में जनजातियों व अनुसूचित जातियों के प्रति अपराध समान रूप से जारी है। बलात्कारियों का वर्ग, वर्ण और जाति के आधार पर विवेचन उपलब्ध नहीं है।

न्याय में देर या अन्धेर?

ब्यूरो रिपोर्ट के अनुसार 1995-96 में पुलिस के पास जाँच के लिए क्रमशः 18,914 और 19,963 बलात्कार के मामले आए। इनमें से सिर्फ 72-73 प्रतिशत मामलों में जाँच-पड़ताल होने के बाद सिर्फ 62-63 प्रतिशत मामले लटके पड़े रहे। दूसरी तरफ देश-भर में 1995 में 47,084 और 1996 में 51,734 बलात्कार केस सुनवाई के लिए थे। इनमें से केवल 16-17 प्रतिशत की सुनवाई हो पाई, शेष 83 प्रतिशत मामले अधर में लटके रहे। 1995 में जहाँ 5 प्रतिशत अपराधियों को सजा हुई, वहाँ

1996 में यह सजा घटकर 4.5 प्रतिशत ही रह गई। 1996 में अन्त तक बलात्कार के 43,016, अपहरण के 36,470 दहेज हत्या के 14,133, छेड़छाड़ के 72,539, यौन उत्पीड़न के 8,656, पति व सम्बन्धियों द्वारा क्रूरता के 83,195, वेश्यावृत्ति के 4,799, दहेज के 6,175, अश्लील प्रदर्शन के 500 और सती के 3 मुकदमों का फैसला होना बाकी था। अदालतों ने 1995-96 में वेश्यावृत्ति के 60-61 प्रतिशत मामलों का फैसला सुनाते हुए करीब 53-54 प्रतिशत अपराधियों को सजा सुनाई। कहने की आवश्यकता नहीं है कि इनमें से अधिकांश अपराधी स्वयं वेश्या (स्त्री) ही रही होंगी। सती के तीनों मुकदमों में कोई फैसला नहीं हो पाया। अदालतों में सालों की देरी और कानूनी चोर दरवाजों से अधिकांश अपराधियों के साफ बच निकल जाने का परिणाम है कि स्त्री के प्रति यौन हिंसा लगातार बढ़ रही है।

घर या वधस्थल

उपरोक्त आँकड़ों के विवेचन, विश्लेषण और अध्ययन के आधार पर निःसन्देह यह स्पष्ट होता है कि 16 वर्ष से कम उम्र की लड़कियों के साथ यौन हिंसा के अपराध लगातार बढ़ रहे हैं विशेषकर महानगरों में, अधिकांश बलात्कारी नजदीकी रिश्तेदार, पड़ोसी, दोस्त या परिचित होता है। पिता, भाई, चाचा, ताऊ, मामा वगैरह द्वारा भी बलात्कारों की संख्या में निरन्तर वृद्धि हो रही है। कम उम्र की बच्चियों की प्रायः बलात्कार के बाद हत्या कर दी जाती है या आघात से मृत्यु हो जाती है। कुछ मामलों में बलात्कार की शिकार लड़की सामाजिक अपमान और लज्जा के कारण आत्महत्या कर लेती है।

मीडिया की भूमिका

यह मात्र संयोग नहीं है कि जैसे-जैसे अश्लील और यौन साहित्य, फिल्म, वीडियो वगैरह बढ़े हैं, वैसे-वैसे यौन अपराध बढ़ते गए हैं। बड़ी उम्र की लड़कियों या स्त्रियों के विरोध-प्रतिरोध और शिकायत से बचने के लिए 16 वर्ष से कम उम्र की अबोध बच्चियों से बलात्कार के अपराध बढ़े हैं। इन्हें बहलाना, फुसलाना या काबू करना अपेक्षाकृत आसान है। दूसरा कारण अक्षत योनि की आदिम आकांक्षा भी है और विक्षिप्त यौन कुंठाएँ भी। इसके अलावा किशोर उम्र के लड़कों द्वारा कम उम्र की बच्चियों के साथ यौन अपराध की प्रवृत्ति भी लगातार बढ़ रही है।

नाबालिग किशोर युवकों द्वारा कम उम्र की बच्चियों से दुष्कर्म (बलात्कार) भी हर साल बढ़ता जा रहा है। संचार माध्यमों में बढ़ा 'सेक्स और हिंसा' का प्रदर्शन, समाज में भी यौन अपराधों के बढ़ने में 'उत्प्रेरक' का काम करता है। जैसे-जैसे नारी चेतना और मुक्ति के स्वर पहले से अधिक मुखर होकर सामने आए हैं वैसे-वैसे

स्त्री के विरुद्ध हिंसा (यौन हिंसा) बढ़ी है। जितना विरोध और प्रतिरोध बढ़ रहा है, उससे ज्यादा यौन अपराध बढ़ रहे हैं। यौन हिंसा का मुख्य कारण काम-पिपासा शान्त करना या मानसिक विक्षिप्तता कम, बदला लेना अधिक है। अपराधियों को सुधारवादी-उदारवादी न्याय नीति के अन्तर्गत कम सजा देने से 'न्याय का लक्ष्य' भले ही पूरा हो जाए मगर इस प्रकार के अपराधों को बढ़ावा ही मिलता है। दंड-भय ही न रहे तो अपराध कैसे कम (समाप्त) होंगे!

कानून व्यवस्था में आमूल-चूल परिवर्तन के साथ-साथ जरूरी है सामाजिक, सांस्कृतिक और नैतिक सोच में बदलाव। बलात्कारियों का मृत्युदंड की 'हवाई घोषणाओं' से क्या होना है? यौन हिंसा के ये आँकड़े और आँकड़ों का तुलनात्मक जमा-घटा सिर्फ संकेत मात्र है। स्त्री के विरुद्ध पुरुष द्वारा की जा रही यौन हिंसा की वास्तविक स्थिति (सरकारी) आँकड़ों से कहीं अधिक विस्फोटक, भयावह और खतरनाक है।

कानून की भाषा

भारतीय दंड संहिता, 1860 की धारा 375 के अनुसार बलात्कार के लिए 'लिंगच्छेदन' (पैनीट्रेशन) अनिवार्य शर्त है। किसी भी अन्य वस्तु या यंत्र से यौन शोषण या उत्पीड़न को बलात्कार का अपराध नहीं माना जाता। स्त्री द्वारा सहमति की उम्र सोलह वर्ष तय की गई है। सोलह वर्ष से कम उम्र की लड़की के साथ सहवास बलात्कार होगा, भले ही उसकी सहमति हो या न हो। लेकिन इस प्रावधान में अपवाद यह है कि किसी भी पुरुष द्वारा पन्द्रह वर्ष से बड़ी उम्र की पत्नी के साथ सहवास को बलात्कार नहीं माना जाएगा। हालाँकि हिन्दू विवाह अधिनियम और बाल विवाह निरोधक अधिनियम के अनुसार विवाह के समय दुल्हन की उम्र अठारह साल से अधिक होनी चाहिए। स्त्री द्वारा सहवास के लिए सहमति की उम्र सोलह साल और विवाह के लिए अठारह साल रखी गई है। लेकिन पुरुष (पति) द्वारा सहवास (बलात्कार) के लिए लड़की की उम्र सीमा पन्द्रह साल काफी है। यही नहीं, अगर पत्नी की उम्र बारह साल से अधिक और पन्द्रह साल से कम हो तो पति को सजा में 'विशेष छूट' मिलेगी। दो साल कैद या जुर्माना या दोनों हो सकते हैं। जबकि अन्य बलात्कार के मामलों में यह सजा कम से कम दस साल कैद और अधिकतम उम्रकैद निर्धारित की गई है। बारह वर्ष से पन्द्रह वर्ष तक की पत्नी के साथ बलात्कार संज्ञेय अपराध नहीं और जमानत योग्य भी होगा। मतलब, पुलिस बिना मजिस्ट्रेट से वारंट लिये पति को गिरफ्तार नहीं कर सकती। और पति होने के 'विशेषाधिकार' स्वरूप जमानत पर छोड़ना पड़ेगा। पन्द्रह साल से कम उम्र की पत्नी भी बलात्कार की शिकायत सिर्फ एक साल के भीतर ही कर सकती है। उसके बाद

की गई शिकायत को सुनने का किसी भी अदालत को कोई अधिकार नहीं, जबकि अन्य मामलों में ऐसी कोई समय सीमा नहीं है।

सर्वोच्च न्यायालय तक कई बार कह चुका है कि बाल विवाह भले ही दंडनीय अपराध हो लेकिन विवाह गैरकानूनी या रद्द नहीं माना जाएगा। पति अपनी पत्नी का प्राकृतिक संरक्षक है, भले ही दोनों नाबालिग हों। विवाह का पंजीकरण कानूनन अनिवार्य नहीं है, इसलिए कैसे रुकेंगे बाल विवाह? और ऐसे कानूनी प्रावधानों से स्त्री के विरुद्ध यौन हिंसा पर कैसे काबू पाया जा सकता है? (देखें अध्याय बाल विवाह और बलात्कार)।

कानून की 'कॉमेडी' यहीं समाप्त नहीं होती। भारतीय साक्ष्य अधिनियम, में आज भी यह प्रावधान है कि गवाह की विश्वसनीयता खंडित करने के लिए "अगर किसी व्यक्ति या पुरुष पर बलात्कार का आरोप हो तो उसे यह सिद्ध करना चाहिए कि पीड़िता आमतौर से अनैतिक चरित्र की महिला है।" (धारा 155(4)) महिला को अनैतिक चरित्र की महिला प्रमाणित करो और बाइज्जत रिहा हो जाओ। यानी कानून के इस प्रावधान के रहते हर किसी को यह कानूनी अधिकार है कि वह वेश्याओं, कॉलगर्ल या चरित्रहीन महिलाओं (भले ही नाबालिग बच्ची हो) के साथ, जब चाहे बलात्कार कर सकता है या बलात्कार करने के बाद किसी भी महिला को अनैतिक चरित्र की औरत प्रमाणित करके, मूँछों पर ताव देते हुए अदालत से बाहर आ सकता है।

दूसरे, भारतीय दंड संहिता के अनुसार व्यभिचार का अपराध किसी अन्य व्यक्ति की पत्नी के साथ—उसके पति की सहमति या मिलीभगत के बिना—सहवास (बलात्कार नहीं) करना है। (धारा 497) आपसी सहमति से पुरुष किसी भी बालिग अविवाहित, तलाकशुदा या विधवा महिला से सम्बन्ध रख सकता है। यह कोई अपराध नहीं। परिणामस्वरूप व्यापक स्तर पर वेश्यावृत्ति और कॉलगर्ल व्यापार फैल रहा है। अनैतिक देह व्यापार नियंत्रण अधिनियम के किसी भी प्रावधान में पुरुष ग्राहक पर कोई अपराध ही नहीं बनता। अपराधी सिर्फ 'वेश्याएँ' ही होंगी।

उपरोक्त कानूनी जाल-जंजाल को देखते हुए इतना ही कहा जा सकता है कि पितृसत्ता ने जानबूझकर ऐसा चक्रव्यूह रचा हुआ है कि बलात्कारी किसी-न-किसी चोर दरवाजे से भाग निकल सके। सुसन ब्राउन मिलर के शब्दों में, "बलात्कार, पुरुषों द्वारा औरतों को लगातार बलात्कार से भयभीत रखकर, समस्त स्त्री समाज पर पूर्ण नियंत्रण बनाए रखने का षड्यंत्र है।"

मिलर की स्थापना से असहमत विद्वानों का कहना है कि पुरुषों का सत्ता, सम्पत्ति, समाज और स्त्रियों पर वैसे ही पूर्ण नियंत्रण है, रहा है। इसलिए बलात्कार का भय बनाए रखने की क्या जरूरत है? बलात्कार, पितृसत्ता का षड्यंत्र नहीं,

बल्कि कुछ विकृत, विक्षिप्त और 'स्टिरियो टाइप' बीमार अपराधियों का व्यक्तिगत अपराध मात्र है।

मिलर की स्थापना को सही न मानने का कोई कारण नहीं है। दुनिया भर के अधिकांश देशों में (जहाँ पितृसत्तात्मक समाज है) बलात्कार सम्बन्धी कानूनी प्रावधानों की भाषा, परिभाषा प्रायः समान है। विवाह संस्था में सहवास पति का कानूनी अधिकार है और अनैतिक चरित्र की महिलाओं के साथ बलात्कार में यह मानना स्वाभाविक है कि हो सकता है उन्होंने सहमति दी हो। कानूनी भाषा से न्यायिक परिभाषा और सामाजिक मान्यताओं या मिथ तक में सबके सब एकमत हैं। कानून बनाने से लेकर पुलिस, अदालत और संचार माध्यमों तक में स्त्री के विरुद्ध यौन हिंसा के सवाल पर पितृसत्ता की चुप्पी या तटस्थता का अर्थ (अनर्थ) इसका प्रमाण है।

स्पष्ट है कि पितृसत्तात्मक समाजों में पुरुष की काम-पिपासा के लिए विवाह संस्था से लेकर वेश्यावृत्ति (देवदासी, जोगिन वगैरह) और व्यभिचार के सभी दरवाजे खुले छोड़ दिए गए हैं। पुरुष द्वारा व्यभिचार या बलात्कार की शिकार अधिकांश लड़कियों को अन्ततः वेश्यावृत्ति के व्यवसाय में ही शरण लेनी पड़ती है या पड़ेगी। वेश्यावृत्ति का व्यवसाय मूल रूप से पुरुषों के ही हित को पोषित करता है, इसलिए भी नाबालिग लड़कियों का अपहरण, बलात्कार लगातार बढ़ रहा है। भारत में इस समय लगभग तीस लाख महिलाएँ वेश्यावृत्ति करने को विवश हैं, जिसमें (सरकारी आँकड़ों और मानव संसाधन विकास मंत्री महोदय के राज्यसभा में बयानानुसार) लगभग पन्द्रह प्रतिशत वेश्याओं की उम्र पन्द्रह साल से कम है। इसका अर्थ यह हुआ कि करीब पाँच लाख नाबालिग लड़कियों के साथ रोज बलात्कार होता है या हो रहा है। क्योंकि आपके ही कानूनानुसार सोलह वर्ष से कम उम्र की लड़की के साथ सहवास बलात्कार है, भले ही उसकी सहमति हो या न हो...हम जानते हैं कि आप फिर वही कानून पढ़ाने लगेंगे या कुतर्क करेंगे— "वे सब 'भ्रष्ट' और 'अनैतिक चरित्र' की औरतें हैं...'वेश्या'...'कॉलगर्ल'...'रंडी'...। ग्राहक से पैसे लिये हैं, सो 'बलात्कार' का सवाल ही नहीं उठता।" है ना!

बाल वेश्याओं के यौन शोषण सम्बन्धी एक जनहित याचिका में माननीय न्यायमूर्तियों ने कहा, "हमारे विचार से देश भर में केन्द्रीय जाँच ब्यूरो द्वारा पूछताछ या पड़ताल हो, व्यावहारिक रूप से न सम्भव है और न ही वांछित। उन्हें निर्देश देने से कोई लाभदायक उद्देश्य सिद्ध नहीं होनेवाला। यह सिर्फ सामाजिक नहीं, आर्थिक समस्या भी है। सजा से अधिक नियंत्रण आवश्यक है।"

कहने की आवश्यकता नहीं कि अधिकांश (90 प्रतिशत) यौन हिंसा या बलात्कार के मामले परिवार की प्रतिष्ठा के कारण थाने में दर्ज नहीं कराए जाते।

जो दर्ज होते हैं, उनमें से अधिकांश (96 प्रतिशत) बलात्कारी निचली अदालतों द्वारा बाइज्जत बरी कर दिए जाते हैं। पुलिस ने जाँच ठीक से नहीं की या गवाह, प्रमाण, सबूत नहीं थे। जिन थोड़े से (तीन-चार प्रतिशत) बलात्कारियों को सजा होती है, वे उच्च न्यायालय से सर्वोच्च न्यायालय तक अपील-दर-अपील करते ही हैं। अपील में भी ज्यादातर बरी हो जाते हैं या किसी न किसी आधार पर सजा कम करवाने में कामयाब हो जाते हैं। अपील के दौरान 'जमानत' पर छूटने की सम्भावना भी है और सालों मुकदमा लटकने की भी। आँकड़े बताते हैं कि निचली अदालतों से कई गुना अधिक समय, अपील का निर्णय होने, करने में लगता है। यौन हिंसा की शिकार निर्धन स्त्री आखिर कब तक 'कोर्ट-कचहरी' का चक्कर काट सकती है? घर-परिवार-विवाह बच्चे-समाज-खर्च-भागदौड़ कौन करेगा? कहाँ से? कब तक? बहुत-सी समस्याएँ हैं। सब करने के बाद भी क्या गारंटी है कि 'न्याय' होगा? बड़े बाप की बेटियों या साधन-सम्पन्न और सत्ता-समर्थ स्त्रियों की बात अलग है।

यौन हिंसा की शिकार निर्धन, अशिक्षित आम औरत नहीं जानती—न्याय की प्रथम अवधारणा है कि जब तक अपराध सन्देह से परे तक सिद्ध न हो, अभियुक्त को निर्दोष ही माना जाएगा। वरना अभियुक्त को बाइज्जत बरी करना विवशता है। अदालत में थोड़ा सा भी सन्देह हुआ तो 'सन्देह का लाभ' अभियुक्त को ही मिलेगा। सन्देह से परे तक अपराध सिद्ध होने के बावजूद उम्र, समय, स्थितियाँ (सामाजिक, आर्थिक, मानसिक, राजनीतिक...), परिस्थितियाँ वगैरह-वगैरह के आधार पर अभियुक्त की सजा कम भी की जा सकती है। न्याय के सुधारवादी, उदारवादी, मानवीय दृष्टिकोण से रचे सारे नए शास्त्रों की व्याख्या का फायदा अभियुक्त को ही होता है, होता रहा है। न्याय की एक और उल्लेखनीय अवधारणा यह है कि भले ही हजारों दोषी व्यक्ति छूट जाएँ मगर एक भी निर्दोष आदमी को सजा नहीं होनी चाहिए। ऐसे में उसे यह विश्वास दिलाना जरूरी है कि 'दुर्लभतम में दुर्लभ' मामला हुआ तो बलात्कारी को फाँसी के फन्दे से कोई नहीं बचा सकता। न्याय में देरी का मतलब, न्याय नहीं मिलना है। मगर न्याय में जल्दबाजी का अर्थ न्याय को दफनाना भी है। ज्ञानी लोगों का कहना है, "न्याय की चक्की धीरे पीसती है, मगर पीसती है, तो बहुत बारीक..." खैर!

आओ न्याय करें : रेप यानी एक कहानी

यह कहानी 1974 की है और महावीर नाम के एक बीस-बाईस वर्षीय मर्द और पन्द्रह-सोलह वर्षीया लड़की शीला के इर्द-गिर्द घूमती है। दोनों आपस में दूर के सम्बन्धी हैं और दरअसल एक-दूसरे को बहुत अच्छी तरह जानते हैं। 27 सितम्बर,

1974 को महावीर शीला को बहरामपुर ले गया। वहाँ वे करीब पन्द्रह दिन रहे और आपस में देह का ताप बाँटते रहे। जब वे वापस आए तो शीला के माँ-बाप बिना किसी देरी के शीला को लेकर पुलिस स्टेशन पहुँच गए, जहाँ उसकी माँ ने पहले से ही रिपोर्ट दर्ज करवा रखी थी। परिणामस्वरूप महावीर की गिरफ्तारी हुई और बाद में अभियोग चला। 13 अगस्त, 1976 को अदालत ने महावीर को अपराधी करार दे, भारतीय दंड संहिता की धारा 366 और 376 के तहत सजा सुनाई।

यह उसी महावीर की अपील है।

इस मुकदमे की कुंजी शीला के बयान में ही है। और यह क्या दर्शाती है ? यह दिखाती है कि उसके महावीर के साथ अच्छे-दोस्ताना—सम्बन्ध थे और वह यमुना नदी के किनारे, रेस्टोरेंट और अन्य अघोषित स्थानों पर उसके साथ घूमती रही है। यह वह ही थी, जो उस दिन 'आश्रम' नामक स्थान पर महावीर से मिली। वहाँ से ये बहरामपुर की गाड़ी पकड़ने के लिए रेलवे स्टेशन आए। यह एक लम्बी यात्रा थी, जो 'एक दिन और रात' खा गई। बहरामपुर में वे बुद्धू, गवाह नम्बर दो, के घर पर ठहरे, जहाँ उनके पास एक कमरा था और उसी कमरे में उन्होंने मांसल देह से विषय-सुख का खेल खेला।

शीला हमें बताती है कि किसी भी स्तर पर उसकी सहमति नहीं थी। यही नहीं, उसने तो विरोध भी किया और रोती भी रही लेकिन सब बेकार। इससे मुझे कोई असर ही नहीं हो रहा। वह रेलवे स्टेशन गई। महावीर जब टिकट खरीदने गया तो वह वहाँ अकेली खड़ी रही। डिब्बे में अन्य यात्रियों के होते हुए वह उसके साथ घंटों यात्रा करती रही। बहरामपुर रेलवे स्टेशन से ताँगे में बुद्धू के घर तक गई। ताँगे में और सवारियाँ भी थीं। तब भी उसने कोई विरोध नहीं किया, कोई विद्रोह का झंडा नहीं उठाया और भागने का भी कोई प्रयास नहीं किया। इस बीच उसके पास शोर मचाने, रुकने या महावीर से दूर रहने का काफी समय भी था और अवसर भी।

और हाँ! बहरामपुर में बुद्धू के घर पर क्या हुआ ? वह कहती है कि उसने उस समय विरोध किया था, जब महावीर उसका परिचय पत्नी के रूप में दे रहा था। बुद्धू उसे झूठा सिद्ध करता है। उसका अपना व्यवहार भी उसे 'फाँसी के तख्ते' की ओर ले जाता है। बहरामपुर में वह साड़ी, पेटीकोट और ब्लाउज खरीदने बाजार भी गई थी। वह महावीर के साथ एक ही कमरे में रह रही थी और उसे अपनी देह का ताप देती रही, कभी रात में दो बार और कभी-कभी तीन बार भी। वह स्वीकार करती है कि देह की पुकार का शिकार होने से पहले वे अक्सर एक-दूसरे से बातचीत और आलिंगन करते रहते थे और बुद्धू हमें बताता है कि वहाँ कभी विरोध की फुसफुसाहट तक नहीं थी।

यह विश्वास करना असम्भव है कि वह खेल में शामिल नहीं थी, बल्कि उसने सक्रिय रूप से पूरी सहमति के साथ इस खेल में अपना योगदान दिया है।

सरकारी वकील साहब ने तर्क दिया था कि उस समय शीला की सहमति भी थी, तो भी उसकी उम्र सोलह साल से कम है, इसलिए उसकी सहमति का कोई मतलब नहीं।

क्या सचमुच शीला ने सोलह गर्मियाँ नहीं देखीं? मुझे सभी महत्त्वपूर्ण दिन दोबारा बुलाने दो। वह सितम्बर 1974 था। हमारे पास जन्म प्रमाणपत्र नहीं है। स्कूल प्रमाणपत्र तक भी नहीं है। हमारे पास रिकॉर्ड में डॉक्टर विरमानी की सलाह (ओपिनियन) मौजूद है। उसके अनुसार शीला की उम्र करीब चौदह साल है और सोलह साल से कम है। लेकिन तब भी हम सब जानते हैं कि वह सिर्फ सलाह या विचार ही है, जिसमें डेढ़ से दो साल तक 'इधर-उधर' होना सम्भव है। मगर तब हम इस सलाह पर जाते ही क्यों हैं विशेषकर जब स्वयं शीला और उसकी माँ हमें बताती हैं कि उम्र क्या मानी जानी चाहिए? 19 अप्रैल, 1976 को अदालत में शीला का और अगले दिन यानी 20 अप्रैल, 1976 को उसकी माँ बयान हुआ था। शीला ने अपनी उम्र अठारह साल बताई थी। उसकी माँ ने भी उसकी उतनी ही उम्र बताई थी। अगर ऐसा ही है तो, गणना के दिन निश्चित रूप से वह सोलह की सीमा रेखा पार कर चुकी है। यह उसकी सहमति के मुद्दों को मजबूत करता है। चूँकि, पूरे प्रकरण में उसकी सहमति मौजूद है, महावीर बिना किसी रुकावट के मुसीबतों के उस पार जा सकता है। महावीर की अपील में विजय होती है और उसे बाइज्जत रिहा किया जाता है।

यह कोई मनगढ़न्त कहानी नहीं, बल्कि दिल्ली उच्च न्यायालय के एक विद्वान न्यायमूर्ति श्री जसपाल सिंह द्वारा 11 मई, 1994 को सुनाए एक फैसले का अनुवाद है।[1] 1977 में दायर एक अपील, जिसका फैसला होने (करने) में लगभग सत्रह साल का समय लगा। सत्रह साल का समय कोई 'अनहोनी' या 'आश्चर्यजनक' बात नहीं। ऐसा 'न्यायिक विलम्ब' प्रायः हो जाता है। विलम्ब के एक नहीं, अनेक कारण हैं।

यहाँ उल्लेखनीय है कि बलात्कार के ऐसे मामलों में 'लड़की की उम्र सिद्ध करने का एकमात्र अकाट्य दस्तावेज है—जन्म प्रमाणपत्र। मगर दुर्भाग्य से इस देश में जन्म प्रमाणपत्र प्रायः उपलब्ध नहीं होता।'[2] आसिफिकेशन टेस्ट के आधार पर डॉक्टर की रिपोर्ट महज सलाह, विचार (ओपिनियन) भर है। इसलिए अनुमान लगाने में एक से तीन साल तक का अन्तर हो सकता है। 'इधर या उधर' / 'जिधर' भी अभियुक्त या अपराधी को लाभ पहुँचता हो। इस सन्दर्भ में सैकड़ों नजीर गिनाने से क्या लाभ!

न्याय की भाषा : लिंग पूर्वग्रह

खैर, उपरोक्त निर्णय पढ़ते-पढ़ते अचानक ध्यान आता है कि 'न्याय की भाषा' में पुरुष या लिंग पूर्वग्रह (दुराग्रह) पूरी आक्रामकता के साथ सक्रिय है। 'देह का ताप बाँटते रहे' से लेकर 'वह उसे अपनी देह का ताप देती रही—कभी रात में दो बार और कभी-कभी तीन बार भी' तक की भाषा का सम्पूर्ण व्याकरण स्त्री देह की कामना और आनन्द के शब्दजाल में भटक रहा है। न्याय की भाषा में मर्द भाषा की यह घुसपैठ पढ़ते हुए सचमुच डर लगने लगता है कि क्या न्याय व्यवस्था स्त्री के प्रति, इतने हत्यारे अर्थों में खड़ी है? यह सोचते, समझते और लिखते समय अवमानना का आतंक भी सामने आ खड़ा होता है? पारदर्शी पूर्वग्रहों के पीछे की पृष्ठभूमि क्या है—कहना कठिन है। परन्तु इतना साफ दिखाई देता है कि कहीं-न-कहीं वृद्ध यौन कुंठाएँ चेतन-अवचेतन को भयंकर रूप से विक्षिप्त और विकृत कर चुकी हैं।

'मांसल देह के ताप' और 'यौन सम्बन्धों के खेल' की अवधारणा से अभिभूत न्यायमूर्ति दमित इच्छाओं की अभिव्यक्ति के लिए प्रतीकात्मक या संकेतात्मक भाषा की बैसाखियों का सहारा लेते हैं। स्वयं से सवाल पूछते हैं, 'क्या शीला ने सोलह गर्मियाँ नहीं देखीं?' यहाँ 'गर्मियाँ' शब्द का प्रयोग मौसम या वर्ष गणना के लिए नहीं किया गया लगता। वसन्त, सावन या सर्दी की अपेक्षा, 'सोलह गर्मियाँ' लिखने का असली अभिप्राय निश्चित रूप से वह नहीं है, जो पढ़ने में आता है। जो अर्थ पढ़ने में आता है, वह समझने में नहीं आता। दोनों अर्थों का अन्तर हम सब अच्छी तरह जानते-समझते हैं। क्या नहीं?

फैसला पढ़ने के बाद महसूस होता है कि महावीर जो 'खेल' देह से खेल रहा था, क्या न्यायमूर्ति उसी खेल को दोबारा शब्दों में खेलना-देखना चाहते हैं? न्यायमूर्ति की भाषा में महावीर मन ही मन सोच रहा है, 'यह एक लम्बी यात्रा थी, जो एक दिन और रात खा गई।' वरना वह इस समय का उपयोग भी देह उपभोग में करता। शायद कहीं गहरे में ईर्ष्या और द्वेष भावना सिर उठा कहने-बताने लगती है, 'दे प्लेड द गेम ऑफ सेंसुअल फ्लैश'। और कहीं आहत अतीत या अनुभव समझता है 'यह विश्वास करना असम्भव है कि वह खेल में शमिल नहीं थी।' भेस बदलते पुरुषों में यह पहचानना मुश्किल है कि कौन अपराधी है और कौन न्याय (धीश)। यह कैसा 'खेल' है जिसमें चारों ओर 'पुरुष' के बचाव में खड़े सुरक्षा प्रहरी कभी 'सहमति से सम्भोग' पर बहस करने लगते हैं और कभी उम्र के प्रश्न पर मतभेद।

कानूनी मुद्दों पर न्यायमूर्ति के तर्क पूर्णतया विवेकसम्मत हो सकते हैं। हालाँकि न्यायिक विवेक और आलोचनात्मक व्याख्या की भी अपनी सीमा है,

क्योंकि पूर्व निर्धारित है। निर्णय सही-गलत हो सकता है। गलत होगा तो 'ऊपरवाला' सही कर देगा। लेकिन क्षमा करें मी लॉर्ड! लिंग पूर्वग्रहों या व्यक्तिगत संस्कारों से ग्रस्त दुराग्रहों से रची यह भाषा, नि:सन्देह न्याय की भाषा नहीं कही जा सकती। मर्दवादी भाषा का कोई भी नकाब बीमार मानसिकता को छिपाने के लिए नाकाफी है। परपीड़ा में आनन्द खोजती, अवांछित भाषा का ऐसा शब्दजाल न्याय की गरिमा के अनुकूल नहीं। 'आधी दुनिया' की गरिमा के तो बिलकुल ही नहीं।

बलात्कार के मुकदमे में 'सेक्स' को 'गेम', स्त्री देह को 'सेंसुअल फ्लैश' और स्त्री-पुरुष को 'खिलाड़ी', मानकर चलना, स्वयं पितृसत्ता के उस सत्ता-विमर्श में शामिल हो जाना है, जहाँ स्त्री मात्र देह, वस्तु, भोग्या और सम्पत्ति है। 'खेल' के अन्त में न्यायमूर्ति घोषणा करते हैं 'महावीर विंज द अपील।' महावीर की 'विजय' का अर्थ है—स्त्री देह पर विजय। यही तो है पुरुष वर्चस्व का भाषाशास्त्र। अदालतों में न्यायमूर्ति अपील 'मंजूर' करते हैं या 'स्वीकार' करते हैं। अभियुक्त अपराधी की 'हार-जीत' घोषित नहीं करते।

पितृसत्ता के प्रेत : 'मर्यादाहीन' स्त्रियाँ

आश्चर्यजनक है कि 1994 में भी स्त्री के प्रति न्याय की भाषा सदियों पुरानी पुरुष मानसिकता की शिकार है। वर्षों पूर्व लाहौर उच्च न्यायालय के एक न्यायमूर्ति ने बलात्कार के अपराधी को रिहा करते समय कहा था, "अभियुक्त महिला की सहमति से सहवास कर रहा था। जब वह (औरत) सहवास करते हुए, रँगे हाथों पकड़ी गई तो स्वाभाविक है कि उसने अपनी लाज बचाने के लिए, वह कहानी गढ़ी कि अभियुक्त ने जबर्दस्ती उसे पकड़ लिया।"[3] 'शी नेचुरेली कांकोक्टेड ए स्टोरी, टू सेव हर फेस' न्यायिक नहीं, बल्कि सामन्ती शब्दावली है। लाहौर से दिल्ली तक, मर्द भाषा का यही 'न्यायशास्त्र' पढ़ा-पढ़ाया जाता रहा है। पटना उच्च न्यायालय के एक न्यायमूर्ति ने तो एक निर्णय में यहाँ तक कहा कि, 'लेकिन...जहाँ एक औरत की कोई गरिमा (मान-सम्मान, मर्यादा) ही न हो, वहाँ किसी पुरुष द्वारा उसके साथ सम्भोग को अपराध नहीं कहा जा सकता है।"[4] इसी परम्परा में पंजाब एवं हरियाणा उच्च न्यायालय के न्यायाधीशों ने एक मुकदमे में कहा कि अभियुक्त द्वारा सात महीने की बच्ची के विशेषांगों से छेड़छाड़ करना कोई अपराध नहीं है, क्योंकि "शी इज फिजिकली इंकेपेबल ऑफ हैविंग एनी सेंस ऑफ मॉडेस्टी।"[5] न्याय की भाषा के इस शिल्प या स्वरूप को मर्दों की घृणित और घिनौनी 'मानसिक क्षमता' का उदाहरण ही कहा जा सकता है वरना ऐसी हजारों न्याय गाथाएँ सुरक्षित हैं।

इसी क्रम में त्रिपुरा उच्च न्यायालय के एक न्यायमूर्ति ने भारतीय दंड संहिता की धारा 354 की व्याख्या करते हुए कहा है कि इस धारा के अन्तर्गत अपराध के

लिए 'बलप्रयोग' अनिवार्य है। "जहाँ अभियुक्त के विरुद्ध सिर्फ यह साक्ष्य हो कि उसने अपने कपड़े उतारे और गुप्तांग महिला को दिखाए, यह अपने आपमें धारा 354 के तहत कोई अपराध नहीं होगा।"[6] कानून की भाषा-परिभाषा से लेकर न्याय की भाषा तक, पितृसत्ता का यही रूप दिखाई पड़ता है। एक और ऐतिहासिक फैसले के अनुसार, "बलात्कार कांड को सिर्फ देखना भर, बलात्कार के अपराध की उत्प्रेरणा नहीं कहा जा सकता।"[7] सामाजिक जीवन से लेकर सिनेमा और टी.वी. के पर्दे तक पर हो रहे बलात्कारों को देखना (और आनन्द उठाना) कोई अपराध नहीं। शौक से देखिए-दिखाइए। 'रेप-सीन' अभी और भी हैं, आप इसे देखते रहिए। 'इंसाफ का तराजू', 'मेरी आवाज सुनो' और 'जख्मी औरत' से लेकर 'बैंडिट क्वीन' तक।

सम्पूर्ण मर्दवादी ढाँचे में पूर्वग्रहों और 'मनुवाद' से आतंकित, कानूनी व्याख्या में न्याय की भाषा का एक और भयावह रूप पेश होता है—स्वाति लोढा बनाम राजकुमार[8]। इस मुकदमे में राजकुमार ने स्वाति से बिना विहाह किए ही देह सम्बन्ध स्थापित किया। स्वाति गर्भवती हो गई। राजकुमार ने दूसरी स्त्री से विवाह कर घर बसा लिया। इस पर स्वाति ने राजकुमार पर बलात्कार का मुकदमा दायर किया और प्रमाण के लिए राजकुमार और उससे उत्पन्न हुए बच्चे के डी.एन.ए. टेस्ट की माँग की। राजस्थान उच्च न्यायालय के विद्वान न्यायमूर्ति ने अपने निर्णय में लिखा, "स्वाति में एक वह माँ नहीं बोल रही जो बच्चे के किसी कानूनी अधिकार के लिए, उसके माता-पिता का निर्धारण करवाना चाहती है। यह एक स्त्री के प्रतिशोध का परिणाम है, जो वह राजकुमार के खिलाफ ले रही है, जिसने उसका कौमार्य, अस्मिता और पवित्रता भंग करने के बाद किसी दूसरी स्त्री से शादी कर ली है।" यहाँ कौमार्य या पवित्रता को लेकर जो कहा जा रहा है, लगता है वह राजकुमार कह रहा है। यह है मर्दवादी भाषा का चमत्कार। इसी फैसले में यह टिप्पणी भी उल्लेखनीय है, "उसके गन्दे कपड़ों के बारे में बताया गया है कि वे धो दिए गए हैं, यद्यपि राजकुमार के कथित गन्दे कपड़ों को अदालत में पेश करने की माँग की गई है।"[9] न्याय की माँग करनेवाली स्त्री की बात 'प्रतिशोध का परिणाम' लगती है क्योंकि 'उसका कौमार्य, अस्मिता और पवित्रता भंग' हो चुकी है। 'गन्दे कपड़े' धुल सकते हैं, लेकिन ऐसी भाषा का कोई क्या करे?

बलात्कार मृत्युजनक शर्म है—सिर्फ स्त्री के लिए

इससे भी अधिक पेचीदा स्थिति वहाँ आती है, जहाँ न्याय की भाषा स्त्री के पक्ष में बोलती दिखती है। एक मामले में सर्वोच्च न्यायालय के न्यायमूर्ति श्री आर. कृष्ण अय्यर लिखते हैं, "कोई भी प्रतिष्ठित महिला किसी पर भी बलात्कार का आरोप

नहीं लगाएगी क्योंकि ऐसा करके वह जो बलिदान करती है, वही तो उसे सबसे अधिक प्रिय है।''[10] यहाँ 'विमेन ऑफ ऑनर' यानी प्रतिष्ठित महिला की परिभाषा में वेश्या, कॉलगर्ल या चरित्रहीन औरतें शामिल नहीं हैं और न 'दोहरा अभिशाप' झेलती वे गरीब, हरिजन और आदिवासी औरतें, जी बिना किसी 'मानवीय गरिमा' या किसी भी 'गरिमा' की निर्धनता-रेखा से नीचे जी रही हैं। तर्क के दूसरी ओर यह छिपा है कि प्रतिष्ठित स्त्री को बलात्कार का आरोप लगाने की जरूरत नहीं और अप्रतिष्ठित को ऐसा आरोप लगाने का हक नहीं। यहाँ आर्थिक-भेद और लिंग-भेद किस कदर मिल-जुल गए हैं कि एक ओर तर्क से अमीर स्त्री की प्रतिष्ठा को उसका बन्धन बनाया जा रहा है दूसरी ओर गरीब स्त्री को प्रतिवाद के हक से वंचित किया जाता है वह तो ऐसी थी ही।

उपरोक्त निर्णय से पचास साल पहले भी अदालत ऐसी ही भाषा बोल रही थी। ''यह बहुत ही कम सम्भावना है कि कोई आत्मस्वाभिमानी औरत न्याय की अदालत में आगे आकर अपने साथ हुए बलात्कार के बारे में, अपने सम्मान के विरुद्ध शर्मनाक बयान देगी, बशर्ते कि यह पूर्ण रूप से सच न हो।''[11] या (पूर्ण रूप से झूठ। 'इज्जतदार औरतें' तो बलात्कार सच में हो जाने पर भी किसी को नहीं बतातीं, शर्म के मारे डूबकर या जलकर मर जाती हैं। पचास सालों में 'आत्मस्वाभिमानी औरत' की जगह 'प्रतिष्ठित महिला' ने ले ली। चूँकि स्त्री के लिए बलात्कार मृत्युजनक शर्म है।''[12] इसलिए चुप रहो। बेकार 'शर्मनाक बयान' देने से क्या फायदा? 'न्याय के प्रहरी' इससे ज्यादा स्पष्ट और क्या कहें? हर बार महसूस होता है कि स्त्री के प्रति वह न्याय की भाषा नहीं बल्कि क्रूरता और दमन की भाषा है। पितृसत्ता द्वारा जारी आदेश और अध्यादेश की भाषा है। न्याय के नाम पर पीढ़ियों से विरासत में मिली अन्याय की भाषा है। बलात्कारी भाषा। मर्दवादी भाषा कहती है, मर्द को बर्दाश्त कर! बस! यह भाषा न्यायालय की है। न्यायालय भी तो मर्दवादी हो सकता है।

न्याय की बुद्धिमत्ता का नियम

20वीं सदी के आरम्भ से लेकर अब तक अदालत, कानून और न्याय की भाषा-परिभाषा मूलत: स्त्री के प्रति अविश्वास, घृणा और अपमान से उपजी भाषा है। ''बलात्कार के मामलों में, सिर्फ बलात्कृत स्त्री के आरोपों पर किसी भी व्यक्ति (पुरुष) को सजा सुनाना बेहद असुरक्षित ('क्वाइट अनसेफ) होगा।''[13] असुरक्षित ही नहीं बल्कि एक कदम आगे बढ़ न्यायमूर्ति ने चेतावनी दी, ''बिना अन्य प्रमाणों के सिर्फ उसके बयान के आधार पर सजा देना अत्यन्त खतरनाक होगा।''[14] तीन साल बाद एक अन्य न्यायमूर्ति ने ऐलान किया, बिना अन्य प्रमाणों के सिर्फ स्त्री के

बयान पर विश्वास करना, प्रत्यक्ष रूप से बहुत असुरक्षित (नोटोरियसली वेरी अनसेफ) होगा।''[15] इसलिए स्त्री की गवाही को अन्य स्वतंत्र साक्ष्यों से जोड़कर देखना अनिवार्य है।''[16] और ''अन्य प्रमाणों की अनुपस्थिति में, सिर्फ तथाकथित बलात्कार की शिकार स्त्री के बयान के आधार पर अभियुक्त को दोषी ठहराना उपयुक्त नहीं।''[17]

उपरोक्त फैसलों के कुछ साल बाद एक न्यायमूर्ति ने थोड़ा संशोधन करते हुए कहा, ''बलात्कार के मामलों में अन्य प्रमाण अनिवार्य नहीं। अदालत को अधिकार है कि वह बिना अन्य प्रमाणों के लड़की का साक्ष्य स्वीकार कर सकती है। लेकिन इसे स्वीकारने में धीमा रहना चाहिए। अदालत द्वारा उसकी गवाही (साक्ष्य) को बहुत ध्यान से देखना अनिवार्य है...!''[18] दूसरे न्यायमूर्ति ने लिखा है, ''दस वर्षीया बच्ची के साथ बलात्कार के मामले में कानून के लिए यह जरूरी नहीं कि अन्य स्वतंत्र प्रमाण उपलब्ध हों। हाँ, किसी औरत द्वारा बलात्कार का आरोप लगाना एकदम भिन्न स्थिति है और किसी बच्ची द्वारा यह कहना कि अमुक व्यक्ति दोषी है—भिन्न स्थिति है।''[19] परन्तु तीसरे न्यायमूर्ति का विचार था, ''बलात्कार के मामले में सिर्फ लड़की के साक्ष्य को काफी न मानना ही एक अच्छा नियम है।''[20] क्योंकि ''यह नियम कि बलात्कार की शिकार स्त्री का साक्ष्य मानने के लिए अन्य प्रमाण अनिवार्य हैं दरअसल बुद्धिमत्ता का नियम (रूल ऑफ प्रूडेंस) है।''[21] इसके बिना ''अभियुक्त को सजा देने के लिए, इसे उचित आधार के रूप में स्वीकार नहीं करना चाहिए।''[22] कुल मिलाकर नतीजा वही है कि 'सिर्फ स्त्री की गवाही के आधार पर सजा देना उचित नहीं।' स्त्री के बयान पर विश्वास करना 'खतरनाक' है। बलात्कार के अन्य प्रमाण, सबूत और गवाह अनिवार्य हैं। बीसवीं सदी के पचास साल तक न्यायमूर्ति बलात्कार की शिकार स्त्री से स्वतंत्र साक्ष्य की माँग करते रहे और न्याय की भाषा 'बेहद असुरक्षित' से 'बेहद खतरनाक' होती गई।

1950 में लाहौर उच्च न्यायालय के न्यायमूर्तियों ने पुनर्विचार करने के बाद स्पष्ट किया, ''अन्य प्रमाणों को देखने का नियम सह-अपराधियों के लिए बनाया गया है और बलात्कार की शिकार स्त्री सह-अपराधी नहीं, बल्कि अपराध से पीड़ित स्त्री है। इसलिए बलात्कार के मामलों में पीड़िता के साक्ष्य मानने के लिए अन्य प्रमाण हमेशा अनिवार्य नहीं हैं। ऐसे मामलों में याद रखनेवाली बात यह है कि क्या सिर्फ उस (स्त्री) के बयान के आधार पर सजा देना सुरक्षित है? यह हर मुकदमे की स्थितियों पर निर्भर करता है।''[23] लेकिन उसी समय नागपुर उच्च न्यायालय के न्यायमूर्ति ने विरोध में स्थापना दी, ''यद्यपि कानूनन यह मानने योग्य है, लेकिन बिना अन्य प्रमाणों के अभियुक्त को सजा देना खतरनाक है। यह नियम

समान रूप से जरूरी है, चाहे पीड़िता वयस्क महिला हो या सात वर्षीया कन्या। व्यवहार में यह नियम मजबूत नियम है कि बिना अन्य प्रमाणों के बच्ची की गवाही न मानी जाए। हालाँकि भारतीय कानून में यह नियम बुद्धिमत्ता का नियम है—कानून का नहीं।''[24] यह स्थापना देते हुए विद्वान न्यायमूर्तियों ने कुछ वर्ष पूर्व सुनाए अपने ही फैसले को निरस्त कर दिया। कानूनी नियम न होते हुए भी यह नियम न्यायमूर्तियों की 'बुद्धिमत्ता का नियम' बना रहा। बना हुआ है। कौन कहे—क्यों? सवाल करो भी तो जवाब कौन देगा?

खैर...आजादी के बाद, भारतीय गणतंत्र की सर्वोच्च अदालत ने लाहौर उच्च न्यायालय के 1950 वाले फैसले की तर्ज पर दोहराया, ''यह नियम, जो फैसलों के अनुसार कानूनी नियम बन गया है, इसका अर्थ यह नहीं है कि सजा के लिए अन्य प्रमाण अनिवार्य हैं। लेकिन बुद्धिमत्ता के लिए अन्य प्रमाणों का होना जरूरी है, सवाल यह है कि बुद्धिमत्ता का यह नियम हमेशा याद रहना चाहिए। व्यवहार में ऐसा कोई नियम नहीं है कि हर मुकदमे में, सजा देने से पहले अन्य प्रमाणों को देखना अनिवार्य हो।''[25] सुप्रीम कोर्ट के इस निर्णय ने 'बुद्धिमत्ता के नियम' को भी 'कानून का नियम' घोषित कर दिया। इस निर्णय का प्रभाव यह हुआ कि सभी उच्च न्यायालयों को इसे मानना पड़ेगा। कुछ उच्च न्यायालयों के न्यायमूर्तियों ने इस फैसले को मानते हुए निर्णय सुनाए। लेकिन...कुछ न्यायमूर्ति 'बुद्धिमत्ता के नियम' के अनुसार ही न्याय करते रहे। पटना उच्च न्यायालय के एक न्यायमूर्ति ने सर्वोच्च न्यायालय के उपरोक्त निर्णय के बावजूद कहा, ''बलात्कार के मामले में, वयस्क महिला के मुकदमे में अन्य प्रमाण अनिवार्य ही नहीं हैं, बल्कि स्वतंत्र स्रोतों से भी होने चाहिए।''[26]

बलात्कार नहीं, 'शान्तिपूर्ण मामला'

इसके बाद करीब तीन दशकों तक बलात्कार की शिकार स्त्री से 'बुद्धिमत्ता का नियम' प्राय: 'अन्य प्रमाण' माँगता ही रहा। आहत, अपमानित और पीड़ित हजारों स्त्रियों की चीखें कानून की किताबों में बन्द पड़ी हैं। न्याय की नजर में उसका चीखना...चिल्लाना...शोर मचाना सिर्फ झूठ के ऊतक ('टिशू ऑफ लाइज') हैं। ये सब औरतें 'भंयकर रूप से झूठी' थीं और उनकी गवाही 'झूठ और असम्भावनाओं से भरी पड़ी हैं।' उनके शरीर पर कोई 'चोट' का निशान नहीं था। 'यौन झिल्ली पहले से ही फटी' हुई थी। 'सम्भोग की आदी' थीं और 'कथित सम्भोग एक शान्तिपूर्ण मामला' था। उन्होंने खुद 'पूर्ण रूप से हवस शान्त करने' की सहमति दी थी। मत भूलो कि 'सम्भोग और बलात्कार में दुनिया भर का भेद है।' इन पर 'विश्वास' करना 'खतरनाक' है। ''इन महिलाओं की तुलना सभ्य और प्रतिष्ठित

समाज की महिलाओं से नहीं की जा सकती। ये महिलाएँ नीच काम में शामिल थीं और उनका चरित्र सन्दिग्ध है।''[27]

1972 में प्रमिला कुमारी रावत के साथ तीन व्यक्तियों ने बलात्कार किया। उस समय प्रमिला गर्भवती थी। अदालत ने अपने निर्णय[28] में कहा कि प्रमिला 'रखैल' थी, सम्भोग की आदी थी, उसने कोई चीख-पुकार नहीं मचाई, बलात्कार के बावजूद गर्भपात चार-पाँच दिन बाद हुआ। (अतः) लगता है, इन परिस्थितियों में जो कुछ हुआ, उसकी मर्जी या सहमति से हुआ या फिर उसमें पति (प्रेमी) की भी मिलीभगत थी। परिणामस्वरूप तीनों अभियुक्तों को बाइज्जत बरी किया जाता है। सर्वोच्च न्यायालय के न्यायमूर्ति श्री पी.एन. भगवती और मुर्तजा फजल ने सेशन और हाई कोर्ट के फैसलों को रद्द करते हुए इसे 'सीरियस मिसकैरिज ऑफ जस्टिस' माना था। विद्वान न्यायमूर्तियों के अनुसार बलात्कार के कारण प्रमिला का गर्भपात नहीं बल्कि निर्दोष अभियुक्तों को सजा सुनाने के कारण, न्याय का गर्भपात हुआ था।

एक अन्य मामले[29] में सर्वोच्च न्यायालय ने देव समाज स्कूल अम्बाला की 9वीं कक्षा की छात्रा सतनाम कौर के साथ बलात्कार के चार अभियुक्तों को रिहा करते हुए कहा था कि लड़की सम्भोग की आदी थी और उसकी यौन झिल्ली पहले से भंग थी। इसी प्रकार महादेव व रहीम बेग बनाम राज्य[30] में एक बारह वर्षीय लड़की की दो अभियुक्तों ने बलात्कार के बाद हत्या कर दी। न्यायालय ने उन्हें इस आधार पर बरी कर दिया, ''लँगोट पर मिले वीर्य के धब्बे अनिवार्य रूप से बलात्कार सिद्ध नहीं करते और उनके लिंगों पर भी किसी प्रकार के चोट के निशान नहीं हैं।'' प्रश्न यह है कि शादीशुदा या सम्भोग की अनुभवी महिलाओं के साथ हुए बलात्कार को अपराध न मानना कहाँ तक उचित है ?

1978 में मथुरा बलात्कार कांड में सर्वोच्च न्यायालय के न्यायमूर्ति श्री जसवन्त सिंह, पी. एस. कैलाशम और ए.डी. कौशल का फैसला[31] न्याय की भाषा का 'सर्वश्रेष्ठ' नमूना कहा जा सकता है। पुलिस स्टेशन में पुलिसकर्मियों द्वारा बलात्कार के इस मामले में न्यायमूर्तियों का (विवादास्पद) निर्णय था कि 'प्रश्नगत सम्भोग बलात्कार प्रमाणित नहीं होता और अपीलार्थी गणपत के खिलाफ अपराध का कोई मामला नहीं बनता।' मान लो मथुरा 'झूठी' थी और गणपत ने उसके साथ सहमति से सम्भोग किया था इसलिए बलात्कार का अपराध नहीं बनता और उसे कोई सजा नहीं दी जा सकती। परन्तु यह भी तो सच है कि गणपत ने पुलिस स्टेशन में सम्भोग किया। चूँकि सहमति से सम्भोग अपराध नहीं है तो क्या इसका मतलब यह नहीं कि कोई भी पुलिस या अन्य सरकारी अधिकारी दफ्तरों में खुलेआम सहमति से सम्भोग कर सकते हैं ? क्या पुलिस स्टेशन को 'वेश्यालय' की तरह इस्तेमाल करना कोई अपराध नहीं है और उपरोक्त निर्णय 'लाइसेंस' नहीं ?

मथुरा केस में सुप्रीम कोर्ट के उपरोक्त निर्णय के विरुद्ध महिलाओं द्वारा राष्ट्रीय स्तर पर विरोध और आन्दोलनों के परिणामस्वरूप 1983 में बलात्कार सम्बन्धी प्रावधानों में संशोधन करना पड़ा। कानून के संशोधन के बावजूद 'गहरे गड्ढे मौजूद हैं और न्यायिक दृष्टिकोण से भी कोई उल्लेखनीय बदलाव नहीं हुआ लगता। मथुरा के बाद सुमन से लेकर भँवरीबाई बलात्कार कांड तक में हुए निर्णय इसका प्रमाण हैं। न्यायमूर्ति कृष्ण अय्यर के शब्दों में इसका कारण यह है, "नारी शरीर और पवित्रता को लेकर कोई सन्तोषजनक राष्ट्रीय योजना नहीं है।"[32] कहना न होगा कि इसके बाद न्याय की भाषा में जो बदलाव दिखाई भी देता है, वह अगर-मगर, किन्तु-परन्तु और लेकिन के मर्दवादी मुहावरों में ही उलझा हुआ है। भँवरीबाई केस में अभियुक्तों को रिहा करते हुए सत्र न्यायाधीश 'ब्राह्मण जाति' की श्रेष्ठता से लेकर 'भारतीय संस्कृति' की महानता तक का गुणगान करते हैं। उच्च जाति के भद्र पुरुष नीच जाति की स्त्रियों से बलात्कार करेंगे। न्यायाधीश को लगता है कि यह आरोप 'सन्देह से परे तक सिद्ध' नहीं हो पाया। कैसे हो सकता है ? स्त्री के विरुद्ध लगातार बढ़ती हिंसा के प्रश्न पर गहरी चिन्ता या चिन्ता के बावजूद 'न्याय का लक्ष्य' अपराधियों की बाइज्जत रिहाई या सजा कम करना ही रहा है। बढ़ते अपराधों और घटती सजाओं के आँकड़ों को प्रतिशत की पद्धति में सिद्ध करना बेकार है।

जले पर नमक छिड़कता पुरुष वर्चस्व

1983 में सर्वोच्च न्यायालय के न्यायमूर्तियों ने एक अन्य मामले का निर्णय लिखते हुए कहा, "इस समय जरूरत है कि कानून को इस प्रकार बनाया और ढाला जाए कि यह और अधिक संवेदनशील और जवाबदेह बनकर समय की माँग पूरी कर सके और इस मूलभूत समस्या का समाधान भी कि क्या, कब और किस हद तक बलात्कार की शिकार स्त्री की गवाही को सच मानने के लिए अन्य प्रमाण/साक्ष्य अनिवार्य हैं। भारतीय स्त्रियों के लिए इस समस्या का विशेष महत्त्व है क्योंकि प्राय: उनका शोषण भी होता रहा है और उन्हें समान न्याय से वंचित भी किया जा रहा है। इस समस्या पर भारतीय स्त्रियों की साठ करोड़ उत्सुक आँखें केन्द्रित हैं।"[33]

स्त्री के विरुद्ध हिंसा के आँकड़ों को देखते और न्यायशास्त्र की पुनर्समीक्षा की जरूरत महसूस करते हुए न्यायमूर्तियों ने बलात्कार की शिकार महिला से अन्य प्रमाण माँगनेवाले नियमों को 'जले पर नमक छिड़कना' कहते हुए कहा, "बलात्कार की शिकार लड़की या महिला की गवाही को शंका, अविश्वास और सन्देह के चश्मे से ही क्यों देखा जाए ? ऐसा करना पुरुष-प्रधान समाज के वर्चस्व के आरोपों को सही ठहराना होगा।"

भारतीय परिप्रेक्ष्य में स्त्री की पारिवारिक, सामाजिक, धार्मिक और नैतिक स्थितियों का उल्लेख करते हुए न्यायमूर्तियों ने कहा कि कोई भी स्त्री अपनी और परिवार की प्रतिष्ठा, लाज, शर्म और बदनामी के खतरे नहीं उठाना चाहती। निर्दोष होते हुए भी वह हमेशा भयभीत ही रहती है। वह तो सच कहने से भी डरती है—झूठ कैसे कहेगी? और क्यों कहेगी? लेकिन 'वयस्क महिला' के बारे में 'बुद्धिमत्ता के नियम' को बचाते हुए कहा कि 'वयस्क महिला' अगर सम्भोग की स्थिति में पकड़ी जाती है और अपने को बचाने के लिए ऐसे आरोप लगाने की सम्भावना दिखाई देती है तो उससे अन्य प्रमाण माँगे जा सकते हैं। ध्यान से पढ़ने-देखने के बाद लगता है कि यही सब तो 1952 में भी कहा गया था। इसमें नई बात क्या है?

अन्ततः दस-बारह साल की दो बच्चियों के साथ बलात्कार के प्रयास के इस उपरोक्त मुकदमे में न्यायमूर्तियों ने कहा, "अभियुक्त ने जो अपराध किया, उसको बहुत ही गम्भीर रूप से लेना जरूरी है।" लेकिन "हाईकोर्ट द्वारा सजा के बाद (बेचारे की) नौकरी छूट गई है। घटना सात साल पहले घटी थी। अब साढ़े छह साल बाद अभियुक्त को दोबारा जेल भेजना पड़ेगा। समाज में भी अभी तक बहुत बेइज्जती और अपमान सहना पड़ा होगा।...सब बातों को देखते हुए हमें लगता है कि अगर सजा ढाई साल से घटाकर सवा साल कर दी जाए तो 'न्याय का लक्ष्य' पूरा हो जाएगा।" देखा! मर्द के साथ कितनी जल्दी हमदर्दी पैदा हुई मर्दों को।

'वर्दीवाला गुंडा' और 'जवान लड़की'

सुमन बलात्कार कांड (1989) में सर्वोच्च न्यायालय के न्यायमूर्तियों द्वारा हरियाणा के पुलिसवालों की सजा दस साल से घटाकर पाँच साल की गई थी।[34] कारण—'लड़की सन्दिग्ध चरित्र' की है। पुलिस पक्ष की ओर से मुकदमे की पैरवी मानवाधिकारों के चैम्पियन गोविन्द मुखौटी ने की। जब अखबारों और पत्रिकाओं में इस निर्णय की आलोचना हुई तो मुखौटी को सार्वजनिक रूप से माफी माँगते हुए पी.यू.डी.आर. की अध्यक्ष की कुर्सी ने इस्तीफा देना पड़ा था। पुनर्विचार याचिका में न्यायमूर्तियों ने अपना फैसला तो नहीं बदला, हाँ, इतना स्पष्टीकरण जरूर दिया कि हमारे पूर्व फैसले का आधार लड़की का चरित्रहीन होना नहीं, बल्कि रिपोर्ट पाँच दिन बाद करवाना है। पुनर्विचार के बाद निर्णय में कहा गया है, "हम यह कहना चाहते हैं कि यह अदालत स्त्री गरिमा और सम्मान की रक्षा में किसी से कम नहीं है।"[35]

पुलिस हिरासत में बलात्कार के अपराध के लिए कम-से-कम दस साल जेल का प्रावधान होते हुए, सुमन-केस में पाँच साल की सजा क्यों? सजा कम करने की 'विशेष परिस्थिति' क्या थी? क्या सिर्फ रपट लिखवाने में पाँच दिन देरी की वजह से, पाँच साल सजा कम करना उचित है? हरपाल सिंह बनाम हिमाचल प्रदेश[36] में

तो रपट दस दिन बाद लिखवाई गई थी और देरी को उचित मानते हुए माननीय न्यायाधीशों ने कहा था, ''जवान लड़की के साथ बलात्कार होने पर, इस तरह की देरी स्वाभाविक है।'' सुमन-केस में तो रपट लिखनेवाला भी वही पुलिस स्टेशन है, जहाँ के सिपाहियों ने उसके साथ बलात्कार किया था और क्या सुमन 'जवान लड़की' नहीं थी? यहाँ विचारणीय है कि न्याय की भाषा में 'जवान लड़की' पर विशेष जोर दिया है। यानी 'वयस्क महिला' हो तो देरी उचित नहीं।

एक और मामले में पुलिसकर्मी चन्द्रप्रकाश केवलचन्द्र जैन द्वारा बलात्कार के अपराध में सत्र न्यायाधीश ने पाँच साल कैद की सजा सुनाई। अपील में सुप्रीम कोर्ट के न्यायमूर्तियों (ए.एम. अहमदी और फातिमा बीवी) ने कहा, ''सजा के सवाल पर हम सिर्फ इतना ही कह सकते हैं कि जब कोई वर्दीवाला किसी जवान लड़की के साथ ऐसा गम्भीर अपराध करता है तो उसके साथ सहानुभूति या दया की कोई गुंजाइश नहीं। ऐसे मामलों में सजा उदाहरणीय होनी चाहिए।''[37] यहाँ भी सजा के प्रश्न पर न्यायमूर्ति सख्ती का पाठ पढ़ाते हैं, लेकिन...। 'जवान लड़की' के साथ बलात्कार होने पर सजा सख्त होनी चाहिए का दूसरा अर्थ, क्या यह नहीं कि वयस्क महिला के मामलों में सजा 'नरम' भी हो सकती है? हालाँकि 'जवान लड़की' के मामलों में भी कठोरतम (अधिकतम) सजा कहाँ सुनाई जाती है? हर बार सजा कम करने के लिए, कोई-न-कोई 'विशेष परिस्थिति' मौजूद रहती है। सात दशक पहले न्यायमूर्ति सीधे-सीधे कहते थे, ''जहाँ साक्ष्यों से मालूम हो कि बलात्कृत लड़की 'अक्षत योनि' या 'पवित्र' नहीं है, वहाँ सात साल कठोर कारावास की सजा बहुत सख्त सजा है।''[38] अब, वही बात काफी 'घुमावदार' भाषा में कहने लगे हैं।

नारी अस्मिता और गरिमा पर न्याय की चिन्ता

न्यायमूर्ति पुरुष हो या स्त्री, न्याय की भाषा तो अक्सर वही रहती है, जो अब तक रची-गढ़ी गई है। पन्नालाल केस में न्यायमूर्ति सुनन्दा भंडारे और अनिल देव सिंह के निर्णय के अलावा भी अनेक उदाहरण हैं। उपरोक्त खंडपीठ के निर्णय पुरुष न्यायमूर्तियों द्वारा लिये गए हैं। यही नहीं, बलात्कार के एक और केस में दिल्ली उच्च न्यायालय की न्यायमूर्ति सुश्री उषा मेहरा ने अपने निर्णय के आरम्भ में गम्भीरतापूर्वक लिखा, ''हमारे समाज में नारी अस्मिता के प्रति सम्मान घटता जा रहा है और बलात्कार के मामले बढ़ते जा रहे हैं। हालाँकि ऐसे अपराध बीमार दिमाग के व्यक्तियों द्वारा किए जाते हैं, लेकिन, चूँकि यह मुद्दा सार्वजनिक जीवन में सौम्यता और नैतिकता से जुड़ा है और स्त्रीत्व की गरिमा को छूता है, इसलिए अपराधियों के साथ सख्ती से निपटना चाहिए।''[39] लेकिन अन्ततः अभियुक्त को बाइज्जत रिहा कर दिया। जन्म प्रमाणपत्र उपलब्ध नहीं। डॉक्टर की रिपोर्ट महज राय

है। स्कूल प्रमाण पत्र पर विश्वास नहीं किया जा सकता और लड़की पहले से ही 'सम्भोग की आदी' है। 29 मई, 1975 के इस मुकदमे की अपील का निर्णय 14 जुलाई, 1992 को (लगभग सत्रह साल बाद) हुआ। न्यायाधीश अय्यर के शब्दों में 'वट ए पिटी'।

स्त्री के विरुद्ध हिंसा के जलते सवालों पर (महिला) न्यायमूर्ति द्वारा मानवीय सरोकारों से लैस, संवेदना के शब्द सचमुच सराहनीय हैं। लेकिन मौलिक अभिव्यक्ति न होने के कारण, पेचीदा कानूनी प्रावधान और न्याय के चक्रव्यूह में ही फँसी रह जाती है। दो साल पहले सर्वोच्च न्यायालय के न्यायमूर्तियों ने भी तो यही कहा था, "यह दुर्भाग्यपूर्ण है कि हमारे देश में स्त्रीत्व का सम्मान घटता जा रहा है और छेड़छाड़ और बलात्कार के मामले लगातार बढ़ते जा रहे हैं...सार्वजनिक जीवन में सौम्यता और नैतिकता का विकास और रक्षा केवल तभी की जा सकती है, जब अदालतें सामाजिक नियमों का उल्लंघन करनेवालों के साथ सख्ती से पेश आएँ।"[40] बलात्कार के अपराधियों को बीमार, विकृत और विक्षिप्त मानसिकता के व्यक्ति घोषित करते, अपने निर्णय बताए-गिनाए जा सकते हैं।

चरित्र प्रमाणपत्र कहाँ है?

बंटी उर्फ बलविन्द्र सिंह बनाम मध्य प्रदेश[41] सामूहिक बलात्कार का एक ऐसा मामला है, जिसमें पच्चीस वर्षीय विवाहिता महिला के साथ बलात्कार करनेवाले पाँचों अभियुक्तों को बाइज्जत रिहा करते हुए मध्य प्रदेश उच्च न्यायालय के न्यायमूर्ति श्री एस.के. सेठ और एस.के. चावला ने निर्णय में लिखा, "यहाँ यह बता दें कि यह सामूहिक बलात्कार का मुकदमा है। एक औरत, जो भले ही कितनी भी दुराचारी क्यों न हो, इतने व्यक्तियों को अपमानजनक ढंग से सामूहिक सम्भोग करने की आमतौर पर सहमति नहीं देगी, जैसे वह सार्वजनिक प्रयोग के लिए कोई जानवर हो।"

उन्होंने आगे कहा, "कानून मानता है कि भले ही कोई स्त्री अनैतिक चरित्र की हो या वेश्या ही हो, उसकी अपनी गरिमा और सम्मान होता है। उसके इस नीच व्यवसाय के कारण ही उसके साथ अतिक्रमण नहीं किया जा सकता।" लेकिन निर्णय के अन्त तक आते-आते न्यायमूर्तियों ने स्थापना दी, "लेकिन यह भी मानना पड़ेगा कि फिर भी, अनैतिक चरित्र पूर्णतया गौण परिस्थिति नहीं होगी। यह स्वयं सारी कहानी को अविश्वसनीय बना सकता है। यह कहानी से उस सम्भावना शक्ति को छीन सकता है, जो किसी ऐसी महिला ने सुनाई हो, जिसका कोई नैतिक चरित्र ही नहीं। जिस अनैतिक चरित्र की महिला पर विश्वास करना कठिन है, अगर वह यह कहे कि कुछ व्यक्तियों ने उसके साथ (बलात्) सम्भोग किया है, बशर्ते कि इस बात का कोई सन्तोषजनक प्रमाण उपलब्ध न हो।"

वर्षों पूर्व मद्रास उच्च न्यायालय के एक निर्णय[42] में भी कहा था, ''किसी वेश्या की मर्यादा को भी सम्मान सुरक्षा का उतना ही अधिकार है, जितना किसी अन्य महिला को।''

लेकिन हर बार, न्याय की तुला में एक तरफ बलात्कार और अपमानजनक पीड़ा होती है और दूसरी तरफ पीड़िता का नैतिक चरित्र। जाहिर है ऐसे में, ऐसी स्त्री के साथ न्याय असम्भव है, क्योंकि उसकी पूरी कहानी सन्देह के घेरे में ही घूमती रहेगी। उसकी बात पर कौन यकीन करेगा? फिलहाल ऐसे सामाजिक या मानसिक बदलाव की कोई आधारभूमि नजर नहीं आ रही। सिर्फ न्यायमूर्तियों को दोषी ठहराना भी व्यर्थ होगा, क्योंकि वे भी उसी समय और समाज की उपज हैं, जिसमें नैतिकता, मर्यादा, पवित्रता, यौनशुचिता वगैरह की सारी जिम्मेवारी सिर्फ स्त्री पर लाद दी गई है। धर्मशास्त्रों से लेकर न्यायशास्त्रों तक में। स्त्री के लिए इस दुश्चक्र से बाहर निकलने का तब तक कोई दरवाजा नहीं, जब तक सत्ता और सम्पत्ति पर निर्णय लेने का उसे भी बराबर हक नहीं मिल जाता या वह न्याय व्यवस्था की गूढ़ भाषा पढ़ने-समझने योग्य नहीं हो जाती—सुशिक्षित और प्रतिष्ठित, सचेत और अधिकारों के प्रति पूर्ण रूप से जागरूक।

वक्ष, जाँघ, नितम्ब या पीठ पर चोट के निशान दिखाओ

बिरम सोरेन बनाम पश्चिम बंगाल[43] केस में अभियुक्त घर में अकेली लड़की (उम्र सोलह-सत्रह वर्ष) के साथ बलात्कार करके भाग गया। माँ-बाप लौटकर आए तो लड़की के बताने पर थाने में रिपोर्ट दर्ज करवाई। सत्र न्यायाधीश ने बलात्कार के अपराधी को दस साल कैद और 5000 रुपए जुर्माना की सजा सुनाई। लेकिन उच्च न्यायालय के न्यायमूर्ति एस.पी. राजखोबा ने अपील का फैसला सुनाते हुए कहा, ''स्वाभाविक परिणाम यह होगा कि दोनों में प्रेम था या नहीं, मगर स्थितियों ने शारीरिक मिलन का अवसर प्रदान किया। अधिकांश ग्रामीण फुटबाल मैच देखने गए हुए थे। कुछ अड़ोसी-पड़ोसी भी फुटबाल मैच देखने गए हुए थे और माता-पिता बाजार। वह घर में अकेली थी। सारे तर्कों को तोड़ते हुए दोनों की आत्मीय यौन इच्छा बढ़ गई और यौन आनन्द उठाते हुए उन्होंने सम्भोग कामना शान्त की। यौन झिल्ली फटने और खून बहने का कारण यह है कि उसके जीवन में सम्भोग का प्रथम अनुभव था। शरीर के किसी हिस्से पर चोट के निशान नहीं होना, उसकी इस बात को झूठा प्रमाणित करता है कि उसने प्रतिरोध किया था और नतीजतन ब्लाउज फट गया था।...बाहरी चोटों का न होना जैसे वक्षस्थल पर नाखूनों के निशान, जाँघ, नितम्ब और पीठ वगैरह पर खरोंच सहमति का सुझाव ही देते हैं।''

अन्त में न्यायमूर्ति ने कहा, "पीड़िता के गुप्तांगों पर चोट के निशान हमें भय से कँपकँपा देनेवाले हैं। परन्तु हम यह कहने को विवश हैं कि बलात्कार का मामला नहीं है।...अभियुक्त को जेल से आजादी दे दी जाए।"...दूसरे न्यायमूर्ति जे.एन. होरे ने लिखा, "मैं सहमत हूँ।" और निर्णय में अपने हस्ताक्षर कर दिए।

लगता है, अदालत के लिए बलात्कार एक 'स्टीरियो टाइप' है। कर्मकांड की तरह उसमें वही सब होना है जो होना चाहिए। यह सब बलात्कार को 'संयोग में बदलने की युक्तियाँ हैं। बलात्कार की शिकार स्त्री सिर्फ एक गवाह है। गवाह को केवल बलात्कार का अनुभव दोहराना है। अपने अस्तित्व को भुलाकर दोबारा बताना है कि बलात्कार कब, कहाँ, कैसे और किसने किया। यही नहीं, यह भी बताना है कि उसने खुद क्या किया? कुछ नहीं किया तो क्यों? यानी एक बार फिर 'बलात्कार'। मामूली-सी भूल बलात्कार को सहमति से सम्भोग में बदल सकती है। बदलती रही है। 'वक्षस्थल पर नाखूनों के निशान और जाँघ, नितम्ब और पीठ वगैरह पर खरोंच दिखाना मत भूलना। वरना...न्याय की भाषा में इसे 'सहमति का सुझाव' समझा जाएगा, समझा जाता है। सिर्फ यह कहना काफी नहीं कि उसने मेरी 'इज्जत' लूट ली, अपना 'मुँह काला' किया, जीवन 'बर्बाद' कर दिया या उसने मेरे साथ 'वो काम किया जो उसे नहीं करना चाहिए था।'

'हर सेक्सुअल लॅस्ट'

अपहरण और बलात्कार के एक अन्य मामले में न्यायमूर्तियों ने स्कूल सर्टीफिकेट को प्रामाणिक नहीं माना और डॉक्टरी रिपोर्ट को महज राय मानते हुए अभियुक्त को सन्देह का लाभ देकर छोड़ दिया। बलात्कार के आरोप को सहमति से सम्भोग घोषित करते हुए न्यायमूर्तियों ने कहा, "अपीलार्थी के साथ रहने में नन्दा की पूर्व सहमति थी ताकि वह अपनी यौन लिप्सा शान्त कर सके।"[44] न्याय की भाषा में, अब तक जहाँ 'हिज सेक्सुअल लॅस्ट' का इस्तेमाल किया जाता रहा है, वहाँ अब 'हर सेक्सुअल लॅस्ट' लिखा जाने लगा है। मर्दों की दुनिया में स्त्री की 'मौनता' को सम्भोगेच्छा ही मानकर चला जाता है।

अनिल कुमार बनाम हरियाणा[45] में उच्च न्यायालय के न्यायमूर्तियों का निर्णय है कि एक जवान लड़की और एक युवा व्यक्ति एकान्त में, एक ही छत के नीचे, तीन दिन से ज्यादा रहे हों, तो इससे यही निष्कर्ष निकलता है कि अनिवार्य रूप से वे आपस में मैथुन करते रहे होंगे। इस निष्कर्ष के आधार बिन्दु वही प्रचलित मिथ हैं कि स्त्री-पुरुष के बीच घनिष्ठ सम्बन्धों का मतलब है यौन सम्बन्ध। इसके अलावा कुछ और तो सोचा ही नहीं जा सकता है न।

सुभाष बनाम हरियाणा[46] में बलात्कार के आरोप को सहमति से सम्भोग मानते हुए न्यायमूर्तियों का कहना था, ''स्कूल प्रमाणपत्र के अनुसार लड़की की उम्र सोलह वर्ष से ज्यादा है और डॉक्टरी रिपोर्ट के मुताबिक यह सम्भोग की आदी है। शरीर पर न कोई चोट का निशान है और न खून बहने के ताजा चिह्न। लड़की द्वारा लिखे दो प्रेम पत्रों से पता लगता है कि वह अभियुक्त से प्रेम करती थी।'' अगर प्रेम और सहमति थी, तो फिर बलात्कार का आरोप वह लगाती ही क्यों?

ब्रजेश कुमार बनाम हरियाणा[47] में उच्च न्यायालय के न्यायमूर्ति कहते हैं, ''अगर कोई सोलह वर्ष से बड़ी उम्र की लड़की सम्भोग में आनन्द उठाने के लिए, स्वेच्छा से किसी पुरुष के सामने समर्पण करती है तो यह नहीं कहा जा सकता कि पुरुष ने बलात्कार किया है।'' यहाँ, 'सम्भोग का आनन्द' और पुरुष के सामने 'स्वेच्छा से समर्पण' की भाषा-संरचना के पीछे वही पुराना तर्क है कि ऐसी स्त्री स्वयं बलात् (सम्भोग) की इच्छुक होती है। अच्छी लड़की होती तो अपनी जान जोखिम में डालकर भी 'सतीत्व' या 'कौमार्य' की रक्षा करती। औरत के प्रतिरोध न करने का अर्थ है—स्वेच्छा से समर्पण। और कानून या न्याय की भाषा में इसे 'बलात्कार' नहीं माना जाता।

विवाहित महिला के साथ बलात्कार के एक मामले में सत्र न्यायाधीश ने तीन वर्ष कठोर कारावास की सजा सुनाई, परन्तु उच्च न्यायालय के माननीय न्यायमूर्ति श्री पी.पी. गुप्ता ने अभियुक्त को रिहा करते समय कहा कि पीड़िता की गवाही पूर्णतया अमान्य और अविश्वसनीय है। निर्णय में लिखा है, ''यह विश्वास करने के लिए बेहद असम्भावित है कि पीड़िता को उस समय भी यह पता नहीं लग पाया कि अभियुक्त उसका पति है या कोई और, जब अभियुक्त ने सम्भोग आरम्भ किया। एक विवाहित महिला और वह भी दो बच्चों की माँ, साँसों की गन्ध, डीलडौल, लिंग के आकार और लम्बाई, सम्भोग के तरीके और अन्य तत्त्वों तक से फौरन महसूस कर लेगी कि सहवास करनेवाला व्यक्ति उसका अपना पति है या कोई अन्य व्यक्ति।...अस्तु, यह तथ्य कि सम्भोग शुरू होने के समय पीड़िता ने न तो कोई प्रतिरोध किया और न ही शोर मचाया, उसके अपने व्यवहार को सन्देहास्पद बनाता है।...उसने अभियुक्त को सम्भोग पूरा करने का अवसर दिया और इसके बाद ही शोर मचाना शुरू किया।''[48]

सचित्र कोकशास्त्र से मुकाबला करती न्याय की भाषा

न्यायाधीश का अगला तर्क यह था कि उस दिन अँधेरी रात थी। तब वह अभियुक्त को कैसे पहचान सकती है—यह भी स्पष्ट नहीं होता। यही नहीं, यह भी सम्भवत: विश्वास योग्य नहीं है कि अभियुक्त ने एक हाथ से मुँह बन्द करके रखा और

चारपाई से नीचे लाकर सम्भोग करने में कामयाब रहा।...अभियुक्त को झूठे मुकदमे में फँसाने की इस सम्भावना से इनकार नहीं किया जा सकता कि अभियुक्त के पिता और पीड़िता के पति के सम्बन्ध तनावपूर्ण थे।

उपरोक्त निर्णय में न्याय की भाषा तर्क (कुतर्क) की भाषा है—सामाजिक जीवन में स्त्री की स्थिति को भयावह अनुभव की भाषा नहीं कहा जा सकता। हालाँकि कानून और न्याय हमेशा तार्किक नहीं होता। नहीं हो सकता। अँधेरे में औरत अपने पति 'परमेश्वर' को तो पहचान सकती है—अभियुक्त को नहीं। पति को 'साँसों की गन्ध' या 'लिंग का आकार और लम्बाई' से पहचाना जा सकता है। मानो विवाहित औरतें पति के 'लिंग का आकार और लम्बाई' इंचटेप से नाप कर रखती हैं।

दरअसल कानून, न्यायशास्त्र और ऐतिहासिक निर्णय ऐसी भाषा (अंग्रेजी) में हैं, जिसे 'बहुमत' पढ़ना-लिखना ही नहीं जानता, समझना तो और दूर की बात है। जिस दिन 'बहुमत' अनपढ़ नहीं रहेगा या अपनी भाषा में जानने लगेगा, उस दिन यह 'न्याय की भाषा' नहीं रहेगी। नहीं रह सकती। जनता की भाषा में ही न्याय की भाषा विकसित और समृद्ध हो सकती है। अगर अदालत की भाषा वादी, प्रतिवादी या मुवक्किल की भाषा नहीं है तो उस बेचारे वादी, प्रतिवादी या मुवक्किल को तो पता ही नहीं लगता कि वकीलों ने बहस में क्या कहा और न्यायमूर्ति ने क्या हुक्म दे दिया। मुवक्किल, वकील और न्यायमूर्ति जब एक दूसरे की भाषा को समान रूप से समझेंगे, तब सबको मालूम रहेगा कि क्या हुआ। न्याय या अन्याय? गलत या सही? विरोध-प्रतिरोध की सम्भावनाएँ बढ़ेंगी तो अन्याय की सम्भावना स्वत: समाप्त हो जाएगी। उस स्थिति में न्यायमूर्ति के निर्णय का हर शब्द, बहुत सोच-समझकर लिखा जाएगा, लिखना पड़ेगा, वरना...जनता सवाल करेगी और सवालों के जवाब भी देने ही पड़ेंगे।

'फिट ऑफ पैशन' : टोकन पनिशमेंट

राजू और कृष्णा बनाम कर्नाटक राज्य[49] से सैलीना डिसूजा नाम की इक्कीस वर्षीया एक नर्स को अपने भाई की शादी में जाना था। रास्ते में देर हो गई। बंगलौर पहुँची तो पाँच बज गए। बस में साथ सफर कर रहे दो युवकों पर विश्वास करके, रात को होटल के एक कमरे में रुक गई। लड़कों ने बारी-बारी से बलात्कार किया। मौका मिलते ही चीखी, चिल्लाई, शोर मचाया। सत्र न्यायाधीश ने 1980 में राजू को अपराधी माना मगर कृष्णा को नहीं। अभियुक्त की युवा उम्र और इस तथ्य को देखते हुए कि लड़की स्वेच्छा से अभियुक्त के साथ होटल के एक ही कमरे में रहने के लिए आई थी, जहाँ अभियुक्त ने सम्भोग कामना के दौर (फिट ऑफ पैशन) में

बलात्कार किया, अभियुक्त राजू को उस दिन अदालत बन्द होने तक हिरासत में रखने और 500 रुपए जुर्माने की सजा सुनाई। बलात्कार के मामले में ऐसी 'टोकन' सजा का, शायद यह 'अभूतपूर्व निर्णय' कहा जा सकता है।

अपील में उच्च न्यायालय के न्यायमूर्तियों ने 2 अगस्त, 1982 को दोनों अभियुक्तों को दोषी पाया और सात साल कैद का आदेश दिया। इसके विरुद्ध अभियुक्तों ने सर्वोच्च न्यायालय में अपील दायर की। सर्वोच्च न्यायालय के न्यायमूर्ति श्री के. जयचन्द्रा रेड्डी और जी.एन. राय ने 12 अक्टूबर, 1993 को फैसला सुनाते समय कहा, "भारतीय दंड संहिता की धारा 376 के अन्तर्गत दोनों अभियुक्तों की सजा में हस्तक्षेप करने का हमें कोई कारण नहीं मिला। जहाँ तक दोनों अभियुक्तों को सात साल कैद की सजा का सवाल है, हमें ऐसा लगता है कि यह असम्भव नहीं है कि शुरू में अभियुक्तों की वास्तव में यह ही इच्छा रही हो कि लड़की को भाई के घर जल्दी से जल्दी पहुँचाने में मदद की जाए। लेकिन बाद में जब वह रात को होटल के एक ही कमरे में साथ रहने को सहमत हो गई तो दोनों नवयुवक यौन हवस के शिकार हो गए और उन्होंने लड़की की असहमति और विरोध के बावजूद बलात्कार किया। अभियुक्तों की बहुत युवा उम्र और उन परिस्थितियों को देखते हुए, जहाँ इस बात की सभी सम्भावनाएँ मौजूद हैं कि वे अपनी सम्भोग कामना के दौरे पर काबू नहीं पा सके, सारी सौम्यता और नैतिकता भुला बैठे और अन्ततः बलात्कार का अपराध किया (कर बैठे)। इस तथ्य को भी देखते हुए कि यह घटना बहुत पहले घटी थी और इस अदालत तक मुकदमेबाजी के दौरान, दोनों ही बहुत बदनामी और मानसिक पीड़ा झेल चुके हैं, हम सोचते हैं कि अगर दोनों अभियुक्तों को कम सजा सुनाई जाए, तो भी न्याय का लक्ष्य पूर्ण हो जाएगा। इसलिए हम निर्देश देते हैं कि इन दोनों अभियुक्तों को तीन साल कठोर कारावास का दंड भुगतना चाहिए।...अपील के दौरान अभियुक्त जमानत पर रहे हैं। उन्हें हिरासत में ले लिया जाना चाहिए ताकि वे सजा भुगत सकें।"

अभियुक्त के विद्वान वकील का तर्क था, "लड़की ने खुद उत्प्रेरित किया था। अभियुक्त नौजवान था। उत्प्रेरणा और गम्भीर रूप से उकसाने पर, वह सम्भोग इच्छा के वशीभूत हो, मानसिक सन्तुलन खो बैठा। उस उम्र में यह सब होना बहुत स्वाभाविक है।" क्या सचमुच 'वेरी नेच्युरल' नहीं?

राज्य सरकार की ओर से विद्वान अधिवक्ता ने गम्भीरतापूर्वक कहा, "अगर वह थोड़ी-सी बुद्धिमान और सतर्क होती तो शायद इन दो अनजान युवकों पर विश्वास न करती और ऐसा दुर्भाग्य न झेलना पड़ता। हालाँकि शिक्षित है, मगर दिल से बहुत सीधी-सरल और मानवीय अच्छाइयों का सम्मान करनेवाली। सिर्फ भरोसा और विश्वास करने का अर्थ यह नहीं कि अभियोजन पक्ष पर अविश्वास

किया जाए।...अगर अभियुक्त ने दुष्कर्ष नहीं, बल्कि लड़की की मदद की है तो यह अपेक्षा नहीं की जाती कि वह अभियुक्तों पर बलात्कार का झूठा आरोप लगाएगी।'' सवाल है कि आखिर वह ऐसा क्यों करेगी? वह ही क्या, कोई भी नहीं कर सकता।

उपरोक्त केस में सत्र न्यायाधीश द्वारा सुनाई 'टोकन पनिशमेंट' से लेकर सुप्रीम कोर्ट के उदारवादी-सुधारवादी निर्णय तक, एक शब्द बार-बार दोहराया गया है—'फिट ऑफ पैशन'। न्यायमूर्तियों द्वारा ही नहीं, बल्कि बचाव पक्ष के वकीलों द्वारा भी दो युवा लड़के और एक जवान लड़की, तीनों होटल के एक ही कमरे में। रात का समय। ऐसी स्थिति में 'सभी सम्भावनाएँ मौजूद' हैं। नवयुवकों को 'सम्भोग इच्छा का दौरा' पड़ना भी 'स्वाभाविक' है और 'सौम्यता और नैतिकता' के पाठ भूल जाना भी। तेरह साल कोर्ट-कचहरी के दौरान युवकों ने कितनी 'बदनामी और मानसिक पीड़ा' झेली होगी? तेरह में ग्यारह साल तो सर्वोच्च न्यायालय में ही लग गए। हाँ! यही सब सचमुच 'बहुत स्वाभाविक' है। 'वेरी नेच्युरल', यू नो।

बचपन से बलात्कार : हत्या

जुम्मन खान बनाम उत्तर प्रदेश राज्य[50] एकमात्र निर्णय है, जिसमें छह वर्षीया लड़की (सकीना) के साथ बलात्कार के बाद हत्या के अपराध में फाँसी की सजा हुई। गवर्नर और राष्ट्रपति द्वारा रहम की अपील रद्द होने के बाद सुप्रीम कोर्ट द्वारा भी पुनर्विचार याचिका या रिट पिटीशन रद्द की गई। इस दुर्भाग्यपूर्ण मुकदमे में 26 जून, 1983 को करीब चार बजे जुम्मन मियाँ ने अपने पड़ोसी यूसुफ खाँ की पत्नी दुल्हे खान बेगम से प्रार्थना की कि वह अपनी बेटी सकीना को उसके साथ बाजार भेज दे, वह उसके लिए आइसक्रीम लाना चाहता है। बेगम ने बिटिया जुम्मन के साथ भेज दी और खुद सो गई। घंटे-भर बाद उठी तो देखा बेटी अभी तक नहीं आई। पहले उसने सोचा शायद बाहर बच्चों के साथ खेल रही होगी। लेकिन समय बीता तो वह घबराई। इधर-उधर देखने के बाद जब सकीना नहीं मिली तो वह खुद जुम्मन के घर पहुँची लेकिन वहाँ ताला लगा मिला। पति आए करीब सात बजे तो अड़ोस-पड़ोस में बच्ची ढूँढ़ते रहे, पर बच्ची होती तो मिलती। मामला सुन-सुनकर भीड़ इकट्ठी हो गई। जब यूसुफ खान दोबारा जुम्मन के घर जा रहे थे तो पड़ोसी ने बताया कि करीब साढ़े चार बजे उसने सकीना को एक हाथ में आइसक्रीम लिये जुम्मन की उँगली पकड़े घर में घुसते हुए देखा था। दूसरे ने बताया कि वह जुम्मन के घर के आगे से गुजर रहा था तो उसने घर के अन्दर से आती बच्ची के रोने की आवाज सुनी थी। उत्तेजित भीड़ जुम्मन के घर पहुँची और दरवाजे के सुराख से टॉर्च जलाकर देखा तो अन्दर चारपाई पर बुर्के में लिपटी बच्ची की लाश पड़ी थी।

दरवाजा तोड़कर भीड़ अन्दर पहुँची तो पाया कि लाश सकीना की ही थी, जिसके शरीर पर काफी चोटों के निशान मौजूद थे।

आगरा के जिला एवं सत्र न्यायाधीश ने जुम्मन को फाँसी का हुक्म दिया। उच्च न्यायालय ने भी फैसले की पुष्टि करते हुए कहा, "अपराधी के जघन्य और अमानुषिक कृत्यों को देखते हुए वह किसी प्रकार की नरमी का अधिकारी नहीं है। उसने सोच-समझकर छह साल की बेबस बच्ची के साथ बलात्कार किया है और गला घोंट कर हत्या करने तक गया है।"

उच्च न्यायालय के फैसले के विरुद्ध जुम्मन ने सुप्रीम कोर्ट में विशेष अनुमति याचिका दायर की। सुप्रीम कोर्ट ने 20 मार्च, 1986 को याचिका खारिज करते हुए ऐतिहासिक निर्णय सुनाया, "जहाँ अपराध समाज के विरुद्ध हो, वहाँ ऐसे गम्भीर मामलों में मृत्युदंड की सजा न देना विशेषकर हत्या के ऐसे मामलों में जो अत्यन्त नृशंसता के साथ किए गए हों, भारतीय दंड संहिता की धारा 302 जो (फाँसी की सजा का प्रावधान करती है) को शून्य में बदलना होगा। अदालत का यह कर्तव्य है कि अपराध की गम्भीरता के अनुसार उचित सजा के निर्णय सुनाए। सामाजिक आवश्यकता और सम्भावित अपराधियों को रोकने के लिए भी एकमात्र उचित सजा जो अपराधी जुम्मन को मिलनी चाहिए, वह मृत्युदंड के अलावा और कुछ भी नहीं हो सकती, क्योंकि उसने अपनी कामपिपासा शान्त करने के लिए, एक निर्दोष बच्ची की भयंकर तरीके से कलंकपूर्ण हत्या का अपराध किया है।'

जुम्मन ने 12 अप्रैल, 1986 को गवर्नर से रहम की अपील भी की जो 18 फरवरी, 1988 को रद्द हो गई। राष्ट्रपति ने भी रहम की अपील 10 जून, 1988 को ठुकरा दी। 15 जुलाई, 1988 को दूसरी रहम की अपील की गई। इसके बाद 10 नवम्बर, 1988 को फिर सुप्रीम कोर्ट में एक रिट दाखिल की गई, जिसमें मृत्युदंड की संवैधानिक वैधता को चुनौती दी गई और फिलहाल के लिए मृत्युदंड रुकवा दिया गया। इस याचिका को भी सुप्रीम कोर्ट के न्यायमूर्तियों ने 30 नवम्बर, 1990 को मानने से इनकार कर दिया। जुम्मन के विद्वान वकील श्री आर.के. जैन (जो मृत्युदंड के कट्टर विरोधी हैं) की सारी दलीलें सुनने के बाद न्यायमूर्तियों को सजा घटाने का कोई उचित आधार या तर्क नजर नहीं आया। कैसे आता?

लेकिन दुखद तथ्य यह है कि जुम्मन खान के बाद भी मासूम बच्चियों के साथ बलात्कार के बाद हत्या के मामलों को 'दुर्लभतम में दुर्लभ' नहीं माना गया। अनेक फैसले इसका प्रमाण हैं।

राजकीय महाविद्यालय, सुनाम के प्रोफेसर गुरपाल सिंह अपनी पत्नी मनजीत कौर और करीब दो वर्षीया बेटी मल्हार के साथ अपनी भानजी की शादी के अवसर पर चुघे कलाँ (पंजाब) गए हुए थे। शादी के अगले दिन 21 मार्च, 1991 को

मल्हार, हरचेत सिंह की गोदी में रही थी। हरचेत सिंह (उम्र 29 साल) गुरपाल सिंह के जीजा कश्मीरा सिंह का मित्र था जो घर अक्सर आता रहता था। दूल्ला-दुल्हन के जाने के बाद गुरपाल सिंह और उनकी पत्नी ने जब मल्हार की तलाश की तो आसपास कहीं नहीं मिली। काफी ढूँढ़ने के बाद जब वे खेत में पहुँचे तो देखा कि हरचेत सिंह दो वर्षीया मल्हार के साथ बलात्कार कर रहा है। उन्हें देखकर हरचेत सिंह भाग खड़ा हुआ। मल्हार के पास पहुँचे तो वह खून से लथपथ दम तोड़ चुकी थी। पुलिस-थाना-कोर्ट-कचहरी-गवाहों के बयान और वकीलों की बहस सुनने के बाद भटिंडा के सत्र न्यायाधीश ने हरचेत सिंह को बलात्कार के जुर्म में उम्रकैद और दो हजार रुपया जुर्माने और हत्या के जुर्म में फाँसी और दो हजार रुपया जुर्माने की सजा सुनाई।

लेकिन पंजाब व हरियाणा उच्च न्यायालय के माननीय न्यायमूर्ति श्री जय सिंह शेखो और ए.एस. नेहरा ने अपील में फाँसी की सजा रद्द करके सिर्फ आजीवन कैद का फैसला[50] सुनाते हुए कहा, "सजा के सवाल पर बहस सुनने के बाद, हम महसूस करते हैं कि यह केस 'दुर्लभतम में दुर्लभ' की श्रेणी में नहीं आता है।" अतएव माननीय न्यायमूर्तियों ने फाँसी की सजा देने से मना कर दिया था। दिल्ली उच्च न्यायालय की खंडपीठ ने भी राज्य बनाम अतरू रहमान[51] में फाँसी की सजा की पुष्टि नहीं की थी। हालाँकि अभियुक्त ने छह साल की बच्ची के साथ बलात्कार करने के बाद उसकी हत्या कर दी थी। जुम्मन खान के मामले में[52] सुप्रीम कोर्ट का निर्णय यहाँ लागू नहीं होता। (जिसे सेशन जज ने आधार माना है) क्योंकि "उस केस में जुम्मन ने पहले से सोच-समझ और पूरी तैयारी के साथ बेबस बच्ची के साथ बलात्कार किया था, गला घोंटकर हत्या की थी। प्रस्तुत मुकदमे में मृतक (मल्हार) की मृत्यु बलात्कार के कारण पीड़ा, खून बहने व सदमे से हुई है जो आमतौर पर मृत्यु के लिए काफी है। अपराध कामपिपासा शान्त करने के लिए किया गया था। पहले से दोनों पक्षों के बीच कोई दुश्मनी नहीं थी। ऐसा लगता है कि अपीलार्थी में कामपिपासा इतनी अधिक बढ़ गई थी कि उसे आदमी के रूप में जानवर बना दिया था।"

दो साल की बच्ची के साथ 29 वर्षीय नौजवान आदमी बलात्कार करेगा तो निश्चित ही है कि बच्ची जिन्दा कैसे बचेगी? कामपिपासा शान्त करने के लिए, दो साल की बच्ची के साथ ऐसा कुकर्म? इससे अधिक घृणित और जघन्यतम अपराध और क्या होगा? जब इसे घृणित और 'जघन्यतम अपराध' मान लिया जाता है तो यह कहने का क्या अर्थ है कि यह 'दुर्लभतम में दुर्लभ' मामला नहीं है। आदमी जब जानवर (भेड़िया) हो जाए तो उसे आजीवन कैद में रखने का मतलब सजा देना है और ऐसे भेड़ियों को जेल में सुरक्षित रखना?

दिल्ली प्रशासन बनाम पन्नालाल उर्फ पंडितजी उर्फ बन्ना उर्फ सरदार में दो वर्षीय नीतू के साथ बलात्कार और हत्या के अपराध में सत्र न्यायाधीश श्री एम.एम. अग्रवाल ने फाँसी की सजा सुनाई मगर उच्च न्यायालय के न्यायमूर्तियों (श्रीमती सुनन्दा भंडारे और अनिलदेव सिंह) ने उम्रकैद में बदल दिया। हालाँकि निर्णय में स्वीकार किया गया है कि "दो साल की बच्ची को एक विकृत पुरुष की हवस का शिकार होते देखना, बेहद घृणास्पद है। बेबस बच्चों से बलात्कार के कँपा देनेवाले अपराध, सचमुच कानून द्वारा निर्धारित अधिकतम दंड के अधिकारी हैं लेकिन... ।"[53] मृत्युदंड को आजीवन कैद और आजीवन कैद को दस साल कारावास में बदलना यह प्रथम और अन्तिम फैसला नहीं है। सत्र-न्यायमूर्तियों ने अधिकांश मामलों में सजा कम की है, जिसका व्यापक स्तर पर असर हुआ है। प्राय: हर मामले में अपील दायर की जाती है। अपील मंजूर होने पर जमानत होने की सम्भावना और फैसला होने तक आजादी से इनकार नहीं किया जा सकता। अपील का फैसला होने में (पाँच से बीस साल तक) तो समय लगेगा। लगता ही है।

रियासत बनाम उत्तर प्रदेश, छह साल की गुड़िया के साथ बलात्कार के बाद नृशंस हत्या की भयावह कहानी है। गुड़िया हरिजन बाप बदलू की बेटी का नाम है, जिसकी रियासत ने 31 जनवरी, 1991 को गन्ने के खेत में बलात्कार के बाद उस समय हत्या कर दी। जब सारे देश में हर्षोल्लास के साथ रविदास जयन्ती मनाई जा रही थी। हरिद्वार के जिला व सत्र न्यायाधीश श्री जे.सी. गुप्ता ने रियासत को मृत्युदंड सुनाया लेकिन इलाहाबाद उच्च न्यायालय के न्यायमूर्ति श्री एस.के. मुखर्जी और जे. पी. सेमवाल ने फाँसी की सजा रद्द करके उम्रकैद की सजा सुनाते हुए कहा, "बलात्कार करने के बाद अपीलार्थी ने हत्या की है। हत्या पहले से सोचकर, योजनाबद्ध या संकल्प के साथ नहीं की गई। हत्या मात्र अधीरता या इस भय के बाद की गई कि कहीं मृतक भेद न खोल दे। अपराधी एक नौजवान व्यक्ति है और गुड़िया के साथ बलात्कार करने के बाद अपने आपे में नहीं रहा और उसी बीमार मानसिक स्थिति में उसने हत्या कर दी। यह कर्म एक प्रकार की मानसिक विक्षिप्तता की तरफ ले जाता है। हत्या के मामले में आमतौर पर सजा उम्रकैद होती है। विशेष मामलों में निर्णय के कारण लिखकर मृत्युदंड भी दिया जा सकता है। अपीलार्थी उम्रकैद की सजा भुगत सकता है और उसे भविष्य में ऐसा अपराध करने का मौका नहीं मिलेगा।"[54]

विनोद बनाम राज्य में 11-12 साल की रेणु के साथ प्रेमदत्त ने शिव मन्दिर, अलीगढ़ में बलात्कार किया और उसके बाद हत्या। सत्र न्यायाधीश ने हत्या के लिए फाँसी की सजा सुनाई मगर उच्च न्यायालय के न्यायमूर्ति श्री गिरधर मालवीय और ए.बी. श्रीवास्तव ने फाँसी की सजा को आजीवन कारावास में बदलते हुए कहा, "हमें लगता है कि यह केस फाँसी की अधिकतम सजा की माँग नहीं करता।

अपीलार्थी जिसकी उम्र सिर्फ बाईस साल थी, ऐसा लगता है कि मृतका को अपने साथ हत्या करने के लिए नहीं, बल्कि अपनी हवस पूरी करने के लिए ले गया था। हम महसूस करते हैं कि 'न्याय का उद्देश्य' अपराधी को उम्रकैद की सजा से पूरा हो जाएगा।''[55]

सिद्दिक सिंह बनाम महाराष्ट्र[55ए] में 26 वर्षीय, फौजी जवान द्वारा चार महीने की बच्ची के अपहरण, बलात्कार और हत्या (लाश अन्धे कुएँ में) के मामले में भी सजा उम्रकैद ही रही। हालाँकि न्यायमूर्तियों ने स्वीकारा, ''हमारे लिए इससे अधिक जघन्य बलात्कार की कल्पना तक करना कठिन है।'' निर्णय में जुम्मन खान का उल्लेख तक नहीं है।

बच्चियों से बलात्कार और हत्या के अनेक ऐसे मामले हैं जिनमें अभियुक्त को सन्देह का लाभ देकर बाइज्जत बरी किया गया है। पाँच वर्षीया सुकुमारी के साथ बलात्कार और हत्या के अपराध के एक मामले में मुजरिम को रिहा करते हुए सर्वोच्च न्यायालय के न्यायमूर्ति श्री एस. रतनावेल पांडियन और के. जयचन्द्रा रेड्डी ने कहा, ''हम सचेत हैं कि एक गम्भीर और संगीन अपराध हुआ है, लेकिन जब अपराध का कोई सन्तोषजनक प्रमाण न हो तो हमारे पास अभियुक्त को सन्देह का लाभ देने के अलावा कोई विकल्प नहीं है, इसलिए इस मुकदमे में हम ऐसा करने को विवश हैं।''[55बी]

चौदह वर्षीया लड़की माड़ी के साथ बलात्कार के बाद हत्या के एक और मामले में मृत्युदंड को आजीवन कारावास में बदलते हुए सर्वोच्च न्यायालय के विद्वान न्यायमूर्ति श्री जी.टी. नानावती ने लिखा है, ''लेकिन उपलब्ध साक्ष्य उच्च न्यायालय द्वारा मृत्युदंड के कारणों को उचित नहीं ठहराते। साक्ष्यों से यह नहीं लगता कि अभियुक्त ने माड़ी को अचानक पकड़ लिया था और वह एकदम विवश थी। उसने अपनी सलवार पूरी तरह से उतार रखी थी जो शायद आवश्यक नहीं थी अगर वह केवल निवृत्त होने गई थी। घटनास्थल पर कोई पाखाना नहीं मिला। अगर उस पर इस प्रकार अचानक हमला हुआ था (जैसा कि उच्च न्यायालय ने माना है) तो वह पहले ही चिल्लाती न कि अपीलार्थी द्वारा बलात्कार शुरू करने के बाद।...उसने अपनी सलवार ही नहीं उतारी हुई थी, बल्कि कुर्ता भी गर्दन पर चढ़ाया हुआ था।...परिस्थितियाँ बताती हैं कि सम्भवत: आरम्भ में वह स्वयं भी अपीलार्थी को कुछ हद तक आजादी ले लेने के प्रति अनिच्छुक नहीं थी। अपीलार्थी अपनी काम-इच्छा नहीं रोक पाने के कारण लड़की की अनिच्छा के बावजूद आगे बढ़ गया। इस पर लड़की ने प्रतिवाद किया और शोर मचाना शुरू किया। लड़की को शोर मचाने से रोकने के लिए अपीलार्थी ने सलवार उसके गले में बाँध दी जिससे उसकी दम घुटने से मृत्यु हो गई।''[55सी]

माननीय न्यायमूर्ति के अनुसार लड़की कुछ हद तक 'छेड़छाड़' के लिए तो उत्सुक थी मगर सम्भोग के लिए राजी नहीं थी। अगर यह सच माना जाए तो उसे सलवार उतारने की क्या जरूरत थी? चौदह वर्षीया लड़की की सहमति या असहमति का प्रश्न उठाना व्यर्थ है। बिना सलवार उतारे बलात्कार कैसे होता? क्या अभियुक्त कुर्ता ऊपर नहीं कर सकता? लड़की को चुप कराने के लिए सलवार से गला घोंटा गया है।

बलात्कार और हत्या का उद्देश्य और कारण 'कामपिपासा या हवस शान्त करना' और विक्षिप्त या मानसिक बीमारी' मानते हुए सजा कम करते निर्णयों से क्या 'न्याय का लक्ष्य' पूरा हो रहा है? हो जाएगा? सजा कम करने के लिए अगर अपीलार्थी की उम्र महत्त्वपूर्ण है, तो अधिकतम दंड के लिए बलात्कार और हत्या की शिकार बच्ची की उम्र और अपराध की जघन्यता को कैसे भुलाया जा सकता है? बच्चों से बलात्कार घृणित और जघन्यतम अपराध हैं, लेकिन इसका अर्थ यह नहीं है कि वयस्क महिलाओं से बलात्कार कम घृणित हैं।

न्याय का लक्ष्य

'न्याय का लक्ष्य' या 'उद्देश्य' पूरा हो या न हो, पुरुषों की हवस या कामपिपासा तो पूरी हो ही रही है। बच्चियों से बलात्कार में बढ़ोतरी का एक मुख्य कारण यह भी है कि युवा लड़कियाँ, बच्चियों की अपेक्षा अधिक विरोध कर सकती हैं, चीख सकती हैं और शिकायत कर सकती हैं। बलात्कारी पुरुष सोचता है—बच्चियाँ बेचारी क्या कर लेंगी? विशेषकर जब बलात्कार घर में पिता, भाई, चाचा, ताऊ या अन्य रिश्तेदारों द्वारा किया गया है। अक्सर कम उम्र की बच्चियाँ बलात्कार के कारण मर जाती हैं। हत्या और बलात्कार के अधिकांश मामलों में अभियुक्त बरी हो जाता है या सजा कम करवा पाने में सफल क्योंकि लड़की गवाही के लिए अदालत के सामने नहीं होती। ऐसे में हो सकता है (होता है) कि अदालत की सहानुभूति मृतक 'गुड़िया', 'मल्हार' या 'रेणु' की बजाय बलात्कारी बटोर ले जाए।

सजा के सवाल पर न्यायमूर्तियों के मानवीय दृष्टिकोण से न्याय का लक्ष्य, पूरा हो जाएगा—कहना कठिन है। लगभग सत्तर साल पहले लाहौर उच्च न्यायालय के न्यायमूर्तियों ने चेतावनी देते हुए कहा था कि "औरतों पर हिंसा के अपराध के साथ, जो स्वयं अपनी रक्षा करने की स्थिति में नहीं हैं, सख्ती से निपटना पड़ेगा। यह अत्यन्त दुखद स्थिति होगी, अगर अपराधियों को यह सन्देश मिलता है कि औरतों के साथ हिंसा या बलात्कार करना कोई गम्भीर मसला नहीं है। और अगर वे अपेक्षाकृत कम कारावास की सजा भुगतने के लिए तैयार हों, तो वे हमेशा अपनी

पाशविक कामनाओं को शान्त कर सकते हैं।''[56] यानी, कम सजा की सम्भावना, हिंसक अपराधों को बढ़ावा देती है। देती रहेगी। एक और न्यायमूर्ति के शब्दों में सजा कम करने का अर्थ ''असुरक्षित लड़कियों को समाज में भेड़ियों के सामने छोड़ देना ही होगा।''[57] क्या 'मानवाधिकार' सिर्फ खूँख्वार अपराधियों के लिए ही हैं ? अपने बचाव में बालिग स्त्री को तो हत्या करने का कानूनी अधिकार है, मगर अबोध बच्चियाँ क्या करें ?

इसी सन्दर्भ में इमरतलाल के मामले में मध्य प्रदेश उच्च न्यायालय के एक न्यायमूर्ति की विवशतापूर्ण टिप्पणी है, ''जब बलात्कार का अपराध सिद्ध हो जाए और वह भी छोटी उम्र की बच्ची के साथ तो ऐसे में अपराध की सजा कठोरता से दी जानी चाहिए। अपराधी को सिर्फ तीन साल कैद की सजा देने का अर्थ उसे 'पिकनिक पर भेजना है'। राज्य सरकार ने सजा को चुनौती नहीं दी है, इसलिए सजा बढ़ाई नहीं जा सकती।''[58] राज्य सरकार द्वारा 'सजा को चुनौती' न देने के कारण, अब तक न जाने कितने अपराधियों को 'पिकनिक' पर भेजना पड़ा है। कानूनी नियमों से बँधे न्याय की मजबूरी है।

राज्य सरकार द्वारा सजा को चुनौती न दिए जाने के कारण अपराधी की सजा बढ़ाई नहीं जा सकती मगर घटाई जा सकती है। सजा कम करने का कारण, कभी अपराधी की 'उम्र' है तो कभी 'नौकरी छूट जाना' या 'सामाजिक अपमान और बदनामी'। कुछ फैसलों की शुरुआत, 'अधम, घृणित, जघन्य, भयावह, पाशविक वगैरह-वगैरह' से होती है। फिर पाशविक इच्छाओं, यौनशुचिता, प्रतिष्ठा, गरिमा, सम्मान, नैतिकता और सामाजिक मान-मर्यादा का पाठ पढ़ाती कुछ नजीरों में बेहतरीन भाषा के नमूने। अन्य में ''यद्यपि अभियुक्त का अपराध बेहद घृणित और तिरस्कार योग्य है, लेकिन हम इसे अधिकतम सजा के लिए उपयुक्त नहीं मानते और दस वर्ष कारावास की वैकल्पिक सजा में बदल रहे हैं।''[59] क्योंकि अधिकतम सजा 'दुर्लभतम में दुर्लभ' मामलों में ही दी जानी चाहिए। स्कूल हेडमास्टर द्वारा दस वर्षीया बालिका से बलात्कार की इस घटना ने 'गुरु-शिष्य के सम्माननीय सम्बन्धों को कलंकित किया है।' लेकिन आजीवन कारावास की अधिकतम सजा 'उचित' नहीं हो सकती। न्यूनतम सजा से ही न्याय का लक्ष्य पूरा हो जाएगा।

रामरूपदास बनाम राज्य के उपरोक्त मामले में विद्वान न्यायमूर्ति ए. पासायत और एम. पटनायक के निर्णय में सर्वोच्च न्यायालय के फैसलों की 'भाषा का जादू' भी देखा जा सकता है और 'जादुई भाषा' का कमाल भी। पूरा निर्णय उधार की भाषा में इस प्रकार लिखा गया है कि मुझ जैसे अनेक कानून के विद्यार्थी आश्चर्यचकित रह जाएँ। आधे से ज्यादा निर्णय में तो सर्वोच्च न्यायालय की नजीरों का उल्लेख तक नहीं किया गया। लगता है, न्यायमूर्तियों की मौलिक और अप्रकाशित रचना है। क्या

ऐसे ही 'न्याय की भाषा' विकसित और समृद्ध होगी? जाहिर है, कैसे हो सकती है? स्त्री के विरुद्ध हिंसा के प्रति सहानुभूति और संवेदना की भाषा को टुकड़ों में काट-बाँट कर नहीं देखा जा सकता। परिपूर्णता में देखना होगा। यहाँ सर्वोच्च न्यायालय की नजीरों से आतंकित, न्यायिक विवेक सिर्फ विकल्प ढूँढ़ता दिखाई देता है। अपराध, अपराधी, तथ्यों, स्थितियों को, न्याय की तुला पर तौलते हाथ काँपते नजर आते हैं। क्यों?

छह वर्षीया बालिका शिवानी के साथ पैंसठ वर्षीय वृद्ध पुरुष द्वारा बलात्कार के अपराध को जघन्यतम करार देते हुए भी, दिल्ली उच्च न्यायालय के न्यायमूर्ति श्री पी.के. बाहरी और एस.डी. पंडित ने सजा के सवाल पर कहा, "इस घटना के बाद अभियुक्त की पत्नी की मृत्यु हो गई है। वह तब से अब तक जेल में है। बहुत बूढ़ा है। आंशिक लिंगच्छेदन किया है। सहवास का केवल प्रयास किया है और बालिका के गुप्तांगों को बहुत ज्यादा नुकसान नहीं पहुँचा है। इन परिस्थितियों पर विचार करने के बाद हम, उम्रकैद की सजा कम करके दस साल कारावास में बदल रहे हैं।"[60] अपराध संगीन है लेकिन...।

आरोप झूठा है : गवाह 'खतरनाक'

एक अन्य मामले में छह वर्षीया मंजू के साथ मई, 1988 में बलात्कार का प्रयास किया गया। सत्र न्यायाधीश ने मई, 1990 में तीन साल कैद और 500 रुपए जुर्माना किया। लेकिन पंजाब और हरियाणा उच्च न्यायालय के विद्वान न्यायमूर्ति ने जनवरी, 1994 में गवाहों के बयान में विसंगतियों के आधार पर केस को झूठा मानते हुए, अभियुक्त को सन्देह का लाभ देकर बरी कर दिया। न्यायमूर्ति ने कहा, "मंजू स्वयं बच्ची है और वह गवाहों की उस 'खतरनाक श्रेणी' में आती है, जिन्हें आसानी से उनके माता-पिता या बुजुर्ग, अपने निजी स्वार्थों के लिए, बेबुनियाद आरोप लगाने के लिए बहका सकते हैं।" रिपोर्ट में मात्र पाँच घंटे की देरी को अस्वाभाविक मानते हुए न्यायमूर्ति ने लिखा, "यह तथ्य स्पष्ट तौर पर दर्शाता है कि अपीलार्थी को फँसाने के लिए काफी समय उपलब्ध था।"[61] बच्चे गवाह नहीं हो सकते। उनकी गवाही 'खतरनाक' है। उन्हें बहकाना आसान है और 'निजी स्वार्थों' के लिए, माँ-बाप 'बेटी से बलात्कार' का 'झूठा आरोप' भी लगा सकते हैं। बदलते भारतीय समाज की संरचना को समझने के लिए, ऐसे निर्णय वास्तव में ही 'उल्लेखनीय हैं। विशेषकर समाजशास्त्र के विद्यार्थियों के लिए।

इसके विपरीत नौ वर्षीया रेखा के साथ बलात्कार के मामले में अभियुक्त ने अपने बचाव में तर्क दिया कि आपसी रंजिश की वजह से उसे सबक सिखाने के लिए झूठे मुकदमे में फँसाया गया है। कलकत्ता उच्च न्यायालय के न्यायमूर्ति

श्री जे.एन. होरे और ए. राजखोवा ने कहा, "आपसी रंजिश का तर्क एक दुधारी तलवार की तरह है जो दोनों तरफ से काटती है।...हमें लगता है कि इस बात की बहुत कम सम्भावना है कि अभियुक्त को ऐसे अपराध के झूठे इल्जाम में फँसाया गया हो, जिससे लड़की की प्रतिष्ठा और भविष्य प्रभावित होते हों और छोटे से आपसी झगड़े की वजह से सामाजिक दाग लगता हो।"[62] ऐसे घृणित अपराध में झूठे अपराध लगाना सम्भव है या नहीं, इसका सही जवाब बेटी के माँ-बाप ही दे सकते हैं।

एक और मामले में चौबीस साल के नवयुवक ने दस साल की स्कूल जाती लड़की के साथ, गन्ने के खेत में बलात्कार किया। अभियुक्त के वकीलों ने अपील में कहा, "अभियुक्त की सही पहचान नहीं हुई है। रिपोर्ट देरी से दर्ज कराई गई है और अभियुक्त चौबीस वर्षीय नौजवान है, जिसके पास 'उज्ज्वल भविष्य' है। इसलिए सजा कम करने में नरम रुख अपनाया जाए।" लेकिन उच्च न्यायालय के विद्वान न्यायमूर्ति श्री राधाकृष्ण राव ने कहा, "यह एक भयंकर अपराध है जो सुबह आठ बजे, दिन-दहाड़े दस साल की मासूम बच्ची के साथ किया गया। यह उस लड़की का जीवन भर पीछा करता रहेगा। रहम का कोई कारण नहीं है।" रिपोर्ट दर्ज कराने में देरी के तर्कों को रद्द करते हुए न्यायमूर्ति ने लिखा है, "विशेषकर बलात्कार और छेड़छाड़ के मामलों में औरतें या उनके सम्बन्धी स्वाभाविक रूप से थाने में रपट दर्ज कराने से पहले दो बार सोचते हैं। गाँवों में यह और अधिक होता है, क्योंकि इससे पीड़िता के परिवार की प्रतिष्ठा और इज्जत जुड़ी हुई है।"[63]

गाँव के खेत में बेरहमी से बलात्कार के एक और केस में दस वर्षीया लड़की के साथ बलात्कार करनेवाले बीस वर्षीय युवक के वकीलों ने बहस में कहा, "गाँव में पार्टीबाजी की वजह से लड़की के बाप ने अभियुक्त को गलत मुकदमे में फँसाया है।" लेकिन उच्च न्यायालय के न्यायमूर्ति ने अपने निर्णय में लिखा, "कोई भी आदमी इस हद तक नीचे नहीं गिरेगा कि वह पार्टीबाजी की वजह से अपनी नाबालिग बेटी के भविष्य को, बलात्कार के आरोप लगाकर दाँव पर लगा दे।" न्यायमूर्ति श्री डी.जे. जगन्नाथ राजू की यह टिप्पणी भी महत्त्वपूर्ण है, "खेत की रखवाली के लिए भेजी गई लड़की के साथ बहुत ही अमानवीय ढंग से बलात्कार किया गया है। इस तरह के अभियुक्त के साथ किसी भी प्रकार की सहानुभूति नहीं दिखाई जा सकती। याद रखना चाहिए कि ग्रामीण इलाकों में अकेली औरतें खेतों में कृषि-कार्य करती हैं। अगर इस प्रकार के अभियुक्तों के साथ ढंग से व्यवहार नहीं किया गया तो खेतों में अकेली काम करनेवाली औरतों की कोई सुरक्षा या संरक्षा ही नहीं रह जाएगी।"[64]

छोटी उम्र की बच्चियों के साथ बलात्कार के मामलों में कुछ न्यायमूर्तियों की भाषा अपेक्षाकृत संयमित और संवेदनात्मक है। परन्तु कुछ निर्णय पढ़ते हुए, अभी भी लगता है कि न्यायमूर्ति सिर्फ कानून और न्याय की भाषा ही जानते हैं। दस-बारह साल की बच्ची के अपहरण और बलात्कार के एक मामले में उच्च न्यायालय के न्यायमूर्ति श्री जी.एस.एन. त्रिपाठी डॉक्टरी रिपोर्ट का पोस्टमार्टम करते हुए कहते हैं, "तो मैं कह सकता हूँ कि लड़की काफी लम्बे समय से सम्भोग की आदी थी।" और "मैं सिर्फ इतना ही कहना चाहता हूँ कि यह एक भ्रष्ट चरित्र की लड़की थी और बिना अन्य प्रमाणों के, सिर्फ उसका बयान सजा सुनाने के लिए पर्याप्त नहीं है।"[65] ऐसी भ्रष्ट चरित्र की लड़की के आरोपों को 'विश्वसनीय', कैसे माना जा सकता है? 'विद्वान सत्र न्यायाधीश को फौजदारी कानून का बिलकुल कुछ ज्ञान ही नहीं था।' वरना...ऐसे 'बेबुनियाद' मुकदमे में सजा सुनाता।

सजा देने का अधिकार नहीं

उच्च न्यायालय के माननीय न्यायमूर्तियों द्वारा लिखी कानून और न्याय की ऐसी 'मानवीय', 'संवेदनशील' और नैतिक संस्कारों में बँधी भाषा के बीच, मुझे दिल्ली की जिला अदालत के एक युवा मजिस्ट्रेट श्री राजकुमार चौहान द्वारा सुनाया एक फैसला अक्सर याद आ जाता है। आठ वर्षीया चन्दा के साथ, उसके अपने पिता द्वारा अप्राकृतिक मैथुन के मामले की वर्ष भर में सुनवाई समाप्त करने के बाद, मजिस्ट्रेट चौहान ने अपने अविस्मरणीय निर्णय में लिखा कि "इस मुकदमे की सुनवाई के दौरान मुझे हमेशा अहसास होता रहा कि मैं स्वयं कटघरे में खड़ा हूँ। चन्दा द्वारा अपने पिता के विरुद्ध लगाए गम्भीर (पवित्र) आरोप, सचमुच आश्चर्यचकित करनेवाले थे और पिता का अपराध बेहद घृणित। लड़की की माँ सरस्वती की आँसू-भरी चीखों और इस आत्मलाप को सुनने के बाद मेरा हृदय और आत्मा तक आहत ही नहीं, बल्कि लहूलुहान हो गए कि अगर मुझे सपने में भी खयाल आ जाता कि मेरा पति ऐसा दुष्कर्म करेगा तो मैं उसके बच्चों की माँ ही नहीं बनती।" मजिस्ट्रेट चौहान ने अपने निर्णय में संयुक्त परिवारों के विघटन, औद्योगिकीकरण से लेकर एकल परिवारों में पुरुष वर्चस्व की ऐतिहासिक और सामाजिक पृष्ठभूमि का उल्लेख करते हुए लिखा है कि न्यायाधीश की भूमिका तो शुरू ही तब होती है, जब खेत की मेड़ ही घास खा चुकी होती है।

खैर अभियुक्त को पूर्ण रूप से दोषी मानते हुए श्री चौहान ने अपना फैसला मुख्य दंडाधिकारी को भेजा, जिन्होंने अभियुक्त को छह वर्ष सश्रम कारावास की सजा सुनाई। इसके विरुद्ध अभियुक्त ने सत्र न्यायाधीश के यहाँ अपील दायर की

और फिर जमानत पर छूट गया। कोई नहीं जानता कि ऐसी अपीलों का अन्तिम फैसला कब होगा। क्या होगा?

यहाँ यह बताना जरूरी है कि भारतीय दंड संहिता की धारा 377 (अप्राकृतिक मैथुन) की सुनवाई का तो अधिकार मजिस्ट्रेट को है लेकिन उसे तीन साल कैद से अधिक सजा सुनाने का अधिकार नहीं है। जबकि इस अपराध के लिए अधिकतम सजा आजीवन कारावास या दस साल कारावास और जुर्माना निर्धारित की गई है। या तो ऐसे मामलों की सुनवाई का अधिकार सत्र न्यायाधीश को होना चाहिए या फिर मजिस्ट्रेट को सुनवाई का ही नहीं, सजा देने का भी अधिकार हो। वरना...उचित न्याय कठिन है।

बहस दोबारा होऽऽ

नन्दकिशोर रथ बनाम नन्दा उर्फ अनन्त सोहरा वह अन्य[66] में 30 जनवरी, 1985, रात आठ बजे, गाँव रंभा, जिला कटक में आठ साल की लड़की चम्पीना गाँव में कथक देखने जा रही थी कि रास्ते में अभियुक्त उसे पकड़कर घर ले गया और बलात्कार किया। खून से भीगी पैंट पहने लड़की घर पहुँची तो जाकर माँ को बताया। रात करीब नौ बजे पिता घर लौटे तो माँ-बेटी दोनों बैठी रो रही थीं। डॉक्टरी रिपार्ट के अनुसार भी बलात्कार प्रमाणित हुआ लेकिन सत्र न्यायाधीश ने अभियुक्त को बाइज्जत बरी कर दिया और कहा कि "सिर्फ लड़की के बयान के आधार पर सजा नहीं दी जा सकती और बयान की पुष्टि अन्य प्रमाणों से नहीं हो रही है।" 1986 में सत्र न्यायाधीश के निर्णय के विरुद्ध लड़की के पिता ने उड़ीसा उच्च न्यायालय में पुनर्समीक्षा याचिका दायर की। सुनवाई के बाद उच्च न्यायालय के न्यायमूर्ति श्री बी. गोपालास्वामी ने मुकदमे के तथ्यों, गवाहों और प्रमाणों के साथ सर्वोच्च न्यायालय के अनेक फैसलों के आधार पर निर्णय दिया कि सहायक सत्र न्यायाधीश का निर्णय गलत तर्क और न्यायिक दृष्टिकोण की कमी का परिणाम है जो कानून की निगाह में उचित नहीं ठहराया जा सकता। सत्र न्यायाधीश ने अभियुक्त को छोड़कर गम्भीर गलती की है और यह मानना भी गलत है कि पीड़ित लड़की की गवाही की पुष्टि के लिए अन्य प्रमाण उपलब्ध नहीं हैं।

चार साल बाद 14 अगस्त, 1990 को न्यायमूर्ति गोपालास्वामी ने मुकदमा, सत्र न्यायाधीश को दोबारा बहस सुनने तथा कानून के अनुसार शीघ्र-अति-शीघ्र निर्णय करने लिए वापस भेज दिया। इसके बाद क्या (न्याय) हुआ—कहना कठिन है।

कर्नाटक राज्य बनाम महाबलेश्वर जी नामक[67] मामले में अभियुक्त की उम्र अठारह साल और बलात्कार की शिकार लड़की पलाक्षी की उम्र पन्द्रह साल थी। लड़की नवीं कक्षा की छात्रा थी। 3 अक्टूबर, 1977 को दोपहर दो बजे के करीब

लड़की स्कूल से लौट रही थी तो अभियुक्त उसे पकड़कर पास के जंगल में ले गया, जहाँ उसने जबर्दस्ती बलात्कार किया। लड़की ने अपनी माँ और भाई को बताया कि अभियुक्त ने जंगल में ले जाकर जबर्दस्ती उसे 'बरबाद' किया है।

गिरफ्तारी के बाद मुकदमे की शुरुआत होने से पहले ही पलाक्षी ने आत्महत्या कर ली और इसका लाभ मिला अभियुक्त को क्योंकि सत्र न्यायाधीश और उच्च न्यायालय ने पीड़िता (लड़की) की गवाही न होने की स्थिति में सन्देह का लाभ देते हुए अभियुक्त को बलात्कार के अपराध से बरी कर दिया। हालाँकि चोट पहुँचाने के अपराध में सिर्फ चार महीने कैद की सजा सुनाई। राज्य सरकार द्वारा 1979 में दायर सुप्रीम कोर्ट में विशेष अनुमति याचिका की सुनवाई के बाद न्यायमूर्ति श्री एस. रतनेवल पांडियन और एम.एम. पंछी ने कहा कि "सिर्फ इस कारण से कि पीड़िता की मृत्यु हो गई है और वह गवाही के लिए उपलब्ध नहीं है अभियुक्त को बरी नहीं किया जा सकता अगर अभियुक्त के अपराध को प्रमाणित करनेवाले अन्य साक्ष्य उपलब्ध हैं।" सर्वोच्च न्यायालय ने उपलब्ध साक्ष्यों के आधार पर अभियुक्त को बलात्कार के अपराध का दोषी पाते हुए पाँच साल कैद की सजा सुनाई। यह दूसरी बात है कि राज्य सरकार द्वारा दायर 1979 की याचिका का फैसला 15 मई, 1992 तक सर्वोच्च न्यायालय के विचाराधीन पड़ा रहा।

बेटी से बलात्कार : 'क्षणिक उत्तेजना'

अब्दुल वहीद बहादुर अली शेख बनाम महाराष्ट्र राज्य[68] वह मुकदमा है जिसमें एक बाप ने खुद अपनी ही सात साल की बेटी प्रवीण के साथ 21 दिसम्बर, 1985 की रात बलात्कार किया। अदालत में बाप के बचाव के लिए वकीलों ने बार-बार सात साल की बेटी से ही पूछा कि वह चीखी क्यों नहीं? चिल्लाई क्यों नहीं? शोर क्यों नहीं मचाया? वही 'बलात्कार' का अनिवार्य कर्मकांड। वही फिल्मी सीन और वह नहीं तो बलात्कार हुआ कहाँ? हर सम्भव कोशिश यह प्रमाणित करने की कि उसने अपराध नहीं किया, जबकि सारे सबूतों और गवाहों के चेहरों पर अपराध साफ दिखाई दे रहा था।

1988 में सत्र न्यायाधीश ने बलात्कार के अपराध में उम्रकैद की सजा सुनाई लेकिन अपील में बम्बई उच्च न्यायालय के माननीय न्यायमूर्ति श्री एस.एम. दाऊद और एम.एफ. सलदाना ने 16 जनवरी, 1992 को आजीवन कारावास की सजा घटाकर 10 साल कैद कर दी। हालाँकि उच्च न्यायालय के न्यायमूर्तियों ने लिखा है, "इस मुकदमे में सत्र न्यायाधीश ने काफी सख्त, गम्भीर दृष्टिकोण अपनाया है और हमारे विचार से ऐसा ठीक ही किया है। इस तथ्य को ध्यान में रखते हुए कि यौन अपराध अपीलार्थी द्वारा अपनी ही नाबालिग बेटी के साथ किया गया है। यह

कारण काफी हद तक अपराध की संगीनता को बढ़ाता है और हमारे विचार से सख्त सजा की ही नहीं, बल्कि कड़ी सजा की माँग करता है...।''

अपीलार्थी के वकील ने सजा कम करने के लिए एक तर्क यह भी दिया कि ''इस केस को उन केसों के बराबर नहीं समझना चाहिए, जिसमें बेबस औरतों व बच्चों पर हवस पूरी करने के लिए क्रूर ताकत का इस्तेमाल किया गया हो। तथ्यों के आधार पर ज्यादा-से-ज्यादा इसे क्षणिक उत्तेजना का अपराध माना जा सकता है।'' दूसरी तरफ सरकारी वकील का कहना था कि बाप द्वारा अपनी ही नाबालिग सात साल की बेटी के साथ बलात्कार से ज्यादा घृणित और जघन्य अपराध और क्या होगा? इसलिए अपराधी को अधिकतम सजा दी जानी चाहिए।

न्यायमूर्तियों ने लिखा है, ''हम स्वीकार करते हैं, जैसा कि विद्वान सरकारी वकील ने दर्शाया है कि यह अपराध जघन्य भी है और क्रूरतापूर्ण भी लेकिन यह भी आवश्यक है कि स्थितियों का सम्पूर्ण जायजा लेकर ही निर्णय करना चाहिए। अपीलार्थी झुग्गी में रहता है, उसकी गरीबी ने उसे ऐसे कठिन हालात में डाल दिया है कि वह छोटी-सी जगह में रहने को विवश है—इसे अनदेखा नहीं किया जा सकता। रिकॉर्ड बताता है कि उसकी पत्नी उसे तीन साल पहले ही छोड़कर चली गई थी। अपीलार्थी समाज के सबसे निर्धन वर्ग का व्यक्ति है। शिक्षा से पूर्ण रूप से वंचित होने के कारण संघर्षपूर्ण जीवन व्यतीत करते हुए, उसे सामान्य बोध तक का अवसर नहीं मिल पाया।... रिकॉर्ड पर ऐसा कोई तथ्य नहीं है कि अपीलार्थी की यौन अपराध करने की कोई पृष्ठभूमि हो। यहाँ तक कि दुर्व्यवहार तक नहीं। दूसरी तरफ हम देखते हैं कि हालाँकि उसकी पत्नी उसे छोड़ गई है या फिर भी वह नाबालिग बच्चों को तैयार करके स्कूल भेजता है, खाना बनाता है या होटल से लाता है, सारा दिन काम करता है। कभी-कभी उनके लिए खिलौने लाता, जेबखर्च देता और रात को आकर खाना बनाता था। यह वे परिस्थितियाँ हैं जो हमें यह मानने के लिए कहती हैं कि अपीलार्थी की दयनीय स्थिति के कारण, उससे हुई ये क्षणिक भूल थी। एक तरफ अपराध सख्त से सख्त सजा की माँग करता है दूसरी तरफ ऐसे कारण हैं जो हमें 'उचित सीमा' में रहने को विवश कर रहे हैं। काफी ध्यान से विचार करने के बाद, हमारे विचार से दस साल कैद की सजा उचित और काफी रहेगी।'' क्या यहाँ 'इनसैस्ट' की 'थियरी' नहीं दी जा रही? परिस्थितियों का विवरण बलात्कार की वैधता बताने के लिए दिया जाता है। यह अक्सर होता है, होता रहा है।

पिछले कुछ सालों में पिता द्वारा अपनी ही बेटी (या सौतेली बेटी) के साथ बलात्कार या यौन शोषण और उत्पीड़न के अनेक मामलों ने अदालत का दरवाजा खटखटाया है। इन मामलों में पिता किसी झुग्गी-झोंपड़ी में रहनेवाला अनपढ़ या

निर्धन व्यक्ति नहीं। 1994 में गृह मंत्रालय के 'अंडर सेक्रेटरी' के. सी. जाखू एंड पार्टी के विरुद्ध बलात्कार, अप्राकृतिक मैथुन, यौन शोषण और उत्पीड़न और अपहरण का केस दर्ज हुआ था। इसमें जाखू की छह वर्षीय बेटी का आरोप था कि उसके पिता उसे दफ्तर ले जाते। दफ्तर से अपने दोस्तों व महिला मित्रों के साथ होटल। वहाँ वे शराब पीते, ब्लू फिल्म देखते और सामूहिक सम्भोग करते। उसके पिता उसे भी शराब पिलाते, कपड़े उतारते और अँगुली योनि व गुदा में डाल देते। घर में भी रात को माँ व बहनों को बेहोश करने के बाद मुख मैथुन करते-करवाते। सत्र न्यायाधीश ने सब अप्राकृतिक मैथुन और मर्यादा भंग करने सम्बन्धी आरोप तो लगाए लेकिन बलात्कार का मुकदमा चलाने से इनकार कर दिया। इस निर्णय के विरुद्ध लड़की की माँ सुदेश जाखू ने उच्च न्यायालय में याचिका दायर की।

अदालती 'आशा और विश्वास'

मगर दिल्ली उच्च न्यायालय के विद्वान न्यायमूर्ति श्री जसपाल सिंह ने अपने निर्णय[68ए] में दुनिया-भर के सन्दर्भ, शोध और निर्णयों का हवाला देते हुए कहा कि लिंगच्छेदन बलात्कार के अपराध की अनिवार्य शर्त है। निर्णय के अन्त में दिशा-निर्देश देते हुए माननीय न्यायाधीश ने गम्भीरतापूर्वक लिखा, "बाल यौन शोषण अत्यन्त गम्भीर और नुकसानदेह अपराधों में से एक है। इसलिए सत्र न्यायाधीश को चाहिए कि वह इस केस को संवेदनशीलता से चलाएँ और यह भी सुनिश्चित करें कि मुकदमे की कार्यवाही न्यायसंगत हो। उन्हें ध्यान रखना चाहिए कि कोई भी ऐसा सवाल न पूछा जाए जो पेचीदा या उलझानेवाला हो...।" न्यायमूर्ति का यह निर्णय, सचमुच अनेक कारणों से पढ़ने योग्य है। एक जगह तो न्यायमूर्ति आत्मनिरीक्षण करते हुए कहते हैं, "इट इज आपलिंग टू वाच द डैथ एगनी ऑफ ए होप। मिस्टर जेटली वांटेड मी टू पुश फॉरवर्ड द? टू द फ्यूचर्स फ्रंटलाइंस। टू हिम, परहैप्स, आई रिमेन एन ओल्ड गार्ड हैंकरिंग डाउन इन द बंकर्स ऑफ ट्रैडिशन।"

अखबारों में 'बेटी से बलात्कार' की खबरें प्रायः प्रकाशित होती ही रहती हैं। कभी प्राइवेट कम्पनी में मैनेजर (सुब्रतो राय) द्वारा अपनी अठारह वर्षीय बेटी से बलात्कार, कभी मध्यमवर्गीय (राजकुमार) द्वारा चौदह वर्षीय पुत्री के साथ बलात् सम्भोग, कभी स्कूटर ड्राइवर (अश्विनी सहगल) द्वारा आठ वर्षीय बेटी की 'इज्जत' बरबाद और कभी पिता व भाई दोनों ने मिलकर सोलह वर्षीय बहन-बेटी को अपनी हवस का शिकार बनाया। लड़कियाँ सम्बन्धों की किसी भी छत के नीचे सुरक्षित नहीं। भारतीय समाज में भी अमानवीयकरण इस कदर बढ़ गया है कि ऐसी खौफनाक दुर्घटनाओं की लगातार पुनरावृत्ति रुकने की सम्भावनाएँ समाप्त या

लगभग शून्य हो गई हैं। अधिकांश मामलों में इसका एक मुख्य कारण पति-पत्नी के बीच तनाव, लड़ाई-झगड़ा या अलगाव है, दूसरा कारण है, बेटा न होने का दुख। बेटियाँ अपने ही घर में, अपने ही पिता, भाई या सम्बन्धियों के बीच भयभीत, आतंकित और असुरक्षित हो जाएँ तो उसे न सम्मान से जीने का कोई रास्ता नजर आता है और न गुमनाम मरने का। बलात्कार की संस्कृति के सहारे पितृसत्ता अजर, अमर नजर आती है।

नारायण इराना पोतकंडी बनाम महाराष्ट्र[68बी] में सात वर्षीया बच्ची के साथ बलात्कार के मामले में माननीय न्यायमूर्ति श्री एम.एस. वैद्य ने सजा के सवाल पर कहा है कि जब कानून में न्यूनतम सजा दस साल निर्धारित की गई है तो किसी भी आधार पर सजा कम करना न्यायोचित नहीं। मुकदमे के निर्णय में उल्लेख किया है, "अन्त में, दोनों पक्षों के वकीलों ने कहा कि बालिका-बलात्कार के मामले लगातार बढ़ रहे हैं, विशेषकर इस क्षेत्र में। यह बताया गया कि जिला अदालतों द्वारा इस प्रकार के मामलों में बच्चों की गवाही और अन्य साक्ष्यों सम्बन्धी कानूनी प्रावधान या आदेशों का सही ढंग से अनुपालन नहीं किया जाता है कि भविष्य में अदालतें इस प्रकार के मामलों में सर्वोच्च न्यायालय और गुजरात उच्च न्यायालय के फैसलों के अनुसार ही कानून और प्रक्रिया का प्रयोग करेंगे।" हम उम्मीद ही कर सकते हैं कि 'आशा और विश्वास' भरे ऐसे दिशा-निर्देश सर्वोच्च न्यायालय के सत्र न्यायालय वाया उच्च न्यायालय शीघ्र समय से पहुँच जाएँगे।

इतनी सख्त सजा न्यायोचित नहीं

उल्लेखनीय है कि कम उम्र की लड़कियों के साथ बलात्कार करनेवाले युवक की उम्र अगर पच्चीस साल से अधिक नहीं है तो अधिकांश मामलों में, इसी आधार पर न्यायमूर्तियों ने सजा कम की है। कुछ मामलों में तो इतनी कम कि पढ़-सुनकर आश्चर्य होता है। उदाहरण के लिए अभियुक्त की उम्र बाईस साल है और वह कोई पेशेवर अपराधी नहीं है। इसलिए चार साल कैद की सजा घटाकर दो साल की जाती है।[69] अपराध के समय अभियुक्त की उम्र सोलह साल थी। इसलिए सजा घटाकर पच्चीस दिन कैद की जाती है, जो वह पहले ही भुगत चुका है।[70] अभियुक्त इक्कीस वर्षीय नौजवान है, जिसे पाँच साल कैद की सजा दी गई है। सात साल मुकदमा चलता रहा और अभियुक्त आठ महीने कैद काट चुका है। ऐसी हालत में उसकी सजा आठ महीने की काफी है। हाँ, कम सजा के बदले में एक हजार रुपया जुर्माना देना पड़ेगा।[71] अभियुक्त की उम्र सिर्फ सत्रह-अठारह साल है। बलात्कार के अपराध में तीन साल कैद और एक हजार रुपए जुर्माने की सजा घटाकर सात महीने कैद करना उचित है, जो वह पहले ही काट चुका है। जुर्माना देने की कोई जरूरत

नहीं।[72] अभियुक्त की उम्र सोलह से अठारह वर्ष के बीच है। सजा में उदारता का अधिकारी है। पाँच साल कैद की सजा घटाकर ढाई साल करना न्यायोचित है। ढाई साल कैद में वह पहले ही रह चुका है।[73] अभियुक्त की उम्र सोलह साल और बारह साल की बच्ची से बलात्कार की सजा कैद। अपराधियों के प्रति मानवीय दृष्टिकोण को देखते हुए—एक साल कारावास और एक हजार रुपए जुर्माना।[74] उम्र बाईस साल और नौ वर्षीया बालिका से बलात्कार की सजा सात साल कैद। बहुत हिंसा की है मगर गुप्तागों पर कोई चोट नहीं। सजा कम करके पाँच साल जेल। 'न्याय का उद्देश्य' पूरा हो जाएगा।[75] दस साल की लड़की के साथ बलात्कार के अपराध में सत्रह वर्षीय युवक की सजा पाँच साल से कम करके चार साल कैद करने से भी 'न्याय का लक्ष्य' पूर्ण हो जाएगा।[76] अभियुक्त की उम्र मुश्किल से तेरह साल है। दो वर्षीया बच्ची के साथ बलात्कार की सजा चार साल कैद से घटाकर, एक साल कैद और दो हजार रुपए जुर्माना किया जाता है। लम्बी कैद की सजा अभियुक्त को कठोर अपराधी बना देगी। जुर्माना वसूल हो जाए तो रकम हर्जाने के रूप में लड़की की माँ को दे दी जाए। बाल अपराधियों के मामलों में समसामयिक अपराधशास्त्र के अनुसार मानवीय दृष्टिकोण अपनाना अनिवार्य।'[77]

किशोरों को जेल या सुधार-गृह

बच्चियों से बलात्कार के मामलों में किशोरों और 'टीन एजर' युवकों की संख्या लगातार बढ़ती जा रही है। पन्द्रह वर्षीय युवक द्वारा सात वर्षीया बच्ची के साथ बलात्कार के अपराध में सत्र न्यायाधीश ने दस साल कैद और पाँच सौ रुपए जुर्माने की सजा सुनाई। लेकिन उच्च न्यायालय के न्यायमूर्ति ने 1990 में अपील स्वीकार करते हुए कहा, "अभियुक्त को जेल भेजने का अर्थ, इसे खूँखार अपराधी बनाना होगा। किशोर न्याय अधिनियम, 1986 और दंड प्रक्रिया संहिता, 1973 की धारा 361 के अनुसार किशोर अपराधियों को जेल में नहीं, बल्कि सुधार-गृहों में रखा जाना चाहिए।" अभियुक्त को तीन साल के लिए आन्ध्र प्रदेश ब्रोस्टल के स्कूल में भेजने के आदेश देते हुए न्यायमूर्ति ने जुर्माना वापस करने के भी आदेश दिए।

अभियुक्त के वकील ने सजा कम करवाने का एक तर्क यह भी दिया था कि "लड़का होटल में काम करता है और वयस्क यात्रियों को 'ब्लू फिल्म' व अन्य यौन क्रीड़ाएँ करते हुए देख-देखकर स्वयं भी अनुभव करने की इच्छा के फलस्वरूप ऐसा अपराध करने को उत्प्रेरित हुआ होगा। यह उसे छोड़ देने के लिए कोई उचित बहाना नहीं है, पर सजा के सवाल पर विचारणीय अवश्य है।" बचाव पक्ष के वकील ने न्यायमूर्ति ओ. चिन्नप्पा रेड्डी द्वारा लिखी एक पुस्तक की भूमिका से दोहराया, "आपराधिक कानून का उद्देश्य सिर्फ अपराधियों को पकड़ना, मुकदमा

चलाना और सजा देना ही नहीं है, बल्कि अपराध के असली कारणों को भी जानना है। कानून का अन्तिम ध्येय अपराधियों को सिर्फ सजा देना ही नहीं है। जब भी, जहाँ सम्भव हो उन्हें सुधारना भी है।''[78]

उपरोक्त निर्णय के विपरीत इसी उच्च न्यायालय के न्यायमूर्तियों ने कुछ साल पूर्व 1984 में कहा था—

''सर्वज्ञात तथ्य है कि इधर कमजोर वर्ग, उदाहरण के लिए स्त्रियों पर अपराधों की संख्या बेतहाशा बढ़ रही है और ऐसे अपराधों को रोकना एक समस्या बन गई है। अब यह राष्ट्रीय बहस का मुद्दा है कि औरतों पर बढ़ रहे हिंसक अपराधों को रोकने के लिए क्या उपाय किए जाएँ। अगर अपराधियों को 'प्रोबेशन ऑफ अफेंडर्स एक्ट' की लाभदायक धाराओं के अन्तर्गत ऐसे अपराधों में भी छोड़ दिया जाएगा तो यह निश्चित रूप से औरतों के विरुद्ध अपराधों को बढ़ावा देना ही होगा। यही नहीं, निर्दोष बच्चियों के विरुद्ध ऐसे अपराधों को रोकना एकदम असम्भव हो जाएगा। अगर ऐसे अपराधों को रोका नहीं गया तो सामाजिक सन्तुलन व औरतों के स्वतंत्रतापूर्वक आने-जाने के लिए ही धमकी बन जाएगा और समाज की सुरक्षा के लिए भयंकर खतरा।''[79]

नि:सन्देह सामाजिक परिप्रेक्ष्य से परे हटते ही, न्यायमूर्ति की आँखों के सामने भ्रामक मिथ और मानसिक मकड़जाल छाने लगता है। गवाहों, साक्ष्यों, रिपोर्टों, दस्तावेजों और स्थितियों के बीच तकनीकी विसंगतियाँ और अन्तर्विरोध अनेक प्रकार से दिशाभ्रमित करते हैं। डॉक्टरी रिपोर्ट, पुलिस जाँच में घपले, सालों बाद गवाही में स्वाभाविक भूल, बचाव पक्ष के वकीलों द्वारा गढ़े तर्क (कुतर्क), नई-पुरानी हजारों नजीरें और वर्षों फैसला न होने (करने) का दबाव या अपराधबोध, यानी सब अभियुक्त के पक्ष में ही होता रहता है। जब तक सन्देह से परे तक अपराध सिद्ध न हो, अभियुक्त को निर्दोष माना जाएगा और पूरी व्यवस्था उसे बचाने में लगी रहती है। परिणामस्वरूप अधिकांश (96 प्रतिशत) अभियुक्त बाइज्जत रिहा हो जाते हैं या सन्देह का लाभ पाकर मुक्त। जिन्हें बचाव का कोई (चोर) रास्ता नहीं मिल पाता, वे अपराधी भी किसी-न-किसी आधार पर न्यायमूर्ति से रहम की अपील मंजूर करवा ही लेते हैं। सजा कम करने के अनेक 'उदारवादी' निर्णय उपलब्ध हैं। सजा बढ़ाने के फैसले अपवादस्वरूप ही मिल सकते हैं। कुछ मामलों में तो न्यायमूर्तियों द्वारा सजा कम करने का एकमात्र कारण है—सालों से अपील की सुनवाई या फैसला न होना। अब इतने साल बाद सजा देने से भी क्या लाभ?

संसद द्वारा बनाए सम्बन्धित कानूनों की भाषा और परिभाषा दोनों ही आमूल-चूल संशोधन माँगती है। मगर विधि आयोग द्वारा संशोधन की सिफारिशों पर राष्ट्रीय

बहस बाकी है। कानूनी लूपहोल या गहरे गड्ढों के रहते यौन हिंसा की शिकार स्त्री के साथ न्याय असम्भव है। अक्सर यह कहा जाता है कि कानून तो बहुत बने/बनाए गए हैं लेकिन उनका पालन सही ढंग से नहीं हो रहा है। काफी दार्शनिक अन्दाज में यह भी बार-बार सुनने में आता है कि सिर्फ कानून बनाने से समस्या का समाधान नहीं हो सकता, नहीं होगा। समाधान के लिए समाज में जागरूकता, स्त्रियों में चेतना और पुरुष मानसिकता में बदलाव अनिवार्य है। बिना शिक्षा के यह सब कैसे होगा? सभी को शिक्षित करने योग्य संसाधन ही नहीं हैं और ऊपर से देश की जनसंख्या लगातार बढ़ती जा रही है। ऐसे में विधायिका या न्यायपालिका या कार्यपालिका भी क्या कर सकती है?

विकल्प की तलाश

दिल्ली के अतिरिक्त सत्र न्यायाधीश श्री एम.एम. अग्रवाल ने 24 अगस्त, 1990 को जगदीश प्रसाद को साढ़े तीन वर्षीया ममता के साथ बलात्कार के अपराध में आजीवन कारावास की सजा सुनाई। 5 सितम्बर, 1990 को यह भी निर्देश दिया कि "जब तक संसद ऐसे मामलों में अनिवार्य बन्ध्याकरण का कानून नहीं बनाती, मुझे लगता है कि जघन्य अपराध के अपराधियों को स्वैच्छिक रूप से बन्ध्याकरण के लिए प्रोत्साहित करने की कोई शुरुआत की जानी चाहिए, ताकि ऐसे लोगों को जेल में बन्दी रखने के बजाय उनका कुछ लाभ/उपयोग उनके परिवारवाले उठा सकें। इसलिए मैं ऐसा निर्णय ले रहा हूँ कि अपराधी जगदीश स्वेच्छा से बन्ध्याकरण का ऑपरेशन, सरकारी अस्पताल से करवा ले (उच्च न्यायालय दिल्ली की पूर्व-सहमति से) तो उसकी कैद की सजा माफ मानी जाएगी।"

कानून और न्याय के ऐतिहासिक प्रथम 'क्रान्तिकारी' फैसले की बहुत दिनों तक राष्ट्रीय पत्र-पत्रिकाओं में चर्चा (बहस) होती रही। होनी ही थी।

निर्णय के खिलाफ अपील में उच्च न्यायालय के न्यायमूर्ति श्री पी.के. बाहरी ने पाया कि इस मामले में पुलिस के जाँच अधिकारियों ने शैतानीपूर्वक गड़बड़ियाँ (घपले) की हैं। हालाँकि सत्र न्यायाधीश ने इनकी खूब प्रशंसा की है। बच्ची के योनिद्वार की झिल्ली थोड़ी फटी हुई पाई गई लेकिन यह जरूरी नहीं है कि ऐसा अपीलार्थी द्वारा लिंगच्छेदन के कारण हुआ हो। सर्वज्ञात है कि इतनी छोटी बच्ची के गुप्तागों पर हलका-सा भी दबाव पड़ने से झिल्ली फट सकती है। ऐसा लगता है कि अभियुक्त अपनी हवस के कारण लड़की से बलात्कार करना चाहता था। मगर लड़की के माँ-बाप के मौके पर पहुँचने के कारण कर नहीं पाया। अभियुक्त बलात्कार करने का अपराधी नहीं, बल्कि बलात्कार का प्रयास करने का अपराधी है। अपीलार्थी की सजा भारतीय दंड संहिता की धारा 376 की अपेक्षा, धारा 511

के तहत बदली जाती है। वह साढ़े सात साल कैद की सजा पहले ही काट चुका है। अब उसे रिहा कर दिया जाए।

बन्ध्याकरण के विषय में न्यायमूर्तियों का विचार था, "विद्वान सत्र न्यायाधीश ने स्वेच्छा से बन्ध्याकरण का आदेश देकर ठीक नहीं किया। ऐसा आदेश पूर्णतया गैर-कानूनी है, क्योंकि उच्च न्यायालय के नियमों में ऐसा कोई प्रावधान नहीं है। न्याय मौजूदा कानून के आधार पर ही किया जाना चाहिए। कानून में ऐसा कोई प्रावधान नहीं है कि अगर बलात्कार का अपराधी स्वेच्छा से बन्ध्याकरण करवा ले तो कानून द्वारा निर्धारित न्यूनतम सजा अदालत द्वारा माफ की जा सकती है। वही सजा दी जानी चाहिए जो कानून निर्माताओं (संसद) ने निर्धारित की है। अतिरिक्त सत्र न्यायाधीश को ऐसा प्रस्ताव, जो कानून के अनुसार नहीं है, देने से, अपने आपको रोकना चाहिए था।"[80]

विद्वान सत्र न्यायाधीश द्वारा बन्ध्याकरण (कॉस्ट्रेशन) के आदेश का असली उद्देश्य अभियुक्त के परिवार को लाभ पहुँचाना है या अपराधी का 'पुरुष चिह्न' (लिंग) नष्ट करके अपमानित करना? ऐसा करके वे कोई 'नई शुरुआत' कर रहे हैं या महान् भारतीय संस्कृति की न्याय व्यवस्था के अतीत में लौट रहे हैं? कॉस्ट्रेशन का अर्थ बन्ध्याकरण या बधिया करना है और बधिया सिर्फ बैल या बकरे जैसे जानवारों को ही किया जा सकता है। पुरुषों को बधिया नहीं किया जा सकता। हाँ, नसबन्दी हो सकती है लेकिन उससे सम्भोग क्षमता पर क्या असर पड़ेगा? खैर...उच्च न्यायालय के न्यायमूर्तियों द्वारा ऐसे आदेश को गैर-कानूनी ही ठहराया जाएगा। इसे कानून और न्याय-सम्मत कैसे ठहराया जा सकता है? अब तो न ऐसा कोई नियम है और न कानून। बलात्कार का अपराध भले ही 'जघन्यतम और क्रूरतम' माना जाता हो, लेकिन सजा सख्त या कठोर होने की बजाय 'मानवीय' और 'न्यायोचित' ही होनी चाहिए, होती है। अपराधी पितृसत्तात्मक समाज की गन्दगी या कूड़ा है, लेकिन आखिर है तो उसी का उत्तराधिकारी। स्वयं अपने पुत्रों को 'नपुंसक' या 'पौरुषहीन' होने की सजा कैसे दे? सत्ता पर पूर्ण नियंत्रण के लिए 'बलात्कार का भय' या 'आतंक' भी तो बनाए रखना जरूरी है। वरना 'पुरुष वर्चस्व' ही समाप्त हो जाएगा। वैसे भी 'सभ्य समाज' में ऐसी सजा देना बर्बर और अमानवीय ही माना जाएगा। नहीं, ऐसे विकल्प समस्या का समाधान नहीं।

महान भारतीय संस्कृति

इस सन्दर्भ में सिर्फ इतना और कि प्राचीन भारत में—समान जाति की स्त्री के साथ बलात्कार करने पर पुरुष की सम्पूर्ण सम्पत्ति छीनकर, उसके गुप्तांग काटकर उसे गधे पर चढ़ाकर घुमाया जाता था। मगर हीन-जाति की स्त्री के साथ बलात्कार में

उपर्युक्त दंड का आधा दंड ही दिया जाता था। यदि स्त्री उच्च वर्ग की होती थी तो अपराधी के लिए मृत्युदंड था और सम्पत्ति छीन ली जाती थी। स्त्री के साथ धोखे से सम्भोग करने पर पुरुष को सम्पूर्ण सम्पत्ति से वंचित करके उसके मस्तक पर स्त्री का गुप्तांग चिह्नित करके नगर से निष्कासित कर दिया जाता था।...बृहस्पति ने नीची जाति के पुरुष द्वारा उपभोग की गई उच्च जाति की निर्दोष स्त्री को भी मृत्युदंड देने की व्यवस्था दी है। याज्ञवल्क्य और नारद के अनुसार, जब कोई व्यक्ति किसी अविवाहित कन्या की इच्छा के विरुद्ध उससे सम्बन्ध रखता था तो उस व्यक्ति की दो अँगुलियाँ काट ली जाती थीं, किन्तु कन्या के उच्चवर्णी होने की स्थिति में उस व्यक्ति की सम्पत्ति छीनकर उसे मृत्युदंड दिया जाता था। कौटिल्य ने इस सन्दर्भ में कुछ भेद किए हैं। जो पुरुष स्वजाति की अरजस्वला कन्या को दूषित करे, उसका हाथ कटवा दिया जाए अथवा चार सौ पण दंड दिया जाए। यदि कन्या मर जाए तो पुरुष को प्राणदंड दिया जाए। रजस्वला हो चुकी कन्या की स्थिति में पुरुष की मध्यमा व तर्जनी अँगुलियाँ काट दी जाएँ अथवा दो सौ पण दंड दिया जाए और कन्या का पिता, जो भी क्षतिपूर्ति चाहे, उसे प्राप्त कराई जाए।...वेश्या से बलात्कार का दंड बारह पण व दंड से सोलह गुना शुल्क गणिका को देने का नियम था।

माता, मौसी, सास, भाभी, बुआ, चाची, ताई, मित्र-पत्नी, बहन, बहन-सी मित्र, पुत्रवधू, पुत्री, गुरु-पत्नी, सगोत्र, शरणागत, रानी, संन्यासिनी, धाय, ईमानदार स्त्री एवं उच्चवर्गी स्त्री के साथ सम्भोग करनेवाले पुरुष का गुप्तांग काट दिया जाता था।[81]

बलात्कारी को मृत्युदंड

कुछ माह पूर्व गृहमंत्री लालकृष्ण आडवाणी ने भी 'हवाई घोषणा' की थी कि उनकी सरकार बलात्कार के अपराधियों को मृत्युदंड देने का कानून बनाएगी। इस बयान की गम्भीरता, राजनीतिक भाषा और सम्भावना को समझने के लिए सिर्फ यह जान लेना काफी होगा कि सर्वोच्च न्यायालय कई बार यह कह चुका है कि मृत्युदंड सिर्फ हत्या के 'दुर्लभतम में दुर्लभ' मामलों में ही दिया जाना है। परिणामस्वरूप आज तक दहेज हत्या या वधूदहन के एक भी मामले में फाँसी नहीं दी गई है। ऐसे जिन मामलों में फाँसी की सजा सुनाई भी गई थी, उन्हें उच्च न्यायालयों या सर्वोच्च न्यायालयों के न्यायमूर्तियों ने आजन्म कैद में बदल दिया। इसी प्रकार बच्चों से बलात्कार और हत्या के मामलों में भी (सिवा जुम्मन खान (1991) अपराधी को फाँसी की बजाय) उम्रकैद की सजा ही सुनाई गई है। ऐसी स्थिति में (सिर्फ) बलात्कार के अपराधी को मृत्युदंड कैसे दिया जा सकेगा? अगर बलात्कारी के लिए मृत्युदंड का प्रावधान भी बन जाए, तो क्या वैधानिक और न्यायिक दृष्टिकोण भी बदला जाएगा? संसद में बैठे पुरुष प्रतिनिधि क्या ऐसा कानून बनने देंगे? 'सहमति'

और 'बदचलनी' के कानूनी हथियारों का क्या होगा? दहेज हत्याओं में मृत्युदंड का प्रावधान समाप्त करके, उम्रकैद का कानून (धारा 304-बी) बनाने वाली 'पुरुष पंचायत' बलात्कार के अपराधियों को सजा-ए-मौत देने का कानून बनाएगी? कैसे? कब? विशेषकर जब दुनिया भर में मृत्युदंड समाप्त करने की बहस और मानवाधिकारों का शोर हो।

जीने का मौलिक अधिकार

> "बलात्कार एक ऐसा अनुभव है, जो पीड़िता के जीवन की बुनियाद को हिला देता है। बहुत सी स्त्रियों के लिए इसका दुष्परिणाम लम्बे समय तक बना रहता है, व्यक्तिगत सम्बन्धों की क्षमता को बुरी तरह से प्रभावित करता है, व्यवहार और मूल्यों को बदल आतंक पैदा करता है।"
>
> **(डब्ल्यू यंग, रेप स्टडी, 1983)**

सर्वोच्च न्यायालय के विद्वान न्यायमूर्ति श्री एस. सगीर अहमद और आर.पी. सेठी ने अपने एक ऐतिहासिक निर्णय (दिनांक 28 जनवरी, 2000) में कहा है कि किसी भी स्त्री के साथ बलात्कार मौलिक अधिकारों का उल्लंघन है। सरकारी कर्मचारियों द्वारा किए गए दुष्कर्ष के लिए केन्द्र सरकार को भी जिम्मेवार ठहराया जा सकता है। विशेषकर हर्जाना अदा करने के लिए भारतीय संविधान के अनुच्छेद 21 के अन्तर्गत भारतीय ही नहीं, विदेशी नागरिकों को भी जीवन और स्वतंत्रता का मौलिक अधिकार प्राप्त है।

सर्वोच्च न्यायालय के इस अभूतपूर्व निर्णय के निश्चित रूप से बहुत दूरगामी परिणाम होंगे। यौन हिंसा की शिकार स्त्रियों के मुकदमों में, अतीत के अनेक विवादास्पद फैसलों को देखते हुए, इसे सचमुच 'न्यायिक प्रायश्चित्त' या 'भूल सुधार' भी कहा जा सकता है। पुलिस हिरासत में पुलिसकर्मियों द्वारा बलात्कार के विचाराधीन मामलों में यह निर्णय अनेक नए आयाम जोड़ने की महत्त्वपूर्ण भूमिका निभा सकता है। हालाँकि कुछ संविधान विशेषज्ञ अधिवक्ताओं का कहना है कि हर्जाने के आदेशों से पहले अपराध प्रमाणित होना अनिवार्य है। यदि इस तर्क को सही मानें तो समस्या वहीं की वहीं अटकी रह जाएगी। अपराध प्रमाणित होने में तो लम्बा समय लगेगा और सम्भव है कानूनी तकनीकियों के जाल में उलझ जाए।

संक्षेप में उपरोक्त मुकदमे के तथ्यों के अनुसार बांग्लादेश की नागरिक हनुफा खातून के साथ हावड़ा रेलवे स्टेशन के यात्री निवास में कुछ रेलवे कर्मचारियों ने सामूहिक बलात्कार किया। हनुफा खातून को 26 फरवरी, 1998 को हावड़ा से अजमेर जाना था। बलात्कार की दुर्घटना के बाद कलकत्ता उच्च न्यायालय की एक वकील चन्द्रिमा दास ने रेलवे बोर्ड के अध्यक्ष से लेकर पुलिस अफसरों और केन्द्र

सरकार तक के विरुद्ध एक याचिका उच्च न्यायालय में दायर की, जिसमें हर्जाने के अलावा कुछ आवश्यक दिशा-निर्देश देने की माँग भी की गई थी। सुनवाई के बाद उच्च न्यायालय ने केन्द्र सरकार को आदेश दिया कि पीड़िता को दस लाख रुपया बतौर हर्जाना अदा करे। उच्च न्यायालय के निर्णय के विरुद्ध अध्यक्ष रेलवे बोर्ड ने सुप्रीम कोर्ट में विशेष अनुमति याचिका दायर की, जिसे बहस सुनने के बाद खारिज कर दिया गया। सर्वोच्च न्यायालय में सरकारी वकीलों द्वारा प्रस्तुत तर्कों में मुख्य तर्क यह था कि हनुफा खातून भारतीय नागरिक नहीं, बल्कि विदेशी है, इसलिए रेलवे हर्जाना देने के लिए जिम्मेवार नहीं है। यह भी कहा गया कि कर्मचारियों द्वारा किए गए अपराध के लिए रेलवे या केन्द्र सरकार को जिम्मेवार नहीं ठहराया जा सकता। बहस के दौरान सरकारी वकीलों ने दलील दी कि यह कुछ व्यक्तियों द्वारा किया गया अपराध है, जिसके लिए उन पर मुकदमा चलाया जाएगा और उन्हें दोषी पाए जाने पर दंडित भी किया जा सकता है और जुर्माना भी वसूला जा सकता है, लेकिन रेलवे या केन्द्र सरकार को जिम्मेवार नहीं ठहराया जा सकता। विद्वान वकीलों ने चन्द्रिमा दास द्वारा दायर याचिका की वैधता पर भी सवाल उठाते हुए कहा कि वकील साहिबा को ऐसी याचिका दायर करने का कोई कानूनी अधिकार नहीं, परन्तु सरकारी महाधिवक्ता के तमाम तर्कों को रद्द करते हुए माननीय न्यायमूर्तियों ने विशेष अनुमति याचिका खारिज कर दी।

विद्वान न्यायमूर्तियों ने सरकारी अफसरों और पुलिसकर्मियों द्वारा किए गए दुष्कर्मों के मामलों में पीड़ितों को हर्जाना देने सम्बन्धी अनेक महत्त्वपूर्ण नजीरों का हवाला दिया है। इनमें रुदुल शाह (1983), भीमसिंह (1985), सहेली (1980), इन्द्र सिंह (1995) डी.के. बसु (1997), कौशल्या (1998) से लेकर मंजू भाटिया (1998) तक शामिल हैं। जनहित याचिकाओं और उनमें प्रबुद्ध समाजसेवी वकीलों की भूमिका को रेखांकित करते हुए निर्णय में बहुत से उदाहरण दिए गए है। मौलिक अधिकार और विदेशी नागरिकता के सवाल पर न्यायमूर्तियों ने मानवाधिकारों से लेकर स्त्रियों के विरुद्ध हिंसा सम्बन्धी अन्तर्राष्ट्रीय प्रस्तावों तक का विस्तार से उल्लेख करते हुए कहा कि न्यायाधीशों और वकीलों को मानवाधिकरों के अन्तर्राष्ट्रीय न्यायशास्त्र के प्रति जागरूक और सचेत रहना चाहिए, विशेषकर महिलाओं के सुरक्षा सम्बन्धी मानवाधिकारों से। न्यायमूर्तियों ने अपने निर्णय में अनवर बनाम जम्मू-कश्मीर (1971) का जिक्र करते हुए कहा कि भारतीय संविधान के अनुच्छेद 20, 21 और 22 में प्रदत्त मौलिक अधिकार सिर्फ भारतीय नागरिकों को ही उपलब्ध नहीं, बल्कि विदेशी नागरिकों को भी उपलब्ध हैं। बलात्कार को मौलिक अधिकार का उल्लंघन घोषित करनेवाले निर्णय (बौद्धिसत्व बनाम सुभद्रा चक्रवर्ती, 1996) को सही ठहराते हुए निर्णय में कहा

गया है—''बलात्कार सिर्फ एक स्त्री के विरुद्ध अपराध नहीं बल्कि समस्त समाज के विरुद्ध अपराध है। यह स्त्री की सम्पूर्ण मनोभावना को ध्वस्त कर देता है और उसे भयंकर भावनात्मक संकट में धकेलता है, इसलिए बलात्कार सबसे अधिक घृणित अपराध है। यह मूल मानवाधिकारों के विरुद्ध अपराध है और पीड़िता के सबसे अधिक प्रिय अधिकार का उल्लंघन है, उदाहरण के लिए जीने का अधिकार जिसमें सम्मान से जीने का अधिकार शामिल है।''

माननीय न्यायमूर्तियों ने अपने फैसले में लिखा कि हनुफा खातून इस देश की नागरिक नहीं है लेकिन फिर भी उसे संविधान द्वारा प्रदत्त जीने के मौलिक अधिकार प्राप्त हैं। सम्मान से जीने का उसे भी उतना ही अधिकार है, जितना किसी भारतीय नागरिक को। विदेशी नागरिक होने के कारण उसके साथ ऐसा व्यवहार नहीं किया जा सकता जो मानवीय गरिमा के नीचे हो और न ही उन सरकारी कर्मचारियों द्वारा शारीरिक हिंसा की जा सकती है, जिन्होंने उसके साथ बलात्कार किया। यह उसके मौलिक अधिकार का हनन है। परिणामस्वरूप यह राज्य की संवैधानिक जिम्मेवारी है कि उसे हर्जाना अदा करे। उच्च न्यायालय के निर्णय में कोई कानूनी खामी नजर नहीं आती।

रेलवे बोर्ड और केन्द्र सरकार के बचाव में विद्वान महाधिवक्ता ने एक और दलील यह दी कि कर्मचारियों के कार्यों के लिए राज्य को केवल तभी जिम्मेवार माना जा सकता है, जब उन्होंने यह कार्य आधिकारिक उत्तरदायित्व निभाते हुए किया हो। चूँकि बलात्कार को उनका आधिकारिक दायित्व नहीं कहा जा सकता, इसलिए केन्द्रीय सरकार हर्जाना अदा करने के लिए जिम्मेवार नहीं, लेकिन न्यायमूर्तियों ने जवाब में लिखा, ''यह तर्क पूर्णतया गलत है और इस न्यायालय द्वारा सुनाए फैसलों के विपरीत।'' सरकारी वकीलों ने अपने पक्ष में जिस विवादास्पद नजीर (कस्तूरी लाल रुलिया राम जैन बनाम उत्तर प्रदेश, 1965) का हवाला दिया। उसके बारे में न्यायमूर्तियों ने कहा कि न्यायालय ने अपने बाद के फैसलों में उस निर्णय को कभी सही नहीं माना। हम भी उसे मानने के लिए बाध्य नहीं। वह एक अर्थहीन (व्यर्थ) नजीर सिद्ध हो चुकी है।

2000 एपैक्स डिसीजन (खंड एक) सुप्रीम कोर्ट, पृ. 401-21 में प्रकाशित, चेयरमैन रेलवे बोर्ड एंड अदर्स बनाम श्रीमती चन्द्रिमा दास के फैसले को पढ़ते हुए महसूस होता है कि राज्य (रेलवे बोर्ड या केन्द्र सरकार) के विद्वान वकील भी ठीक उसी तरह सरकार का बचाव कर रहे हैं, जैसे बचाव पक्ष का कोई वकील अपने किसी खूँखार अपराधी को बचाने के लिए करता है। सर्वोच्च न्यायालय के समक्ष सरकारी वकीलों के प्राय: सभी तर्क (कुतर्क) बेहद हास्यास्पद नजर आते हैं। वर्षों से स्पष्ट कानूनी प्रस्थापनाओं से बेखबर और 'ओवर रूल्ड' नजीरें पेश करते हुए

इन या ऐसे सरकारी अधिवक्ताओं से मानवाधिकारों और लैंगिक न्याय की अवधारणाओं से सचेत होने की अपेक्षा करना व्यर्थ है। आश्चर्यजनक है कि राजसत्ता भी अदालत में पेशेवर अपराधी की तरह मुकदमेबाजी करती दिखाई पड़ती है। समझ नहीं आता कि आखिर केन्द्रीय सरकार किसे बचाना चाहती है/थी? अपराधी कर्मचारियों को दस लाख रुपया हर्जाना? बलात्कार के गम्भीर मामले में पीड़ित स्त्री (और वह भी विदेशी नागरिक) के साथ, केन्द्र सरकार का पूरा व्यवहार एकदम अवांछनीय प्रतीत होता है।

महिला कल्याण के नाम पर करोड़ों रुपया खर्च करने और स्त्री हितैषी बननेवाली सरकार अदालत में इतनी असंवेदनशील और अतार्किक कैसे हो जाती है? क्यों? क्या यही है 'राष्ट्रीय गरिमा' और 'नारी सम्मान' का ढिंढोरा पीटनेवाले नायकों का असली चेहरा। इन प्रश्नों को सिर्फ अदालती, कानूनी या न्यायिक दृष्टि से पढ़ना-समझना काफी नहीं। राज्य के स्तर पर एक व्यापक परिप्रेक्ष्य और सत्ता और आम नागरिक (विशेषत: स्त्री) के बीच अन्तर्सम्बन्धों को ध्यान में रखते हुए विचार करना होगा। ऐसे मामलों में सरकार की प्रतिष्ठा का कम, राष्ट्र की न्याय व्यवस्था की प्रतिष्ठा का ध्यान अधिक है।

कहना न होगा कि सर्वोच्च न्यायालय के उपरोक्त निर्णय से न्यायिक संस्थाओं के प्रति शेष-अशेष जन आस्थाएँ खंडित होने से तो बची रहीं, साथ ही अन्तर्राष्ट्रीय स्तर पर देश के कानून और न्यायिक विवेक का भी प्रतिबिम्ब सामने आया। यह अलग बात है कि यौन हिंसा के अन्य मामलों में इससे स्त्रियों को कितना लाभ मिलता है। इतना अवश्य कहा जा सकता है कि यह निर्णय लैंगिक न्याय की दिशा में एक प्रगतिशील कदम ही नहीं बल्कि मील का पत्थर सिद्ध हो सकता है। मानवाधिकार सिर्फ 'मुठभेड़' में मारे गए आतंकवादियों के लिए ही नहीं, यौन हिंसा का शिकार स्त्रियों के पक्ष में भी परिभाषित होना जरूरी है। अगर सरकारी संस्थाओं में भी जीवन सुरक्षा उपलब्ध नहीं, तो हजारों विदेशी पर्यटक 'भारत भ्रमण' पर क्यों आएँगे?

और अन्त में...आत्मरक्षा

यशवन्त राव बनाम मध्य प्रदेश राज्य[82] में अभियुक्त पर आरोप था कि उसने 5 अप्रैल, 1985 को लखन सिंह नाम के व्यक्ति की कुदाली से हत्या की है। सत्र न्यायाधीश ने अभियुक्त को हत्या का अपराधी तो नहीं माना लेकिन गम्भीर चोट पहुँचाने के अपराध में एक साल कैद की सजा सुनाई। मध्य प्रदेश उच्च न्यायालय ने अपील में यह सजा अब तक भुगती जेल की सजा में बदल दी, जिसके विरुद्ध अभियुक्त ने सर्वोच्च न्यायालय में विशेष अनुमति याचिका दायर की।

सर्वोच्च न्यायालय के न्यायमूर्ति श्री कुलदीप सिंह और योगेश्वर दयाल ने 4 मई, 1992 को अपने अभूतपूर्व ऐतिहासिक फैसले में लिखा है कि अभियुक्त को अपने बचाव का अधिकार है, जो इस मामले में भी लागू होता है, जब अभियुक्त की पन्द्रह वर्षीया बेटी के साथ मृतक बलात्कार कर रहा था। न्यायमूर्तियों ने कहा कि अभियुक्त के बचाव में सबसे पहले पुलिस में दर्ज रपट है, जिसमें अभियुक्त ने शिकायत की है कि उसकी नाबालिग बेटी छाया घर के पिछवाड़े शौच के लिए गई थी, जहाँ मृतक ने उसे पकड़ लिया और शोर सुनकर वह वहाँ पहुँचा तो मृतक अपने बचाव में भाग खड़ा हुआ था। इस तरह वह दीवार के टकराया और पथरीली जमीन पर गिरकर जख्मी हो गया।

सत्र न्यायाधीश का विचार था कि नाबालिग लड़की, जिसकी उम्र पन्द्रह साल है, अपनी सहमति से जब लखन सिंह के साथ सम्भोग कर रही थी तब अभियुक्त ने उसे चोट पहुँचाई है। लड़की खुद लखन सिंह को घर से बुलाकर लाई थी। अभियुक्त ने अपनी बेटी को लखन सिंह के साथ सम्भोग करते देखा तो उसने उत्तेजना व गुस्से में मृतक पर हमला कर दिया।

सर्वोच्च न्यायालय ने अपने निर्णय में उल्लेख किया है कि अभियुक्त ने अपने बचाव के अधिकार का तर्क सत्र न्यायाधीश के सामने भी रखा था। लेकिन सत्र न्यायाधीश ने सिर्फ इतना ही ध्यान दिया कि अभियुक्त ने चोट उत्तेजना और गुस्से में पहुँचाई है। इससे आगे मामले की जाँच नहीं की। इस बात से कोई फर्क नहीं पड़ता कि सम्भोग सहमति से हो रहा था या बिना सहमति के। तथ्य यह है कि छाया की उम्र पन्द्रह साल थी और लखन सिंह द्वारा किया कृत्य भारतीय दंड संहिता, 1860 की धारा 376 उपधारा 6 के अन्तर्गत बलात्कार ही माना जाएगा। पंचनामे से स्पष्ट है कि बलात्कार का प्रयास या सम्भोग पूरा नहीं हुआ था और इसी बीच अभियुक्त ने मृतक पर वार किया था। मेडिकल रिपोर्ट के अनुसार भी मृत्यु कुदाली से चोट लगने की वजह से नहीं हुई है, बल्कि 'लीवर' फटने से हुई है। कारण कुछ भी हो, बचाव का अधिकार अभियुक्त को तब भी है जब कोई उसकी बेटी के साथ बलात्कार कर रहा हो।

सर्वोच्च न्यायालय का यह निर्णय महत्त्वपूर्ण कहा जा सकता है क्योंकि कानूनी अधिकारों के बारे में अनभिज्ञ माँ-बाप अक्सर ऐसे मौके पर बलात्कारी को खुद कुछ कहने-सुनने या मारने-पीटने की बजाय थाने में जाकर शिकायत करते हैं। शायद डर भी लगता है कि कहीं खुद ही कानून के जंजाल में न फँस जाएँ। परन्तु इस निर्णय से स्पष्ट है कि बेटी, बहू या बहन या किसी रिश्तेदार के साथ बलात्कार होता देखकर, बलात्कारी की हत्या तक कर देने में भी 'बचाव का अधिकार' (राइट ऑफ प्राइवेट डिफेंस) एक कानूनी अधिकार भी है और बलात्कारियों से निपटने का हथियार भी।

स्त्रियाँ स्वयं अपने बचाव में हथियार उठाने के कानूनी अधिकार का प्रयोग कर सकती हैं। दिल्ली में अभी कुछ दिन पहले एक चौदह वर्षीया लड़की ने बलात्कार का प्रयास करनेवाले व्यक्ति की हत्या कर दी थी। निःसन्देह उसे अपने बचाव में हत्या करने का अधिकार मिलेगा। बलात्कारी कानूनी प्रक्रिया में सजा से बच सकता है। लेकिन जिस दिन औरतें खुद हथियार उठा लेंगी, उसे कोई नहीं बचा सकता। दरअसल भेड़ियों के समाज में बच्चियों को असुरक्षित और निहत्था छोड़ने के बजाय उन्हें जूडो-कराटे और गोली, गँड़ासा, दराँती चलाना सीखने या सिखाने की जरूरत है और यह भी बताने की जरूरत है कि अपनी सुरक्षा में, अपने बचाव में की गई हत्या भी कोई अपराध नहीं है।

सन्दर्भ

1. महावीर बनाम राज्य 55 (1994) दिल्ली लॉ टाइम्स 428
2. सिद्धेश्वर गांगुली बनाम पश्चिम बंगाल, ए. आई. आर. 1958 सुप्रीम कोर्ट, 143
3. ए. आई. आर. 1927 लाहौर 858
4. ए. आई. आर. 1928 पटना 326
5. ए. आई. आर. 1963 पंजाब 443
6. 1963 क्रिमिनल लॉ जर्नल 391
7. 4 ऑल इंडिया क्रिमिनल डिवीजन 469
8. 1991 क्रिमिनल लॉ जर्नल 939
9. वही, पृ. 942
10. रफीक बनाम उत्तर प्रदेश (1980) सुप्रीम कोर्ट केसेज 262
11. ए. आई. आर. 1923 लाहौर 297
12. ए. आई. आर. 1980 सुप्रीम कोर्ट 559
13. 23 क्रिमिनल लॉ जर्नल 475
14. ए. आई. आर. 1924 लाहौर 669
15. ए. आई. आर. 1927 रंगून 67
16. ए. आई. आर. 1934 कलकत्ता 7
17. ए. आई. आर. 1935 लाहौर 8
18. ए. आई. आर. 1939 रंगून 128
19. ए. आई. आर. 1944 नागपुर 363
20. ए. आई. आर. 1947 इलाहाबाद 393
21. ए. आई. आर. 1949 कलकत्ता 613
22. ए. आई. आर. 1949 इलाहाबाद 710
23. ए. आई. आर. 1950 लाहौर 151
24. ए. आई. आर. 1950 नागपुर 9
25. ए. आई. आर. 1952 सुप्रीम कोर्ट 54

26. ए. आई. आर. 1955 पटना 3245
27. पडरिया बलात्कार कांड में न्यायाधीश ओ.पी. सिन्हा का फैसला
28. ए. आई. आर. 1977 सुप्रीम कोर्ट 1307
29. ए. आई. आर. 1970 सुप्रीम कोर्ट 1029
30. ए. आई. आर. 1973 सुप्रीम कोर्ट 343
31. तुकाराम बनाम महाराष्ट्र (ए. आई. आर. 1979 सुप्रीम कोर्ट 185)
32. फूलसिंह बनाम हरियाणा (ए. आई. आर. 1980 सुप्रीम कोर्ट 249)
33. भोगिन भाई हिरजी भाई बनाम गुजरात (ए. आई. आर. 1983 सुप्रीम कोर्ट 753)
34. ए. आई. आर. 1989 सुप्रीम कोर्ट 937
35. ए. आई. आर. 1990 सुप्रीम कोर्ट 538
36. ए. आई. आर. 1981 सुप्रीम कोर्ट 361
37. महाराष्ट्र बनाम चन्द्रप्रकाश केवलचन्द जैन ए.आई.आर. 1990 सुप्रीम कोर्ट 658
38. ए. आई. आर. 1927 लाहौर 772
39. छिद्दा राम बनाम दिल्ली प्रशासन, 1992 क्रिमिनल लॉ जर्नल 4073
40. ए. आई.आर. सुप्रीम कोर्ट 658
41. 1992 क्रिमिनल लॉ जर्नल 715
42. ए. आई. आर. 1962 मद्रास 31, ए. आई. आर. 1991 सुप्रीम कोर्ट 207
43. 1992 क्रिमिनल लॉ जर्नल 1666
44. 1988 क्रिमिनल लॉ जर्नल 3044
45. 1988 (4) आर. सी. आर. (क्रिमिनल) 600
46. 1988 (4) आर. सी. आर. (क्रिमिनल) 207
47. 1988 (3) आर. सी. आर. (क्रिमिनल) 692
48. 1991 क्रिमिनल लॉ जर्नल 2859
49. 1994 क्रिमिनल लॉ जर्नल 248
50. 1994 क्रिमिनल लॉ जर्नल 1529
51. 1983 (2) ऑल क्रिमिनल लॉ रिपोर्ट 844
52. 1991 क्रिमिनल लॉ जर्नल 439
53. 1993 क्रिमिनल लॉ जर्नल 852
54. 1993 क्रिमिनल लॉ जर्नल 2834
55. विनोद कुमार बनाम राज्य, 1994 क्रिमिनल लॉ जर्नल 2360,
55ए. 1993 क्रिमिनल लॉ जर्नल 2919
55बी. जहरलाल दास बनाम उड़ीसा राज्य 1991 क्रिमिनल लॉ जर्नल 1809
55सी. कुमुदी बनाम उत्तर प्रदेश राज्य, ढ्ढढ्ढ (1999) एस.एल.टी. 636
56. ए. आई. आर. 1929 लाहौर 584
57. 1977 क्रिमिनल लॉ जर्नल 556
58. 1987 क्रिमिनल लॉ जर्नल 557
59. रामरूपदास बनाम राज्य, 1993 क्रिमिनल लॉ जर्नल 1000

60. जगदीश प्रसाद बनाम राज्य, 58 (1995) दिल्ली लॉ टाइम्स 740
61. बलवान सिंह बनाम हरियाणा राज्य, 1994, क्रिमिनल लॉ जर्नल 2810
62. रामचित राजभर बनाम पश्चिम बंगाल, 1992 क्रिमिनल लॉ जर्नल 372
63. नाला रामबाबू बनाम आन्ध्र प्रदेश राज्य, 1992 क्रिमिनल लॉ जर्नल 324
64. वी. लक्ष्मी नारायण बनाम पुलिस निरीक्षक, 1992 क्रिमिनल लॉ जर्नल 334
65. ओमी उर्फ ओमप्रकाश बनाम उत्तर प्रदेश राज्य, 1994 क्रिमिनल लॉ जर्नल 155
66. 1991 क्रिमिनल लॉ जर्नल 835
67. 1992 क्रिमिनल लॉ जर्नल 3786
68. 1993 क्रिमिनल लॉ जर्नल 977

68ए. 63 (1996) दिल्ली लॉ टाइम्स 563

68बी. 1994 क्रिमिनल केसेज 56

69. फूलसिंह चंडीगढ़ क्रिमिनल केसेज 163
70. 1979 राजस्थान क्रिमिनल केसेज 234
71. 1979 राजस्थान क्रिमिनल केसेज 234
72. 1979 राजस्थान क्रिमिनल केसेज 56
73. 1978 राजस्थान क्रिमिनल केसेज 426
74. 1977 (2) राजस्थान क्रिमिनल केसेज 157
75. 1976 (1) राजस्थान क्रिमिनल केसेज 310
76. 1976 राजस्थान क्रिमिनल केसेज 258
77. काकू बनाम हिमाचल प्रदेश ए. आई. आर. 1976 सुप्रीम कोर्ट 1991
78. रीपिक रविन्द्र बनाम आन्ध्र प्रदेश, 1991 क्रिमिनल लॉ जर्नल 595
79. इप्पिती त्रीनाथ राव बनाम आन्ध्र प्रदेश 1984 क्रिमिनल लॉ जर्नल 1294
80. जगदीश बनाम दिल्ली राज्य 57 (1955) दिल्ली लॉ टाइम्स 761
81. प्राचीन भारत में न्याय व्यवस्था, नताशा अरोड़ा
82. 1992 क्रिमिनल लॉ जर्नल 2779

बाल-विवाह और बलात्कार

बाबुल तेरा देस में, एक बेटी का बैल।
हाथ पकड़के दीना जामे, परदेसी के गैल॥

—सादल्ला (मेवाती जनकवि)

हर साल अक्षय तृतीया यानी आखा तीज के 'मंगलकारी' दिन हजारों अबोध और नाबालिग (दूध-पीते बच्चों समेत) बच्चों को विवाह के 'पवित्र बन्धन' में बाँध दिया जाता है। "बाल-विवाह के खिलाफ कानून जितने निकम्मे साबित हुए हैं उसका दूसरी तरह से विरोध भी उतना ही निरर्थक साबित हुआ है।"

बाल-विवाह निरोधक अधिनियम, 1929 और हिन्दू विवाह अधिनियम, 1955 की धारा 5(3) में विवाह के लिए अन्य आवश्यक शर्तों में से एक शर्त यह भी है कि "विवाह के समय दूल्हे की उम्र 21 साल और दुल्हन की उम्र 18 साल से अधिक होनी चाहिए।" अगर शादी के समय दूल्हे की उम्र 21 साल या दुल्हन की उम्र 18 साल से कम है तो (शिकायत होने पर) हिन्दू विवाह अधिनियम की धारा 18 के अनुसार दोषी व्यक्ति को पन्द्रह दिन तक की कैद या एक हजार रुपया जुर्माना या दोनों हो सकते हैं। 21 वर्ष से कम उम्र के युवक या 18 वर्ष से कम उम्र की युवती के साथ शादी करना भले ही दंडनीय अपराध हो लेकिन किसी भी प्रावधान के अन्तर्गत इस आधार पर विवाह को गैर-कानूनी या रद्द नहीं माना जाएगा (हिन्दू विवाह अधिनियम की धारा 11 और 12)। हाँ, हिन्दू लड़की (लड़का नहीं) की उम्र, शादी के समय अगर 15 साल से कम है और उसने 15 साल की होने के बाद मगर 18 साल की होने से पहले ऐसा विवाह स्वीकार करने से मना कर दिया है तो वह हिन्दू विवाह अधिनियम की धारा 13 (2) (4) के अन्तर्गत तलाक दे सकती है। लेकिन शादी के समय अगर लड़की की उम्र 15 साल से अधिक है तो वह इस आधार पर तलाक भी नहीं ले सकती। बाल-विवाह के खिलाफ बने इस कानूनी प्रावधान में सजा इतनी कम निर्धारित की गई है कि यह संज्ञेय अपराध ही नहीं है और अपराध भी 'जमानत योग्य' है। पुलिस शिकायत के बाद भी तब तक कुछ नहीं कर सकती जब तक सक्षम मजिस्ट्रेट से आदेश और वारंट न ले ले।

हिन्दू विवाह अधिनियम के अनुसार, शादी के समय दुल्हन की उम्र 18 साल से अधिक होनी चाहिए। लेकिन भारतीय दंड संहिता, 1860 की धारा 375 के अपवाद में प्रावधान है, "अपनी ही पत्नी जिसकी उम्र पन्द्रह साल से कम न हो, के साथ सहवास करना बलात्कार नहीं है।" जबकि धारा 375(6) के अनुसार, "किसी भी पुरुष द्वारा सोलह वर्ष से कम उम्र की युवती की सहमति या असहमति से उसके साथ सहवास करना बलात्कार है।" सवाल यह है कि विवाह के लिए पत्नी की उम्र जब 18 साल रखी गई है तो बलात्कार के लिए 15 साल क्यों? दरअसल 1 अक्तूबर, 1978 तक शादी के लिए भी लड़की की उम्र 15 साल ही रखी गई थी। लेकिन 1978 में हिन्दू विवाह अधिनियम, 1955 में विवाह के लिए लड़की की उम्र 15 साल से बढ़ाकर 18 साल कर दी गई परन्तु भारतीय दंड संहिता की धारा 375 के अपवाद में समुचित संशोधन नहीं किया गया। शायद सरकार के 'होनहार अफसर' और 'महान' नेताओं से भूलवश संशोधन करना रह गया और फिर एक बार रह गया तो रह गया, किसी ने कभी याद भी नहीं दिलाया।

कानून की 'कॉमेडी' यहीं समाप्त नहीं होती। भारतीय दंड संहिता की धारा 376 में सोलह वर्ष से कम उम्र की युवती के साथ बलात्कार की सजा कम-से-कम सात साल कैद और जुर्माना हो सकता है लेकिन अपनी ही पत्नी जिसकी उम्र बारह से अधिक मगर पन्द्रह से कम हो, तो बलात्कार की सजा में पति को 'विशेष छूट' मिलेगी इसलिए सिर्फ दो साल तक कैद या जुर्माना या दोनों हो सकते हैं। समझ में नहीं आता कि जब पन्द्रह साल से कम उम्र की पत्नी के साथ सहवास को बलात्कार माना गया है तो फिर बारह से पन्द्रह साल के बीच की उम्र की पत्नी के साथ बलात्कार में इतनी भारी 'विशेष छूट' क्यों? 1949 में निर्धारित 15 साल की आयु-सीमा अभी भी लागू क्यों है?

विवाहित (विशेषकर बाल विवाहित) महिलाओं के प्रति कानून का सौतेला और भेदभावपूर्ण रवैया आगे भी जारी है। आपराधिक प्रक्रिया संहिता, 1973 में बलात्कार के अन्य सभी मामले संज्ञेय अपराध हैं और जमानत योग्य भी नहीं हैं जबकि अपनी ही पत्नी के साथ बलात्कार (चाहे पत्नी की उम्र कितनी भी हो पर 12 साल से कम नहीं) के सभी मामले संज्ञेय अपराध नहीं हैं और 'जमानतीय' हैं। यानी बलात्कार के अन्य सभी मामलों में पुलिस प्रथम सूचना मिलते ही बिना किसी सबूत के अभियुक्त को गिरफ्तार करके आगे की जाँच-पड़ताल कर सकती है और अभियुक्त की जमानत नहीं हो सकती जबकि पत्नी के साथ बलात्कार के मामले में पुलिस तब तक कुछ नहीं कर सकती जब तक सक्षम मजिस्ट्रेट से आदेश और वारंट न ले ले। गिरफ्तारी के बाद पति अधिकृत रूप से जमानत पर छूट सकता है। पति होने के इतने 'विशेषाधिकार'?

आपराधिक प्रक्रिया संहिता, 1973 के अनुसार, बलात्कार के अन्य मामलों की शिकायत के लिए कोई समय-सीमा नहीं है क्योंकि सजा तीन साल से अधिक है। इसी कानून की धारा 468 के अनुसार, अगर अपराध की सजा एक साल से अधिक और तीन साल से कम हो तो अपराध की शिकायत तीन साल तक की जा सकती है लेकिन इसी कानून की धारा 198(6) में प्रावधान किया गया है कि अगर मामला पति द्वारा अपनी ही पत्नी से बलात्कार का हो तो शिकायत सिर्फ एक साल तक ही की जा सकती है। इसके बाद कोई भी अदालत कुछ नहीं कर सकती, भले ही पत्नी की उम्र बारह साल से भी कम हो और अपराध की सजा सात साल कैद और जुर्माना हो। शिकायत करने की समय-सीमा में भी पति को रियायत और पत्नी से भेदभाव क्यों?

बाल-विवाह के सन्दर्भ में सबसे अधिक हास्यास्पद कानूनी प्रावधान हिन्दू अल्पवयस्कता और संरक्षकता अधिनियम, 1956 की धारा 6 है। उपधारा (ए) में स्पष्ट है कि ''अविवाहित बेटी का प्राकृतिक संरक्षक पिता और पिता के बाद माँ होगी।'' अविवाहित बेटी की उम्र का यहाँ कोई जिक्र ही नहीं है। आगे उपधारा (सी) के अनुसार, ''विवाहित लड़की के मामले में प्राकृतिक संरक्षक उसका पति होगा।'' भले ही पति-पत्नी दोनों नाबालिग हों। नाबालिग पति जो खुद अपने पिता की या माँ की संरक्षकता में है, अपनी नाबालिग पत्नी का प्राकृतिक संरक्षक माना जाएगा। पत्नी ही नहीं बच्चे का भी (अगर हो)। इसी कानून की धारा 10 में आगे प्रावधान है कि नाबालिग किसी भी नाबालिग की सम्पत्ति का संरक्षक होने में सक्षम नहीं है।

एक मुकदमे में मद्रास हाईकोर्ट ने कहा है, ''यह स्थिति बेहद विसंगति-भरी है कि एक नाबालिग दूसरे नाबालिग का व उसकी सम्पत्ति का सरंक्षक हो जबकि वह खुद और उसकी सम्पत्ति किसी अन्य व्यक्ति की संरक्षकता में है।''

आमतौर पर नाबालिग बच्चे की सम्पत्ति का संरक्षक उसका पिता ही होता है और यहाँ पिता खुद नाबालिग है और सम्पत्ति का संरक्षक होने में अक्षम। दूसरी सम्भावित समस्या यह भी है कि चूँकि पति पत्नी का कानूनी संरक्षक है इसलिए पत्नी अगर पन्द्रह साल की होने के बाद शादी मानने से इनकार करे और पति उसको जबर्दस्ती उठाकर ले जाए और सहवास कर ले तो भारतीय दंड संहिता की धाराओं के अनुसार न तो यह अपहरण का अपराध माना जाएगा और न ही बलात्कार का।

समाज, संसद, सरकार, संविधान, पुलिस, कानून और अदालतें आख़िर यह मजाक किसके साथ कर रहे हैं और क्यों?

दुष्कर्मियों को सन्देह का लाभ

'अदालतों का यह कर्तव्य है कि अपराध की गम्भीरता के अनुसार समुचित सजा का फैसला सुनाएँ। अपीलार्थी द्वारा अपनी यौन-पिपासा शान्त करने के लिए निर्दोष बच्ची की नृशंस हत्या के अपराध के लिए सिर्फ एक ही सजा हो सकती है—और वो मृत्युदंड के सिवा कोई और सजा नहीं हो सकती। ऐसी सजा सामाजिक अनिवार्यता भी है और अन्य सम्भावित अपराधियों के लिए एक उदाहरण भी। यह अदालत सजा-ए-मौत की पुष्टि करती है।'

(जुम्मन खान बनाम उत्तर प्रदेश राज्य (1991 क्रिमिनल लॉ जर्नल 439) में सर्वोच्च न्यायालय का निर्णय)

मोहम्मद चमन बनाम दिल्ली प्रशासन (2000 एडी-3 क्रि. एस. सी. 554) के मामले में सर्वोच्च न्यायालय के न्यायमूर्ति श्री के.टी. थामस और डी.पी. महापात्रा ने डेढ़ साल की रितु के साथ बलात्कार और हत्या के अपराधी मोहम्मद चमन को सेशन और दिल्ली उच्च न्यायालय द्वारा सुनाई मृत्युदंड की सजा को उम्रकैद में बदलते हुए अत्यन्त गम्भीरता से कहा कि यह मामला 'दुर्लभतम में दुर्लभ' मामला नहीं है और अपीलार्थी ऐसा 'खतरनाक अपराधी' भी नहीं है कि उसकी जान बख्शने से समाज को कोई भयंकर खतरा हो। मृत्युदंड को उम्रकैद में बदलने का यह कोई पहला या अन्तिम फैसला भी नहीं है। लेकिन आश्चर्य यह है कि माननीय न्यायमूर्तियों के इस फैसले में जुम्मन खान के निर्णय का उल्लेख तक नहीं है, जो अबोध और निर्दोष बच्चियों से बलात्कार और हत्या के मामले में सजा-ए-मौत का शायद पहला और एकमात्र उल्लेखनीय निर्णय है। दिल्ली उच्च न्यायालय के माननीय न्यायमूर्ति वाई.के. सब्बरवाल और ए.के. श्रीवास्तव ने अपने निर्णय (28 अप्रैल, 1998) में मृत्युदंड की पुष्टि करते हुए लिखा था, 'हमारे समक्ष प्रस्तुत इस मामले में, कच्ची कली-सी डेढ़ साल की बच्ची, तीस वर्षीय मर्द के हवस की शिकार हुई और अत्यन्त घृणित तरीके से मौत के घाट उतार दी गई, जिससे समाज

में गहन और भयानक जुगुप्सा पैदा होती है। यह भयंकर मानसिक यौन विकृति का परिणाम है और इससे आम आदमी के दिमाग में घृणा उपजती है। ऐसा व्यक्ति समाज के लिए खतरा है। इस मामले के तमाम तथ्य हमें यह फैसला लेने को बाध्य कर रहे हैं कि यह 'दुर्लभतम में दुर्लभ' मामला है, जिसमें मृत्युदंड ही सबसे ज्यादा वांछित और अपेक्षित है।'

मगर सर्वोच्च न्यायालय के माननीय न्यायमूर्ति श्री थामस और महापात्रा ने (11 दिसम्बर, 2000 को) मृत्युदंड की सजा को उम्रकैद में बदलने के साथ-साथ, बलात्कारी-हत्यारे की भाग्यरेखाओं को फाँसी के फन्दे से जीवन की ओर मोड़ दिया। लिहाजा नीचे की अदालतों द्वारा सुनाए मृत्युदंड को उम्रकैद में बदल दिया गया, बदला जाता रहा है और न जाने कब तक बदला जाता रहेगा। उल्लेखनीय है कि जुम्मन खान बनाम उत्तर प्रदेश राज्य (1991) सर्वोच्च न्यायालय का पहला ऐसा निर्णय है, जिसमें छह वर्षीया सकीना के साथ बलात्कार के बाद हत्या के अपराध में फाँसी की सजा हुई। इस दुर्भाग्यपूर्ण मुकदमे में 26 जून, 1983 को जुम्मन ने सकीना से बलात्कार करने के बाद उसकी गला घोटकर हत्या कर दी थी। लेकिन दुखद तथ्य यह है कि जुम्मन खान के निर्णय के बाद भी मासूम बच्चियों के साथ बलात्कार के बाद हत्या के अनेक मामलों को 'दुर्लभतम में दुर्लभ' नहीं माना गया। अनेक फैसले इसका प्रमाण हैं और गवाही की जरूरत नहीं।

दो वर्षीय मल्हार के साथ हरचेत सिंह (उम्र 29 साल) ने बलात्कार किया, जिससे उसकी घटनास्थल पर ही मृत्यु हो गई। पुलिस-थाना, कोर्ट-कचहरी-गवाहों के बयान और वकीलों की बहस सुनने के बाद भटिंडा के सत्र न्यायाधीश ने हरचेत सिंह को बलात्कार के जुर्म में उम्रकैद और दो हजार रुपया जुर्माना और हत्या के जुर्म में फाँसी के अलावा दो हजार रुपए जुर्माने की सजा सुनाई। लेकिन पंजाब और हरियाणा उच्च न्यायालय के माननीय न्यायमूर्ति श्री जयसिंह शेखों और ए.एस. नेहरा ने अपील में फाँसी की सजा रद्द करके सिर्फ आजीवन कैद का फैसला सुनाया। ''सजा के सवाल पर बहस सुनने के बाद हम महसूस करते हैं कि यह केस 'दुर्लभतम में दुर्लभ' की श्रेणी में नहीं आता कि इसमें फाँसी की (अधिकतम) सजा दी जा सके। हालाँकि यह जघन्यतम अपराध है।'' इस अदालत में ऐसे ही एक केस चन्द्रपाल के मुकदमे में भी फाँसी की सजा देने से मना कर दिया था, जिसमें बलात्कार के कारण पम्मी की दम घुटने और आघात से मृत्यु हो गई थी। दिल्ली उच्च न्यायालय की खंडपीठ ने भी राज्य बनाम अतरू रहमान में फाँसी की सजा की पुष्टि नहीं की थी। हालाँकि अभियुक्त ने छह साल की बच्ची के साथ बलात्कार करने के बाद उसकी हत्या कर दी थी। जुम्मन खान के मामले में सर्वोच्च न्यायालय का निर्णय यहाँ लागू नहीं होता (जिसे सेशन जज ने आधार माना है), क्योंकि उस

केस में जुम्मन ने पहले से सोच-समझकर पूरी तैयारी के साथ बेबस बच्ची के साथ बलात्कार किया था और गला घोंटकर हत्या की थी। प्रस्तुत मुकदमे में 'मृतक (मल्हार) की मृत्यु बलात्कार के कारण पीड़ा, खून बहने व सदमे से हुई है, जो आमतौर पर मृत्यु के लिए काफी है। अपराध कामपिपासा शान्त करने के लिए किया गया था। पहले से दोनों पक्षों के बीच कोई दुश्मनी नहीं थी। ऐसा लगता है कि अपीलार्थी में कामपिपासा इतनी बढ़ गई थी कि उसे आदमी के रूप में जानवर बना दिया था।' (1994 क्रिमिनल लॉ जर्नल 1529)। 'घृणित' और 'जघन्यतम अपराध' मान लेने के बाद भी यह कहने का क्या कोई अर्थ है कि यह 'दुर्लभतम में दुर्लभ' मामला नहीं है। आदमी जब जानवर (भेड़िया) हो जाए, तो उसे आजीवन कैद में रखने का मतलब सजा देना है या ऐसे भेड़ियों को जेल में सुरक्षित रखना?

ऐसे ही एक अन्य मामले, दिल्ली प्रशासन बनाम पन्ना लाल उर्फ पंडित जी उर्फ बन्ना उर्फ सरदार में दो वर्षीय नीतू के साथ बलात्कार और हत्या के अपराध में सत्र न्यायाधीश श्री एस.एम. अग्रवाल ने फाँसी की सजा सुनाई मगर दिल्ली उच्च न्यायालय के न्यायमूर्तियों (श्रीमती सुनन्दा भंडारे और श्री अनिल देव सिंह) ने उम्रकैद में बदल दिया। हालाँकि निर्णय में स्वीकार किया गया है, "दो साल की बच्ची से बलात्कार के कँपा देनेवाले अपराध सचमुच कानून द्वारा निर्धारित अधिकतम दंड के अधिकारी हैं, लेकिन..." (1993 क्रिमिनल लॉ जर्नल 852)।

11-12 साल की रेणु के साथ प्रेमदत्त ने (1994 क्रिमिनल लॉ जर्नल 2360) शिव मन्दिर, अलीगढ़ में बलात्कार किया और उसके बाद हत्या। सत्र न्यायाधीश ने हत्या के लिए फाँसी की सजा सुनाई मगर इलाहाबाद उच्च न्यायालय के माननीय न्यायाधीश गिरधर मालवीय और ए.वी. श्रीवास्तव ने फाँसी की सजा को आजीवन कारावास में बदलते हुए कहा, "हमें लगता है कि यह केस फाँसी की अधिकतम सजा की माँग नहीं करता। अपीलार्थी जिसकी उम्र सिर्फ 22 साल थी, ऐसा लगता है कि मृतक (रेणु) को अपने साथ हत्या करने के लिए नहीं बल्कि अपनी हवस पूरी करने के लिए ले गया था। हम महसूस करते हैं कि "न्याय का उद्देश्य' अपराधी को उम्रकैद की सजा से पूरा हो जाएगा।"

यहाँ तो मृत्यु सिर्फ बलात्कार के कारण नहीं हुई। बाकायदा गला घोंटकर मारने के प्रमाण हैं। सुप्रीम कोर्ट के जुम्मन खान वाले निर्णय का क्या हुआ?

रियासत बनाम उत्तर प्रदेश राज्य (1993 क्रिमिनल लॉ जर्नल 2834) में 6 साल की गुड़िया के साथ बलात्कार के बाद नृशंस हत्या की कहानी है। गुड़िया हरिजन बाप बदलू की बेटी का नाम है जिसकी रियासत ने 31 जनवरी, 1991 को गन्ने के खेत में बलात्कार के बाद उस समय हत्या कर दी जब सारे देश में हर्षोल्लास के साथ रविदास जयन्ती मनाई जा रही थी। हरिद्वार के जिला व सत्र

न्यायाधीश श्री जे.सी. गुप्ता ने रियासत को मृत्युदंड सुनाया लेकिन इलाहाबाद उच्च न्यायालय के न्यायमूर्ति श्री एस. के. मुखर्जी और जे. पी. सेमवाल ने फाँसी की सजा रद्द करके उम्रकैद की सजा सुनाते हुए कहा, "बलात्कार करने के बाद अपीलार्थी ने हत्या की है। हत्या पहले से सोचकर, योजनाबद्ध या संकल्प के साथ नहीं की गई। हत्या मात्र अधीरता या इस डर से की गई, कहीं मृतक भेद न खोल दे। अपराधी एक नौजवान व्यक्ति है और गुड़िया के साथ बलात्कार करने के बाद अपने आपे में नहीं रहा और उसी बीमार मानसिक स्थिति में उसने हत्या कर दी। यह कर्म एक प्रकार की मानसिक विक्षिप्ति की तरफ ले जाता है। हत्या के मामले में आमतौर पर सजा उम्रकैद होती है। विशेष मामलों में निर्णय के कारण लिखकर मृत्युदंड भी दिया जा सकता है। अपीलार्थी उम्रकैद की सजा भुगत सकता है और उसे भविष्य में ऐसा अपराध दुबारा करने का मौका नहीं मिलेगा।"

दरअसल मृत्युदंड को आजीवन कैद और आजीवन कैद को दस साल कारावास में बदलना, यह कोई 'इकलौता' फैसला नहीं है। सत्र न्यायाधीश द्वारा सुनाई सजा के विरुद्ध अपील में उच्च न्यायालय या सर्वोच्च न्यायालय के न्यायमूर्तियों ने अधिकांश मामलों में सजा कम की है, जिसका व्यापक स्तर पर असर यह हुआ है कि प्राय: हर मामले में अपील दायर की जाती है। अपील मंजूर होने पर जमानत होने की सम्भावना और फैसला होने तक आजादी से इनकार नहीं किया जा सकता। अपील का फैसला होने में (पाँच से बीस साल तक) तो समय लगेगा, लगता ही है। बच्चियों के साथ बलात्कार और हत्या के अनेक ऐसे भी मामले हैं जिनमें अभियुक्त को 'सन्देह का लाभ' देकर बाइज्जत बरी ही कर दिया गया है। उदाहरण के लिए पाँच वर्षीय सुकुमारी के साथ बलात्कार और हत्या के अपराध के एक मामले में मुजरिम को रिहा करते हुए सर्वोच्च न्यायालय के न्यायमूर्ति श्री एस. रतनावेल पांडियन और के. जयचन्द्रा रेड्डी ने कहा, "हम सचेत हैं कि एक गम्भीर और संगीन अपराध हुआ है, लेकिन जब अपराध का कोई सन्तोषजनक प्रमाण न हो तो हमारे पास अभियुक्त को 'सन्देह का लाभ' देने के अलावा कोई विकल्प नहीं है इसलिए इस मुकदमे में हम ऐसा करने को विवश हैं।" (जहर लाल दास बनाम उड़ीसा राज्य, 1991 क्रिमिनल लॉ जर्नल 1809) न्यायमूर्ति की विवशता तो समझी जा सकती है, मगर बेटी के माँ-बाप की विवशता कौन समझेगा? कब?

सुप्रीम कोर्ट के माननीय न्यायाधीश ए. आर. पांडियन और के.जे. रेड्डी द्वारा पाँच साल की लड़की के साथ बलात्कार और हत्या के जुर्म के अभियुक्त भूतपूर्व पुलिसकर्मी को 'सन्देह का लाभ' देकर बाइज्जत रिहा करने के फैसले के विरोध में महिला संगठनों द्वारा मुख्य न्यायाधीश श्री रंगनाथ मिश्र को ज्ञापन दिया गया जिसमें फैसले पर पुनर्विचार का आग्रह किया गया (टाइम्स ऑफ इंडिया, 20 अप्रैल,

1991)। अभियुक्त को उड़ीसा में अबोध बालिका के साथ बलात्कार और हत्या के लिए सेशन कोर्ट और हाईकोर्ट ने फाँसी की सजा दी थी लेकिन सुप्रीम कोर्ट ने सन्देह का लाभ देकर उसे बरी कर दिया। महिला संगठनों द्वारा ऐसा ही आग्रह 'सुमन बलात्कार केस' में बलात्कारी पुलिसकर्मियों की सजा दस साल से घटाकर पाँच साल करने पर भी किया गया था लेकिन सुप्रीम कोर्ट ने पुनिर्विचार के बाद भी अपने पहले फैसले को रत्ती-भर भी नहीं बदला (ए. आई. आर. 1990, सुप्रीम कोर्ट 538)।

पिछले सालों में छोटी उम्र की बच्चियों के साथ बलात्कार के मामले लगातार बढ़े हैं, जो निश्चित रूप से भयावह और चिन्ताजनक हैं। समाचारपत्रों में आए दिन ऐसे समाचार समाज में बढ़ रही भयंकर मानसिक बीमारी का प्रमाण हैं। घटनाएँ तो पहले भी होती थीं लेकिन इधर उनकी रिपोर्टें भी अधिक तादाद में दर्ज होने लगी हैं। निम्न वर्ग की बच्चियाँ ही नहीं मध्यम वर्ग की लड़कियाँ भी बलात्कार की शिकार पाई गई हैं। पिता, भाई, चाचा, ताऊ या नजदीकी रिश्तेदारों द्वारा बलात्कार की घटनाओं में वृद्धि होती दीख रही है। सबसे अधिक चिन्ताजनक तथ्य यह है कि ऐसे बहुत से मामलों में बलात्कार नाबालिग, किशोर लड़कों द्वारा किया जाता है। यह तथ्य गम्भीर सामाजिक रुग्णता की ओर इशारा करता है। एक तरफ गुड़ियों के संग खेलने की उम्र में बच्चों के साथ बलात्कार जैसे घृणित और संगीन अपराध बढ़ रहे हैं, दूसरी तरफ एक सर्वेक्षण के अनुसार अधिकांश बलात्कारी कानून के किसी-न-किसी चोर-दरवाजे से भाग निकलते हैं। उबाऊ, थकाऊ और घर-बिकाऊ न्याय-व्यवस्था में गरीब आदमी को महसूस होने लगा है कि इतनी इज्जत तो तब भी खराब नहीं हुई थी जब उसकी बहू-बेटी के साथ बलात्कार हुआ जितनी अब यहाँ इन कोर्ट-कचहरियों में आकर हो जाती है। बलात्कारी रिहा होने के बाद मूँछों पर ताव देकर शान से घूमता है। आतंकित बूढ़े गरीब बाप को डूब मरने के लिए कुआँ-बावड़ी तक नहीं क्योंकि डर लगता है कि कहीं बच गया तो 'आत्महत्या करने के प्रयास' के अपराध में उसे ही जेल भेज दिया जाएगा।

छोटी उम्र की बालिकाओं के साथ बलात्कार के अभियुक्तों को इस प्रकार बाइज्जत बरी करने पर महिला संगठनों द्वारा विरोध किया जाना स्वाभाविक है। अगर अभियुक्त निर्दोष था तो सेशन और हाइकोर्ट ने क्या आँख मूँदकर सजा दी थी? दिल्ली के किसी अमीर बाप की बेटी के साथ बलात्कार केस में भी क्या अपराधी इसी तरह रिहा हो जाता? न्याय पीड़ितों के साथ हो रहा है या बलात्कारियों के साथ?

छोटी उम्र की बच्ची के साथ बलात्कार और हत्या के अपराध से अभियुक्त को बाइज्जत बरी करने का यह 'पहला और अन्तिम' निर्णय नहीं है। इससे पहले के बहुत से ऐसे मुकदमे अदालतों की किताबों में महत्त्वपूर्ण नजीर के रूप में मौजूद हैं जो बार-

बार हर बार दोहराए जाते हैं और इन्हीं के आधार पर बलात्कारी अक्सर छुड़वाए जाते हैं। बच्चों के साथ बलात्कार के मुकदमों में दिए गए कुछ महत्त्वपूर्ण फैसलों को पढ़ने के बाद ही पता लग पाएगा कि कि न्याय हुआ तो किसके साथ हुआ!

एक मुकदमे में 13 साल की लड़की के साथ बलात्कार हुआ। अभियुक्त का डॉक्टरी परीक्षण करवाया ही नहीं गया। लड़की का परीक्षण करनेवाले डॉक्टर को गवाही के लिए नहीं बुलाया। लड़की के कपड़े व अन्य चीजें कब्जे में नहीं ली गईं। अभियुक्त के कपड़ों पर वीर्य के निशान नहीं मिले इसलिए 'अभियुक्त को सजा नहीं दी जा सकती'। (1978, चाँद लॉ रिपोर्टर, दिल्ली)

दूसरे मुकदमे में 6 साल की लड़की के साथ बलात्कार और बलात्कार के बाद हत्या की गई। अभियुक्त आखिरी समय में लड़की के साथ देखा गया था लेकिन अदालत का निर्णय था कि हो सकता है बलात्कार और हत्या किसी और ने की हो, अभियुक्त बरी कर दिया गया। (1972 राजस्थान फौजदारी केस 355)। एक और मुकदमे में छोटी उम्र की बच्ची के साथ बलात्कार और बलात्कार के बाद हत्या की गई। लाश अभियुक्त के मकान में पाई गई और लड़की की कच्छी उसके तकिए के नीचे। सारे प्रमाणों और गवाहियों के आधार पर निचली अदालतों से सजा हुई लेकिन सुप्रीम कोर्ट ने सन्देह का लाभ देकर बाइज्जत बरी कर दिया (1981 (2) सुप्रीम कोर्ट केस 35)।

इमरतलाल के मामले (1987, क्रिमिनल लॉ जर्नल 557, मध्य प्रदेश) में अदालत ने कहा, "जब बलात्कार का अपराध सिद्ध हो जाए और वह भी छोटी उम्र की बच्ची के साथ, तो ऐसे में सजा सख्ती से दी जानी चाहिए। अपराधी को सिर्फ तीन साल कैद की सजा देने का अर्थ उसे 'पिकनिक' पर भेजने जैसा है, जैसा कि निचली अदालत ने इस केस में किया है। लेकिन चूँकि राज्य सरकार ने सजा को चुनौती नहीं दी है, इसलिए सजा बढ़ाई नहीं जा सकती।

राममूर्ति बनाम हरियाणा (ए. आई. आर. 1970, सुप्रीम कोर्ट 1029) के विवाद में सतनाम कौर (देव समाज स्कूल, अंबाला में 9वीं कक्षा की छात्रा थी) के साथ चार व्यक्तियों ने सप्ताह-भर तक बलात्कार किया लेकिन सर्वोच्च न्यायालय से सभी अभियुक्त इस आधार पर छूट गए कि सतनाम कौर सम्भोग की आदी थी और उसकी यौन झिल्ली पहले से भंग थी। इसी तरह महादेव और रहीम बेग बनाम उत्तर प्रदेश (1973 ऑल इंडिया रिपोर्टर सुप्रीम कोर्ट 343) में एक 12 वर्षीया लड़की के साथ दो अभियुक्तों ने बलात्कार के बाद उसकी हत्या कर दी। न्यायालय ने उन्हें इस आधार पर बरी कर दिया कि लँगोट पर मिले वीर्य के धब्बे अनिवार्य रूप से बलात्कार नहीं सिद्ध करते और उनके लिंगों पर भी किसी प्रकार का चोट का निशान नहीं है।

मोहम्मद हबीब बनाम दिल्ली राज्य (1989 क्रिमिनल लॉ जर्नल 137 दिल्ली) केस में 5-6 वर्षीया लड़की के साथ दिनदहाड़े बस स्टैंड के पीछे बलात्कार हुआ। अभियुक्त भीड़ द्वारा रँगे हाथों पकड़ा गया लेकिन अदालत इस निर्णय पर पहुँची कि पुलिस ने लड़की का फ्रॉक और कच्छी जब्त नहीं की, मेडिकल रिपोर्ट और गवाहों के बयान में बहुत-सी विसंगतियाँ हैं लिहाजा अभियुक्त को रिहा किया जाता है।

एक और मुकदमे में 10-12 साल की दो बच्चियों के साथ बलात्कार की कोशिश की गई। लड़कियाँ अभियुक्त की लड़की की सहेलियाँ थीं। घर में अकेला देखकर अभियुक्त ने बलात्कार की कोशिश की। गवाहों और प्रमाणों के आधार पर निचली अदालतों ने सजा दी। सजा के विरुद्ध अभियुक्त ने सुप्रीम कोर्ट में अपील दायर की। अपील पर सुप्रीम कोर्ट ने अपने निर्णय में लिखा है कि अभियुक्त ने जो अपराध किया उसको बहुत ही गम्भीर रूप से लेना जरूरी है लेकिन हाईकोर्ट द्वारा सजा के बाद (बेचारे की) नौकरी छूट गई है। यह घटना सात साल पहले हुई थी। अब साढ़े-छह साल बाद अभियुक्त को दोबारा जेल भेजना पड़ेगा। समाज में अभी तक बहुत बेइज्जती और अपमान सहना पड़ा होगा। इस अपराध की सजा के कारण इसकी अपनी विवाह योग्य बेटी के विवाह में भी कठिनाई आएगी...सब बातों को देखते हुए हमें लगता है कि अगर सजा ढाई साल से घटाकर सवा साल कर दी जाए तो 'न्याय का लक्ष्य' पूरा हो जाएगा (ए. आई. आर. 1983, सुप्रीम कोर्ट 753)।

फैसला सुनाते समय अपराधी जमानत पर छूटा हुआ था। फैसले के बाद बाकी सजा काटने के लिए जेल गया या नहीं, नहीं मालूम। उल्लेखनीय है कि सुधा गोयल केस में उम्रकैद की सजा के बावजूद हत्यारे बचते रहे थे...वो कभी जेल न जाते अगर अखबारों में भंडा न फूटता। इसलिए अब यह कहना या मान लेना भी इतना आसान नहीं है कि सुप्रीम कोर्ट ने सजा सुनाई तो अपराधी जेल में भी जरूर जाएगा। लगता है, समय रहते अगर वर्तमान न्याय-व्यवस्था के सभी दरवाजों की मरम्मत नहीं की गई तो इसका अर्थ "असुरक्षित लड़कियों को समाज में भेड़ियों के सामने छोड़ देना ही होगा।" इसके अलावा और क्या कहा जा सकता है?

सौतेले बाप द्वारा बेटी से बलात्कार ही नहीं, भारतीय अदालतों में पिता, भाई, चाचा, ताऊ, नाना, दादा, शिक्षक, डॉक्टर, पंडित, पुजारी, वकील, मालिक, अड़ोसी-पड़ोसी व अन्यों द्वारा नाबालिग बच्चियों से बलात्कार या बलात्कार के बाद हत्या के मामले आते हैं। अधिकांश मामलों में लड़कियों को वेश्या, कॉलगर्ल, देवदासी या साध्वी बनाने में उसे अपने नजदीकी रिश्तेदारों का हाथ रहता है।

जहाँ बलात्कारी स्वयं बेटी का अपना बाप या भाई है वहाँ कितनी बेटियाँ पुलिस में रिपोर्ट दर्ज कराके खुद अपने जीवन और भविष्य को दाँव पर लगाने की

हिम्मत कर पाती हैं? बाप या भाई को जेल भिजवाने का अर्थ है खुद को समाज में उससे भी अधिक खूँखार भेड़ियों के हवाले कर देना क्योंकि बेसहारा, विवश और साधनहीन लड़की के लिए कितने सरकारी, गैर-सरकारी सुरक्षा-स्थल उपलब्ध हैं? जो हैं वो भी सुरक्षा कम, शोषण अधिक करनेवाले व्यभिचारियों और भ्रष्टाचारियों के पंजों में सुलगते नरक हैं।

सुदर्शन द्विवेदी ने 'कलमुँही, तू मर क्यों नहीं गई?' (धर्मयुग, 1 दिसम्बर, 1992) में लिखा था, "चाँद-सूरज पर राहु ग्रहण लगाता है तो कुछ देर बाद वे मुक्त हो जाते हैं, पर बलात्कार का राहु यदि किसी नारी के जीवन पर ग्रहण लगा दे तो ऐसी लम्बी काली अन्धकार की त्रासद चादर उसे घेरती है जिससे ताउम्र वह निकल नहीं पाती। उसका तन लुटता है, उसका मन छटपटाता है, मगर समाज के किसी कोने से उसके लिए सहानुभूति, सम्मान और प्यार के दो बोल नहीं निकलते। बस फुसफुसाहटों और चेमेगोइयों का केन्द्र बन जाती है। कसूर किसी का और सजा कोई भुगते, ऐसा अन्याय बलात्कार के अलावा किसी अपराध में नहीं होता और सबसे अजीब बात यह है कि कालिख बलात्कारी के बजाय उस नारी के माथे पर लग जाती है। उसकी ही नहीं, पूरे परिवार की प्रतिष्ठा इस जघन्य दुष्कृत्य के परिणामस्वरूप धूल-धूसरित हो जाती है, इतनी कि उसके अपने भी क्षुब्ध होकर बोल उठते हैं, 'कलमुँही, तू मर क्यों नहीं गई,' मौत तो सिर्फ शरीर की ही होती है, बलात्कार तो अस्मिता को भी चूर-चूर कर देता है, आत्मसम्मान को भी।"

प्रसिद्ध पत्रकार श्री गणेश मंत्री का विचार है, "आर्थिक विवशताओं के साथ ही हमारा समूचा सामाजिक सोच, प्रत्यक्ष जीवन में व्याप्त स्त्री सम्बन्धी धारणाएँ, उनको पुरुष से हीन मानने की सदियों से चली आ रही परम्पराएँ, स्त्री पर अधिकार और कब्जे को अपनी शक्ति का द्योतक मानने की प्रवृत्ति भी स्त्रियों पर अत्याचार के मूल में हैं। बलात्कार भी उसी की एक परिणति है।" ('जलगाँव का मतलब', धर्मयुग, 1 सितम्बर, 1994)

शुभा वर्मा का कहना सही है, "बलात्कार से आहत व्यक्ति एवं इनसान पहले होता है, किसी व्यक्ति या समुदाय की सम्पत्ति या मर्यादा नहीं... कानून-व्यवस्था को भी यह बात समझनी होगी कि असली सवाल अस्मिता का है महज अस्मत का नहीं।" ('बलात्कार सवाल अस्मत नहीं अस्मिता का', साप्ताहिक हिन्दुस्तान, 15-21 जुलाई, 1990)

मणिमाला को लगता है, "यही चक्रव्यूह है हमारे समाज का। जो अपराधी है उसे ही अधिकार मिलता है। वही न्याय करता है। अपने लिए इनसाफ और अपराध करने का हक आरक्षित कर लेता है। अपनी पत्नी को बेचने का हक पा लेता है।

दूसरे की बीवी को भोगने का हक पा लेता है।'' ('एक सफर-बसमतिया से भँवरी बाई तक', हंस, नवम्बर-दिसम्बर, 1994, पृ. 175-79)

काकू बनाम हिमाचल प्रदेश राज्य (ए.आई.आर. 1976, सुप्रीम कोर्ट 1971) में काकू, उम्र 13 साल ने 2 साल की लड़की के साथ बलात्कार किया जिसके लिए सत्र न्यायाधीश ने सिर्फ चार साल कैद की सजा सुनाई। सुप्रीम कोर्ट में बहस के दौरान कहा गया, ''अगर सजा का मुख्य उद्देश्य सुधारना और वापस समाज में बसाना है तो नाबालिग बच्चे की लम्बी कैद और वह भी खूँखार अपराधियों के साथ निश्चित रूप से मुख्य उद्देश्य के विपरीत होगी।'' माननीय न्यायाधीश ने कहा, ''यद्यपि मुकदमे के तथ्य नीचतापूर्ण और अपराध अत्यन्त परपीड़ात्मक ढंग से किया गया है जिसकी पहली स्वाभाविक प्रतिक्रिया सख्त सजा के लिए काननू को हृदयविहीन बना देती है। लेकिन हम इस कठोर तथ्य को भी अनदेखा नहीं कर सकते कि अपीलार्थी की उम्र सिर्फ तेरह साल है। सारे तथ्यों और स्थितियों को ध्यान में रखते हुए हमारा विचार है कि न्याय का लक्ष्य पूरा हो जाएगा। अगर अपीलार्थी की सजा घटाकर एक साल कैद और 2000 रुपए जुर्माना कर दिया जाए। अपीलार्थी को वयस्क अपराधियों से अलग रखा जाए। जुर्माना वसूल होने पर राशि हर्जाने के रूप में बलात्कार की शिकार लड़की की माँ को दे दी जाए।''

रीपिक रविन्द्र बनाम आन्ध्र प्रदेश राज्य (1991 क्रिमिनल लॉ जर्नल 515) में 15 वर्षीय युवक द्वारा 6 मई, 1987 को सात साल की लड़की के साथ बलात्कार के अपराध में सत्र न्यायाधीश ने 10 साल कैद और 500 रुपए जुर्माने की सजा का आदेश दिया लेकिन आन्ध्र प्रदेश उच्च न्यायालय के न्यायमूर्ति श्री भास्कर राव ने (7 अगस्त, 1990) अपील स्वीकार करते हुए कहा कि अभियुक्त को जेल भेजने का अर्थ उसे खूँखार अपराधी बनाना होगा। किशोर न्याय अधिनियम, 1986 और दंड प्रक्रिया संहिता, 1793 की धारा 361 के अनुसार किशोर अपराधियों को जेल में नहीं बल्कि सुधार-गृहों में रखा जाना चाहिए। अभियुक्त को 3 साल के लिए आन्ध्र प्रदेश ब्रोस्टेल स्कूल में भेजने के आदेश देते हुए न्यायमूर्ति ने जुर्माना वापस करने के भी आदेश दिए।

अभियुक्त के वकील ने सजा कम करवाने का एक तर्क यह भी दिया था कि ''लड़का होटल में काम करता है और वयस्क यात्रियों को 'ब्लू फिल्म' व अन्य यौन क्रीड़ाएँ करते हुए देख-देखकर स्वयं भी अनुभव करने की इच्छा के फलस्वरूप ऐसा अपराध करने को उत्प्रेरित हुआ होगा। यह उसे छोड़ देने के लिए कोई उचित बहाना नहीं है पर सजा के सवाल पर विचारणीय अवश्य है।''

इसके विपरीत इप्पितीजी नाथ राव बनाम आन्ध्र प्रदेश राज्य (1984 क्रिमिनल लॉ जर्नल 1254) के मामले में आन्ध्र प्रदेश उच्च न्यायालय का ही कहना था, ''सर्व

ज्ञात तथ्य है कि इधर कमजोर वर्ग, उदाहरण के लिए औरतों पर अपराध की संख्या बेतहाशा बढ़ रही है और ऐसे अपराधों को रोकना एक समस्या बन गई है। अब यह राष्ट्रीय बहस का मुद्दा है कि औरतों पर बढ़ रहे अपराधों को रोकने के लिए क्या उपाय किए जाएँ? अगर अपराधियों को 'प्रोबेशन ऑफ अफेंडर्स एक्ट' की लाभदायक धाराओं के अन्तर्गत ऐसे अपराधों में भी छोड़ दिया जाएगा तो यह निश्चित रूप से औरतों के विरुद्ध अपराधों को बढ़ावा ही देगा और यही नहीं, निर्दोष बच्चियों के विरुद्ध अपराधो को बढ़ावा ही देगा ऐसे अपराधों को रोकना एकदम असम्भव हो जाएगा। अगर ऐसे अपराधों को नहीं रोका गया तो यह सामाजिक सन्तुलन व औरतों के स्वतंत्रतापूर्वक आने-जाने के लिए ही धमकी बन जाएगा और समाज की सुरक्षा के लिए भयंकर खतरा।"

1991 में नजफगढ़ के आठ वर्षीय रामफल और बारह वर्षीय संजय ने आठ वर्षीय लड़की के साथ बलात्कार किया था। रिमांड होम में सामाजिक कार्यकर्ताओं से बातचीत के दौरान उन्होंने बताया कि वे अक्सर टेलीविजन पर ऐसे दृश्य देखते थे और उन्होंने सोचा कि स्वयं ऐसा करके देखते हैं। इसी तरह के अनेक उदाहरण हमारे सामने हैं। पिछले साल कुख्यात अपराधी शंकर आटो, जिसे सुप्रीम कोर्ट ने फाँसी की सजा सुनाई थी, ने भी यही दलील दी थी कि अपराधों को करने के पीछे फिल्मों में सेक्स और हिंसा का उसके अपराधी दिल और दिमाग पर गहरा असर था।

अश्लील फिल्मों और साहित्य में बढोतरी के साथ-साथ यौन अपराधों में भी तेजी से बढ़ोतरी होती है। अमरीकी समाज में इस सन्दर्भ में काफी शोधकार्य हुए हैं जिनके आधार पर उपरोक्त परिणाम सामने आए हैं। लगता है कि भारतीय समाज में भी बलात्कार की घटनाएँ बढ़ने के पीछे मुख्य कारण फिल्मों, टेलीविजन, वीडियो और साहित्य में लगातार बढ़ती सेक्स और हिंसा का प्रदर्शन है। यह संयोग मात्र नहीं है कि पिछले कुछ सालों में संचार के सभी माध्यमों द्वारा सेक्स और हिंसा का बेहद खुला प्रदर्शन हुआ है और हो रहा है। ब्लू फिल्म के कैसेट गली-मोहल्लों में पहुँच गए हैं। सिनेमा हाल में प्राय: सुबह का शो वयस्क फिल्मों का ही चलता है। हिन्दी फिल्मों में ही नहीं टेलीविजन तक पर अश्लील विज्ञापन और फिल्मों का प्रदर्शन होने लगा है। रही-सही कसर विदेशी टी.वी. ने पूरी कर दी है। इसके बाद यौन अपराधों की संख्या भी भारतीय समाज में आश्चर्यजनक ढंग से बढ़ रही है। सामाजिक, सांस्कृतिक और नैतिक स्तर पर फिल्मों का भयंकर प्रभाव मौजूदा भारतीय समाज में देखा-परखा जा सकता है।

छोटी बच्चियों से बलात्कार और हत्या के अनेक मामले भारतीय अदालतों के सामने आए हैं लेकिन अभी तक सिर्फ कुछेक मामलों में ही सुप्रीम कोर्ट ने फाँसी की सजा सुनाई है। बलात्कार और हत्या के अधिकांश मामलों में अभियुक्त बाइज्जत

बरी हो जाता है या सजा कम करवाने में सफल क्योंकि लड़की (मृत) गवाही के लिए अदालत के सामने नहीं होती। बलात्कार और हत्या के ऐसे मामले हैं जिनमें सत्र न्यायाधीश द्वारा सुनाई सजा के विरुद्ध अपील में उच्च न्यायालय या सर्वोच्च न्यायालय ने अधिकांश मामलों में सजा कम की है जिसका व्यापक स्तर पर असर यह हुआ है कि प्रायः हर मामले मे अपील दायर की जाती है। स्वाभाविक है कि अपील-दर-अपील का निपटारा होने में भी सालों लग जाते हैं। मुकदमों के तथ्यों से यह भी स्पष्ट हो जाता है कि सत्र न्यायालय से कहीं अधिक समय उच्च न्यायालय या सर्वोच्च न्यायालय के स्तर पर लगता है।

छोटी बच्चियों में बलात्कार के बारे में कोई विशेष कानूनी प्रावधान नहीं है। सारे नियम, कायदे, कानून वही हैं जो बड़ी उम्र की महिलाओं के बारे में हैं सिवा सहमति के सवाल पर उम्र के बारे में। कानून गें प्रावधान है कि सोलह साल से कम उम्र की लड़की के साथ सहवास बलात्कार ही माना जाएगा भले ही लड़की की सहमति हो। लेकिन उम्र प्रमाणित करने की जिम्मेवारी लड़की पर होगी। सुप्रीम कोर्ट ने एक फैसले में कहा था कि उम्र प्रमाणित करने के लिए जन्म प्रमाण पत्र ही सबसे अच्छा साक्ष्य है लेकिन दुर्भाग्य से इस देश में जन्म प्रमाण पत्र ही उपलब्ध नहीं होता। अक्सर 14-15 साल की लड़कियों के बलात्कार के मामलों में अपराधी सिर्फ इसलिए छूट जाता है कि लड़की के पास जन्म प्रमाण पत्र ही नहीं है और शेष सारे 'टेस्ट' सही उम्र प्रमाणित नहीं कर पाते। 'सन्देह का लाभ', 'सहमति' और 'बदचलनी' के अलावा छानबीन में पुलिस द्वारा जान-बूझकर किए घपलों के कारण भी अक्सर अपराधी बरी कर दिया जाता है।

पुलिस में भ्रष्टाचार, अदालत में देरी और खर्चा, समाज में शील, कौमार्य और इज्जत का भय, कानून में गहरे गड्ढे और न्याय का सामन्ती दृष्टिकोण कुल मिलाकर पीड़िता या उसके परिवार को भयभीत, आतंकित और असुरक्षित अधिक करता है, सुरक्षा कम देता है। कम उम्र की लड़कियों के साथ बढ़ते बलात्कार सचमुच किसी बीमार समाज के निरन्तर अपराधी होते जाने की ही पूर्व सूचना है। अगर समय रहते इसका निदान नहीं किया गया तो आनेवाले समय में यह बीमारी महामारी की तरह फैल जाएगी। राष्ट्रीय स्तर पर इस समस्या के लिए सरकारी और गैर-सरकारी स्तर पर गम्भीरता से कदम उठाने की जरूरत है जिसमें देरी का अर्थ निश्चय ही भयंकर होगा।

विश्वप्रसिद्ध लेखिका सुसन ब्राउन मिलर ने अपनी पुस्तक 'अगेंस्ट ऑवर बिल : मैन, विमेन एंड रेप' में बच्चों के यौन-शोषण के बारे में (पृष्ठ 271-82) विस्तार से लिखते हुए कहा है कि बाप द्वारा बेटी का बलात्कार का कारण परिवार में पिता की पूर्ण तानाशाही ही है। पत्नी की तरह बच्चे भी उसकी 'सम्पत्ति' हैं।

'पोर्नोग्राफी : विमेन, वायलैंस एंड सिविल लिबर्टीज' में डायना ई.एच. रसेल का मानना है कि बच्चों से बलात्कार की पृष्ठभूमि में मुख्य कारण बढ़ते अश्लील साहित्य और फिल्में ही हैं। अश्लील साहित्य बलात्कार को बढ़ावा देता है और अधिकांश बलात्कृत लड़कियों को प्राय: वेश्यावृत्ति के व्यवसाय में धकेल दिया जाता है। उल्लेखनीय है कि अश्लील साहित्य, फिल्में और वेश्यावृत्ति उद्योग पुरुषों के हाथ में हैं।

भारतीय समाजशास्त्री एस.डी. पुणेकर के अध्ययन से भी स्पष्ट है कि वेश्यावृत्ति करनेवाली अधिकांश महिलाओं को बचपन में बलात्कार का शिकार होना पड़ा था। ('ए स्टडी ऑफ प्रोस्टीच्यूट्स इन बॉम्बे') इस सन्दर्भ में उल्लेखनीय है कि प्रसिद्ध कथाकार कृष्णा सोबती का उपन्यास 'सूरजमुखी अँधेरे के' (1972) बचपन में बलात्कार की शिकार बच्ची (रत्ती) की संघर्षगाथा का वर्णन करता एकमात्र उपन्यास है जिसकी नायिका रत्ती बलात्कार के दंश से सारी उम्र मुक्त नहीं हो पाती।

ऐसे में लगता है कि लड़कियाँ सम्बन्धों की किसी भी छत के नीचे पूर्ण रूप से सुरक्षित नहीं हैं और इस बढ़ती असुरक्षा के आतंक से भयभीत लड़कियों का सामान्य, स्वस्थ मानसिक विकास कैसे हो सकता है? सत्ता, समाज और समय के सामने यह सवाल मुँह बाए खड़ा है। क्या कभी बेटियों को बलात्कार के भय से मुक्ति मिल पाएगी?

अपराधी को जब तक सख्त दंड का भय न हो अपराध कैसे खत्म होंगे? यह सही है कि सिर्फ कानून बनाने भर से समस्या का समाधान नहीं होगा लेकिन बिना कानून और उसके सख्ती व ईमानदारी से पालन के तो कुछ होगा ही नहीं। कानून व्यवस्था में आमूलचूल परिवर्तन के साथ-साथ जरूरी है सामाजिक, सांस्कृतिक और नैतिक सोच में बदलाव। लेकिन क्या पुरुष समाज अपनी बेटियों को बलात्कार के भय से मुक्ति दिलाना चाहता है या उन्हें निरन्तर इसी भय में रखकर अपनी सत्ता बचाए रखना चाहता है? स्त्री के लिए बलात्कार मृत्युजनक शर्म है। (ए. आई. आर. 1980, सुप्रीम कोर्ट 559) तो पुरुष के लिए क्या है? कब तक?

सजा के सवाल पर न्यायमूर्तियों के 'मानवीय दृष्टिकोण' से 'न्याय का लक्ष्य' पूरा हो या न हो, पुरुषों की हवस या कामपिपासा तो पूरी हो ही रही है। बच्चियों से बलात्कार में बढ़ोतरी का एक मुख्य कारण यह भी है कि युवा लड़कियाँ बच्चियों की अपेक्षा अधिक विरोध कर सकती हैं, चीख सकती हैं और शिकायत कर सकती हैं। बलात्कारी पुरुष सोचता है—बच्चियाँ क्या कर लेंगी, विशेषकर जब बलात्कार घर में पिता, भाई, चाचा, ताऊ या अन्य रिश्तेदारों द्वारा किया गया हो। अक्सर कम उम्र की बच्चियाँ बलात्कार के कारण मर जाती हैं। हत्या और बलात्कार के

अधिकांश मामलों में अभियुक्त बाइज्जत बनी हो जाते हैं या सजा कम करवाने में सफल, क्योंकि लड़की गवाही के लिए अदालत के सामने नहीं होती। ऐसे में हो सकता है (प्राय: होता ही है) कि अदालत की सारी सहानुभूति, हत्यारा और बलात्कारी बटोर ले जाते हैं, भले ही इस पूरी प्रक्रिया में न्यायशासन की ही हत्या क्यों न हो जाए! एक विद्वान न्यायमूर्ति के शब्दों में, ''सजा कम करने का अर्थ, असुरक्षित अबोध बच्चियों को समाज में भेड़ियों के सामने छोड़ देना होगा।'' प्रश्न है कि क्या सारे 'मानवाधिकार सिर्फ खूँखार अपराधियों के लिए ही हैं? अपने बचाव में बालिग स्त्री को तो हत्या तक करने का कानूनी अधिकार है, मगर अबोध बच्चियाँ क्या करें? कुछ तो बोलो जनाब! हुजूर! युअर ऑनर माई लाड्‌र्स! माई बाप! महामहिम!'

दहेज-हत्यारों को उम्रकैद! बलात्कारियों को मृत्युदंड

भारत के उपप्रधानमंत्री और गृहमंत्री लालकृष्ण आडवाणी ने 1998 में 'हवाई घोषणा' की थी कि सरकार बलात्कारियों को मृत्युदंड देने सम्बन्धी कानून बना रही है, जिसका महिला संगठनों से लेकर राष्ट्रीय महिला आयोग तक ने विरोध किया था। 1999 में 15468, 2000 में 16496 और 2001 में 15264 स्त्रियाँ बलात्कार की शिकार बनीं/बनाई गईं। देश की राजधानी दिल्ली में 1999 में जहाँ 402 बलात्कार के मामले दर्ज हुए थे, वो 2000 में बढ़कर 435 हो गए। लेकिन 2001 में यह संख्या 320 रही। इन सरकारी आँकड़ों के आधार पर ही शायद गृह राज्यमंत्री आई.डी. स्वामी ने संसद में कहा कि ''देश में अपहरण, बलात्कार, छेड़छाड़ और दहेज हत्या के मामलों में कमी आ रही है...राजग सरकार बढ़ते अपराधों को नियंत्रित कर पाने में सफल रही है।'' ऐसे बयान पर प्रबुद्ध महिला सांसदों को गुस्सा आना स्वाभाविक है। स्त्रियों के विरुद्ध लगातार बढ़ती यौन हिंसा के मुद्दे पर महिला सांसदों के आक्रोश पर ठंडा पानी डालते हुए आडवाणी जी ने फिर संशोधन कर दोहराया कि ''अगर राज्य सरकारें और महिला संगठन तैयार हों तो केन्द्र सरकार को कानून में बलात्कारियों के लिए मृत्युदंड का प्रावधान करने में कोई संकोच नहीं है।'' मतलब यह कि 'आम सहमति हो तो बलात्कारियों को मृत्युदंड' का कानून बनाया जा सकता है वरना नहीं। हत्या के मामलों में अधिकतम सजा मृत्युदंड निर्धारित की गई है परन्तु सर्वोच्च न्यायालय का बार-बार लगातार कहना है कि फाँसी की सजा सिर्फ 'दुर्लभतम में दुर्लभ' मामलों में ही दी जानी चाहिए। क्या आडवाणी जी इस तथ्य-सत्य से परिचित नहीं ? अगर परिचित हैं तो ऐसा बयान देने का अर्थ क्या है ? और अगर परिचित नहीं हैं तो बयान देने से पहले कानून मंत्री या अरुण जेटली से ही पूछा जा सकता था।

आडवाणी जी के इन बयानों की गम्भीरता, सशर्त आश्वासन, राजनीतिक भाषा और जादूगरी को आसानी से समझा जा सकता है। सर्वोच्च न्यायालय के न्यायमूर्तियों के अनुसार मृत्युदंड हत्या के 'दुर्लभतम में दुर्लभ' मामलों में ही दिया जाना चाहिए। परिणामस्वरूप आज तक दहेज हत्या के एक भी मामले में फाँसी नहीं दी गई है।

ऐसे जिन मामलों में फाँसी की सजा सुनाई भी गई थी, वे उच्च न्यायालयों या सर्वोच्च न्यायालय के माननीय न्यायमूर्तियों ने आजन्म कारावास में बदल दी। इसी प्रकार छोटी उम्र की बच्चियों से बलात्कार और हत्या के मामलों में भी (जुम्मन खाँ जैसे एक-दो-तीन केस के) बलात्कारियों और हत्यारों को फाँसी की बजाय उम्रकैद की सजा ही सुनाई गई है। ऐसी न्यायिक स्थिति में बलात्कार के अपराधी को सजा-ए-मौत कैसे सम्भव होगी?

माधो सिंह बनाम पंजाब (1983) में सर्वोच्च न्यायालय ने मृत्युदंड सम्बन्धी निर्धारित निर्देशों में वधू-हत्या के मामलों में मौत की सजा को सबसे उपयुक्त सजा माना था लेकिन अभी तक ऐसे मामलों में भी 'आजीवन कारावास' ही नियम है और मृत्युदंड अपवाद। हालाँकि दहेज हत्याओं के मामलों में सुनाए निर्णयों में न्यायमूर्ति लगातार रेखांकित करते रहे हैं कि "अदालतों को ऐसे अपराधियों के साथ बहुत कठोरता से पेश आना चाहिए और ऐसा दंड देना चाहिए कि दूसरे लोग सबक लें"। (ए.आई.आर. 1986, सुप्रीम कोर्ट 250) दहेज हत्या के बर्बर अपराधियों को फाँसी देते समय अगर न्याय के हाथ इस तरह बँधे हुए हैं, तो फिर बलात्कारियों के गले में फाँसी का फन्दा कौन और कैसे डाल पाएगा?

दहेज हत्या के एक मामले में (सुधा गोयल केस) सत्र न्यायाधीश ने शायद पहली बार फाँसी की सजा सुनाई थी। दिल्ली उच्च न्यायालय ने सबको बाइज्जत बरी किया मगर अपील में सुप्रीम कोर्ट ने 23-9-1985 को सुधा के पति और सास को उम्रकैद की सजा सुनाई थी। सर्वोच्च न्यायालय के निर्णय के बावजूद 28 माह तक हत्यारे तब तक जेल नहीं गए, जब तक अखबारों ने खबर नहीं ली। सुप्रीम कोर्ट के इस निर्णय के फौरन बाद, यानी 19 नवम्बर, 1986 से दहेज हत्याओं के लिए नया कानूनी प्रावधान बनाया गया—भारतीय दंड संहिता की धारा 304(बी)। पहले जहाँ दहेज हत्याओं के मामलों में अधिकतम सजा (धारा 307) मृत्युदंड हो सकती थी, वहाँ अब अधिकतम सजा (धारा 304-बी) उम्रकैद ही हो सकती है। दहेज हत्या सम्बन्धी कानूनी संशोधन इसलिए किए गए कि पितृसत्ता को अपने बेटों की ज्यादा चिन्ता थी। उन्हें 'मृत्युदंड' से बचाना था। अब बलात्कार के अपराध में फाँसी की सजा का प्रावधान कैसे और क्यों बनाया जाएगा या जा सकता है?

आडवाणी ज्यादा से ज्यादा यही कहेंगे कि ऐसा हमारी सरकार ने नहीं, बल्कि कांग्रेस सरकार ने किया था। क्या तब आडवाणी दहेज हत्या सम्बन्धी कानूनी प्रावधान (धारा 304-बी) में भी संशोधन करवाने के बारे में विचार करेंगे? संशोधन भी हो जाए, तो मृत्युदंड सम्बन्धी सुप्रीम कोर्ट के 'ऐतिहासिक फैसलों' का क्या करेंगे? क्या कानून में संशोधन से वैधानिक और न्यायिक दृष्टिकोण भी बदल जाएगा?

उल्लेखनीय है कि हरचन्द सिंह बनाम पंजाब (1994) के मामले में अपराधी ने दो साल की मल्हार से बलात्कार किया, जिससे उसकी मृत्यु हो गई। सत्र न्यायाधीश ने फाँसी की सजा सुनाई, लेकिन पंजाब और हरियाणा उच्च न्यायालय ने माननीय न्यायमूर्तियों (जयसिंह शेखों, ए.एम. नेहरा) ने उम्रकैद की सजा सुनाते हुए कहा, "यह केस 'दुर्लभतम में दुर्लभ' की श्रेणी में नहीं आता कि इसमें फाँसी की सजा दी जा सके, हालाँकि यह जघन्यतम अपराध है।" अगर अपराध 'जघन्यतम' है, तो दुर्लभतम में दुर्लभ क्यों नहीं माना गया?

इसी तरह रियासत बनाम उत्तर प्रदेश (1994) में छह साल की गुड़िया (हरिजन) के साथ बलात्कार के बाद नृशंस हत्या के भयावह मामले में मृत्युदंड की सजा को उम्रकैद में बदलते हुए इलाहाबाद उच्च न्यायालय के न्यायमूर्ति एस.के. मुखर्जी और जे.पी. सेमवाल ने कहा, "हत्या मात्र अधीरता या इस भय से की गई कि कहीं मृतक भेद न खोल दे। अपराधी नौजवान व्यक्ति है और गुड़िया के साथ बलात्कार करने के बाद अपने आपे में नहीं रहा। उसी बीमार मानसिक स्थिति में उसने हत्या कर दी। अपीलार्थी उम्रकैद की सजा भुगत सकता है और उसे भविष्य में ऐसा अपराध करने का दोबारा मौका नहीं मिलेगा।"

यही नहीं, दिल्ली से मुम्बई और कोलकाता उच्च न्यायालय के ऐसे अनेक फैसलों की सूची बनाई-गिनाई जा सकती हैं। मृतक लड़की गवाही के लिए अदालत के सामने नहीं होती और न्याय की सारी सहानुभूति प्रायः बलात्कारी ही बटोर ले जाता है। ऐसे में बच्चियों से बलात्कार के बाद हत्या के मामलों में ही मृत्युदंड का प्रावधान किया जा सकता है। यह भी हो जाए तो बड़ी घटना होगी।

'बलात्कार के विरुद्ध' एक सम्पादकीय टिप्पणी में लिखा है, "बलात्कार के लिए मृत्युदंड का प्रावधान करने से ज्यादा जरूरी है इस बात पर विचार करना कि क्या बलात्कार के लिए इस दंड का प्रावधान किया जाना समझदारी कहा जाएगा?" एक अंग्रेजी अखबार के सम्पादकीय का तो शीर्षक ही है 'हैंगमैन इज नो आंसर'। क्या छोटी उम्र की बच्चियों से बलात्कार के मामलों में भी यही तर्क (कुतर्क) किया जा सकता है? विशेषकर उन मामलों में जहाँ बलात्कार के परिणामस्वरूप बच्ची की 'मृत्यु' हो गई हो! 'मृत्यु' इसलिए कि बहुत से मामलों में अदालत ने इसे 'हत्या' नहीं मृत्यु ही माना है।

जुम्मन खाँ बनाम उत्तर प्रदेश (1991 क्रिमिनल लॉ जर्नल 439) में सर्वोच्च न्यायालय के माननीय न्यायमूर्तियों ने कहा था, "अदालत का यह कर्तव्य है कि अपराध की गम्भीरता के अनुसार सजा का फैसला सुनाए। अपीलार्थी द्वारा अपनी यौनपिपासा शान्त करने के लिए निर्दोष बच्ची की नृशंस हत्या के अपराध के लिए सिर्फ एक ही सजा हो सकती है और वह मृत्युदंड के सिवा कोई और सजा नहीं

हो सकती। ऐसी सजा सामाजिक अनिवार्यता भी है और अन्य सम्भावित अपराधियों के लिए एक उदाहरण भी। यह अदालत सजा-ए-मौत की पुष्टि करती है।''

आश्चर्यजनक नहीं बल्कि अफसोसजनक है कि बाद के फैसलों में जुम्मन खाँ के निर्णय का कहीं उल्लेख तक नहीं मिलता। उदाहरण के लिए मोहम्मद चमन बनाम दिल्ली (2000 ए. डी. 3 सी. एस. सी. 554) में सर्वोच्च न्यायालय के विद्वान न्यायमूर्ति के.टी. थामस और डी.पी. महापात्रा ने डेढ़ साल की रितु के साथ बलात्कार और हत्या के अपराधी को सेशन और दिल्ली उच्च न्यायालय द्वारा सुनाई मृत्युदंड की सजा को उम्रकैद में बदलते हुए अत्यन्त गम्भीरता से कहा कि 'मामला दुर्लभतम में दुर्लभ नहीं है और अपीलार्थी ऐसा खतरनाक अपराधी नहीं है कि उसकी जान बख्शने से समाज को कोई भयंकर खतरा हो।' सम्भव है कि विद्वान सरकारी वकीलों ने जुम्मन खाँ का हवाला ही न दिया हो और 'न्यायिक सक्रियता' के कारण न्यायमूर्तियों का ध्यान भी इस ओर न गया हो। लेकिन ऐसे महत्त्वपूर्ण निर्णय को (बार-बार) भूल जाना, निश्चित रूप से सम्पूर्ण न्यायिक प्रक्रिया पर गम्भीर प्रश्नचिह्न लगाता है, क्योंकि ऐसी भूलों के बेहद घातक दूरगामी परिणाम हो सकते हैं।

मृत्युदंड की 'हवाई घोषणाओं' से सचमुच कुछ नहीं होगा। बलात्कार सम्बन्धी तमाम कानूनी प्रावधानों में इतने 'लूपहोल्स' और चोर दरवाजे मौजूद हैं कि सिर्फ 4 प्रतिशत बलात्कारियों को ही सजा हो पाती है। बाकी सब सन्देह का लाभ उठाकर बाइज्जत बरी हो जाते हैं।

भारतीय दंड संहिता, 1860 की धारा 375 के अनुसार बलात्कार के लिए लिंगच्छेदन (पेनीट्रेशन) अनिवार्य शर्त है। किसी अन्य वस्तु क्या यंत्र से यौन शोषण या उत्पीड़न को बलात्कार का अपराधी नहीं माना जाता। सोलह साल से कम उम्र की लड़की के साथ सहवास बलात्कार होगा, भले ही उसकी सहमति हो या न हो। लेकिन इस प्रावधान में अपवाद यह है कि किसी भी पुरुष द्वारा पन्द्रह साल से बड़ी उम्र की पत्नी के साथ सहवास को बलात्कार नहीं माना जाएगा जबकि विवाह अधिनियमों के अनुसार विवाह के समय दुल्हन की उम्र अठारह साल से अधिक होनी चाहिए। स्त्री द्वारा सहवास के लिए सहमति की उम्र सोलह साल मगर विवाह के लिए अठारह साल रखी गई है। लेकिन पुरुष (पति) द्वारा सहवास (बलात्कार) के लिए लड़की की उम्र सीमा पन्द्रह से कम हो, तो धारा 376 के अनुसार पति को सजा में 'विशेष छूट' मिलेगी—दो साल कैद या जुर्माना या दोनों हो सकते हैं। जबकि अन्य बलात्कार के मामलों में यह सजा कम से कम सात साल कैद और अधिकतम उम्रकैद निर्धारित की गई है। आपराधिक दंड प्रक्रिया संहिता के अनुसार, बारह वर्ष से पन्द्रह वर्ष की पत्नी के साथ बलात्कार

संज्ञेय अपराध नहीं और अपराध जमानत योग्य भी होगा। मतलब, पुलिस बिना मजिस्ट्रेट से वारंट लिये, पति को गिरफ्तार नहीं कर सकती और पति को 'विशेषाधिकार' स्वरूप जमानत पर छोड़ना पड़ेगा। पन्द्रह साल से कम उम्र की पत्नी बलात्कार की शिकायत भी सिर्फ एक साल के भीतर ही कर सकती है। उसके बाद की गई शिकायत को सुनने का किसी भी अदालत को कोई अधिकार नहीं, जबकि अन्य मामलों में ऐसी कोई समय सीमा नहीं है।

सर्वोच्च न्यायालय तक कई बार कह चुका है कि बाल-विवाह भले ही दंडनीय अपराध हो, लेकिन विवाह गैरकानूनी या रद्द नहीं माना जाएगा। हिन्दू संरक्षकता अधिनियम 1956 की धारा 6 (सी) के अनुसार पति ही अपनी पत्नी का प्राकृतिक संरक्षक होगा (भले ही दोनों नाबालिग हों)। विवाह का पंजीकरण अनिवार्य है नहीं, इसलिए कैसे रुकेंगे बाल-विवाह? और ऐसे कानूनी काल-जंजाल से स्त्री के विरुद्ध यौन हिंसा पर कैसे काबू पाया जा सकता है? इन तमाम कानूनी प्रावधानों में समुचित संशोधन के बिना सिर्फ 'मृत्युदंड' के प्रावधान से आखिर क्या बनने-बदलने वाला है?

सुसन ब्राउन मिलर के शब्दों में, "बलात्कार, पुरुषों द्वारा औरतों को लगातार बलात्कार से भयभीत रखकर, समस्त स्त्री समाज पर पूर्ण नियंत्रण बनाए रखने का षड्यंत्र है।" दरअसल बलात्कारी पितृसत्तात्मक समाज की गन्दगी या कूड़ा हैं, लेकिन आखिर हैं तो उसी के पुत्राधिकारी—स्वयं अपने पुत्रों को मृत्युदंड कैसे दें?

स्त्रियों के विरुद्ध लगातार बढ़ती जा रही यौन हिंसा को देखते हुए सचमुच लगता है कि भेड़ियों के समाज में बच्चियों को असुरक्षित और निहत्था छोड़ने के बजाय उन्हें जूडो-कराटे और गोली, गँड़ासा, दराँती या चाकू चलाना सीखने या सिखाने की जरूरत है क्योंकि अपनी आत्मरक्षा में, अपने बचाव में की गई हत्या भी कोई अपराध नहीं है। स्त्रियों को स्वयं अपनी रक्षा में कानूनी अधिकारों का इस्तेमाल हथियारों की तरह और हथियारों का इस्तेमाल कानूनी अधिकारों की तरह करना होगा। सरकारी कानून और न्याय व्यवस्था के भरोसे सुरक्षित जीवन की कोई सम्भावना दूर-दूर तक नजर नहीं आ रही—जम्मू-कश्मीर से गुजरात तक। गृहमंत्री जब तक आम सहमति की प्रतीक्षा करें, तब तक और कोई रास्ता नहीं है—आधी दुनिया की अस्मिता और अस्तित्व के लिए।

पोर्नोग्राफी और स्त्री के विरुद्ध यौन हिंसा

''अगर सिर्फ यौन-सन्दर्भ ही अश्लील मान लिये जाएँ तो किशोर किसी भी उपन्यास को पढ़ने की स्थिति में नहीं रहेंगे और उन्हें सिर्फ विशुद्ध धार्मिक पुस्तकें ही पढ़नी पड़ेंगी।''

(समरेश बसु बनाम अमल मित्रा, 1985 सुप्रीम कोर्ट केसेस, भाग 4, पृष्ठ 289)

भारतीय दंड संहिता, 1860 की धारा 292-294 में 'अश्लील' की परिभाषा अंग्रेजी कानून के अनुकरण पर की गई है। इंग्लैंड में यह कानून 1727 में लागू हुआ था। कारण था सर चार्ल्स सैडले द्वारा बालकनी से अपनी नग्नता का सार्वजनिक प्रदर्शन। पहली बार किसी कुलीन लॉर्ड के विरुद्ध मुकदमे में अश्लीलता को 'कॉमन लॉ' में अपराध घोषित किया गया। किताबों में अश्लीलता तब तक केवल धार्मिक अदालतों द्वारा ही दंडनीय थी।

किताबों की अश्लीलता को लेकर 1857 में पहली बार लॉर्ड कैम्पबेल ने वैधानिक नियम बनाया। उनके उत्तराधिकारी ने 'हिकनिल केस' में इसकी व्याख्या की थी। मुकदमा 'दि कन्फेशन अनमास्क्ड' शीर्षक एक इश्तिहार को लेकर था। यह इश्तिहार पूर्णतया अश्लील, अशुद्ध और भद्दी क्रियाओं से सम्बन्धित शब्दों और विचारों से भरा हुआ था। फैसला करते समय न्यायाधीश कोक बर्न ने अश्लीलता की एक कसौटी स्थापित की, ''मैं समझता हूँ कि अश्लीलता की एक कसौटी यह है कि क्या अश्लील करार दी गई सामग्री की प्रवृत्ति ऐसे लोगों को भ्रष्ट करने की है जिनके हाथ वह सामग्री पड़ सकती है और जिनके दिमाग उससे अनैतिक प्रभाव ग्रहण कर सकने के लिए खुले हैं।''

भारतीय सुप्रीम कोर्ट ने रणजीत डॉ. उदेशी बनाम महाराष्ट्र राज्य (ए. आई. आर. 1965, सुप्रीम कोर्ट 881) में भारतीय दंड संहिता की धारा 292 की संवैधानिक वैधता का निर्णय और 'अश्लील' शब्द की व्याख्या इसी आधार पर की थी। यही कसौटी सामान्यत: प्रयोग में लाई जाती रही है। इसके अनुसार वर्णन के विषय और

वर्णन की विधि की उपेक्षा, वर्णन का उद्देश्य अश्लीलता के निर्धारण में अधिक निर्णायक है।

सर्वोच्च न्यायालय ने समरेश बसु केस में कहा, ''माना जा सकता है कि दुनिया उस वक्त से निश्चय ही बहुत आगे बढ़ आई है जब 'पामेला', 'मोल फलांडर्स', 'मिसेज वारेंस प्रोफेशन' और 'मिल ऑन द फ्लॉस' अश्लील माने गए थे। आज न सिर्फ ये सभी बल्कि 'एरिस्टोफिनीज' से लेकर 'जोला' तक लेखक व्यापक रूप से पढ़े जाते हैं। इनमें से अधिकांश में कोई भी व्यक्ति बहुत आसानी से अश्लीलता ढूँढ़ सकता है। अगर कला बनाम अश्लीलता के मुद्दे पर हमारे व्यवहार में आमूल परिवर्तन न हो चुका होता तो 'काल्डवेल' और 'आन्द्रे' की पुस्तकें इस कठोर कसौटी पर जिन्दा ही न बची होतीं। भिन्न-भिन्न साहित्यों द्वारा सुदृढ़ बनाए जाने के कारण ही संसार आज पहले की अपेक्षा अधिक सहिष्णु है। हालाँकि आज भी इस प्रश्न पर हमारा रवैया पूरी तरह निर्धारित नहीं है। अजीब बात है कि एक ही पुस्तक के बारे में भाँति-भाँति की प्रतिक्रियाएँ दिखाई देती हैं। अमेरिका में तो यह स्थिति है कि एक पुस्तक एक राज्य में अश्लील ठहराई जाती है जबकि दूसरे राज्य में वही अश्लील नहीं मानी जाती।

भारतीय सन्दर्भ में सुप्रीम कोर्ट ने इस निर्णय में उल्लेख किया, ''आज हमारी राष्ट्रीय और क्षेत्रीय भाषाएँ अंग्रेजी साम्राज्य के अन्धकारमय युग से निकलकर नए साहित्यिक स्तरों पर अपने-आपको सम्पादित कर रही हैं। अदालत के निर्णय में निहित संकल्पना से बचते हुए, अश्लील पुस्तक लेखकों की होड़ सम्पूर्ण साहित्य को कुंठित और दूषित कर सकती है। सच्चा साहित्य तो कम ही लोकप्रिय होता है। हाँ, अश्लीलता तत्काल पुरस्कृत होती है। इस चेतावनी की आवश्यकता से सिर्फ समाज-विरोधी ही इनकार करेगा।''

समरेश बसु की अपील स्वीकार करते हुए न्यायाधीशों ने कहा—

''अशिष्ट लेखन अश्लील भी हो, यह अनिवार्य नहीं है। अशिष्टता से घिन और ऊब का भाव उभर सकता है, लेकिन वहाँ पाठकों के चरित्र को भ्रष्ट करने की प्रवृत्ति नहीं है जबकि अश्लीलता में वही प्रमुख है।

''अश्लीलता के अर्थ और रूप बहुत हद तक पाठकों के सामाजिक दृष्टिकोण के साँचे में ढलकर निश्चित होते हैं। अलग-अलग देशों में यह साँचा भिन्न होता है। इसका आधार देश के समकालीन समाज की नैतिक बनावट है। अश्लीलता के प्रश्न पर एक न्यायाधीश का दृष्टिकोण भी दूसरे न्यायाधीश से भिन्न हो सकता है। स्थूल दृष्टि से तो खुद न्यायाधीश का अपना वस्तुगत व्यवहार भी अचेतन रूप से उसके दिमाग और निर्णय को प्रभावित कर सकता है। इसलिए अश्लीलता के प्रश्न पर फैसला करते समय न्यायाधीश को चाहिए कि वह अपने-आपको लेखक की

स्थिति में रखकर, लेखक के दृष्टिकोण को समझने की कोशिश करे कि आखिर लेखक कहना क्या चाहता है! लेखक जो कहना चाहता है और जो उसने कहा है, क्या उसमें कोई साहित्यिक और कलात्मक मूल्य है? इसके बाद न्यायाधीश को चाहिए कि अपने-आपको विभिन्न आयु वर्ग के पाठकों की स्थिति में रखकर देखें कि उनके दिमाग पर पुस्तक का सम्भावित प्रभाव क्या होगा? इसके बाद तटस्थतापूर्णक अपने विवेक से निर्णय करें कि विवादास्पद पुस्तक को अश्लील कहा जा सकता है अथवा नहीं।''

तीसरी दुनिया के देशों 'विशेषकर भारतीय समाज में' कानून की 'भाषा' और 'परिभाषा' सालों की मुकदमेबाजी, बहसों, अपीलों और निर्णयों से परे अश्लीलता, पोर्नोग्राफी, नग्न साहित्य का समाज पर कब, कहाँ, क्यों और कैसे प्रभाव पड़ता है, यह इस समय बहस का मुद्दा बना हुआ है। पश्चिमी समाज में तो शायद अब कुछ भी अश्लील नहीं माना जाता—बावजूद सारे नारी-स्वतंत्रता आन्दोलनों के। 'प्लेब्वाय', 'पैंट हाउस', 'स्क्रू', 'प्ले गर्ल' और न जाने कितनी पत्र-पत्रिकाएँ धड़ल्ले से इन देशों में छपती और बिकती हैं। किसी पर भी अश्लीलता का कोई आरोप नहीं लगता जबकि भारत में कानूनन इन पत्रिकाओं पर प्रतिबन्ध है। यह अलग बात है कि चोरी-छुपे यहाँ सब पत्रिकाएँ मिल जाती हैं। अश्लील पत्रिकाएँ ही नहीं, अश्लील फिल्में, टी.वी. प्रोग्राम, टेलीफोन सेक्स सुविधाएँ, यौन-क्रीड़ा केन्द्र, कैबरे इत्यादि सब आम हो गया है। आखिर इसका कारण क्या है?

भारतीय दंड विधान की धारा 294 के अनुसार कोई भी व्यक्ति, जिससे अन्य व्यक्तियों को परेशानी या उत्तेजना या चिढ़ होती हो, अगर सार्वजनिक स्थान पर कोई अश्लील हरकत करता है या किसी सार्वजनिक स्थान पर या आसपास कोई अश्लील गीत या शब्द आदि लिखता, गाता या पढ़ता है तो उसे 3 माह तक का कारावास या जुर्माना या दोनों हो सकते हैं। 1985 से लागू इस प्रावधान के अन्तर्गत अभी तक बहुत कम मामले अदालत तक पहुँचे हैं। विभिन्न उच्च न्यायालयों में इस प्रावधान को लेकर काफी मतभेद भी हैं। सुप्रीम कोर्ट द्वारा दिए निर्णयों की संख्या दो-तीन से अधिक उपलब्ध नहीं हैं। 'कैबरे डांस' के सन्दर्भ में भी यही प्रावधान अधिकतर प्रयोग किया जाता है।

अश्लील हरकत क्या है? शरीर का अभद्र प्रदर्शन या सार्वजनिक स्थान पर सम्भोग करना इस प्रावधान के अन्तर्गत एक दंडनीय अपराध है। लेकिन धार्मिक परम्परा के अन्तर्गत नग्न घूमनेवाले साधु-संन्यासियों के विरुद्ध आज तक इस प्रावधान का इस्तेमाल नहीं किया गया। हालाँकि कानूनन उन्हें नंगा घूमने की छूट नहीं है। ज़फ़र अहमद खान (1963 क्रिमिनल लॉ जर्नल 273) के केस में दो इज्जतदार लड़कियों को रिक्शा में साथ चलने और अवैध सम्बन्ध स्थापित करने के

लिए कहना अपराध माना गया था और अभियुक्त को सजा हुई थी। के. पी. मोहम्मद (1984 क्रिमिनल लॉ जर्नल 745) द्वारा केरल उच्च न्यायालय में दायर याचिका में कैबरे डांस पर पूर्ण प्रतिबन्ध के सवाल पर माननीय न्यायाधीशों का मानना था कि समाज के स्तर के अनुसार अगर कैबरे डांस अश्लीलता और नग्नता-मुक्त है तो प्रतिबन्ध नहीं लगाया जा सकता। दीपा बनाम पुलिस (1986, क्रिमिनल लॉ जर्नल 1120 केरल) में निर्णय दिया गया था कि वह व्यक्ति भी जो स्वयं कैबरे नृत्य देखने आया है और जिसने सब कुछ पहले से जानते हुए कैबरे नृत्य देखा है, इस प्रावधान के अन्तर्गत अश्लीलता की शिकायत कर सकता है।

सहमति होने या देने का अर्थ यह नहीं है कि अपराध अपराध नहीं होगा। केरल उच्च न्यायालय का यह फैसला साधना (1980, क्रिमिनल लॉ टाइम्स 380 दिल्ली), चाँद (1981, क्रिमिनल केसेज 17 दिल्ली) और (1981, पंजाब लॉ रिपोर्टर 70) में दिए फैसलों के विपरीत है। क्योंकि इनमें उच्च न्यायालयों का मानना था कि 18 वर्ष से अधिक आयु का व्यक्ति जो सब कुछ जानते हुए भी कैबरे नृत्य देखने जाता है, अश्लीलता की शिकायत नहीं कर सकता, क्योंकि इसके लिए वह पहले ही अपनी सहमति दे चुका है।

दीपा बनाम पुलिस के निर्णय में उच्च न्यायालय ने स्पष्ट लिखा है कि बड़े-बड़े होटलों, जहाँ कैबरे नृत्य होते हैं, को व्यक्तिगत स्थान नहीं माना जा सकता। इस तर्क में कोई दम नहीं है कि वहाँ वही व्यक्ति जा सकता है जो महँगी टिकट और खाने-पीने का बड़ा बिल चुका सकता हो। अगर पैसे के आधार पर प्रवेशाधिकार का निर्धारण होगा तो यह बहुत ही दुर्भाग्यपूर्ण स्थिति होगी और ऐसा करना भ्रष्टाचार को न्यायिक स्वीकृति देना होगा। पहले से दिए गए कैबरे के विवरण सहित विज्ञापनों से भी सार्वजनिक स्थान व्यक्तिगत स्थान में नहीं बदल जाएगा या अश्लीलता अश्लीलता न होने में नहीं बदल जाएगी।

देश के विभिन्न राज्यों में होटलों में कैबरे नृत्य होते हैं। अश्लीलता और नग्नता देखने के लिए सैकड़ों रुपए खर्च करके लोग नृत्य देखने जाते हैं। नृत्य की आड़ में बहुत से होटलों में देह-व्यापार भी होता है। निर्धन परिवारों की हजारों लड़कियों के देह-शोषण से कुछ लोग लाखों का मुनाफा कमा रहे हैं। समाज में यह सब किसी से छुपा नहीं है। होटल के मालिक संविधान के अनुच्छेद 19 (1) जी के अन्तर्गत व्यापार करने की आजादी का सहारा लेते हैं तो कैबरे डांसर नृत्य करके रोजी-रोटी कमाने के अधिकार की बात करती हैं। ग्राहक पैसे खर्च करके आनन्द लूटना चाहता है। सरकार और समाज नैतिकता, सामाजिक भद्रता और जनहित के आधार पर अश्लीलता और नग्नता के विरुद्ध कानून की बात करते हैं। लेकिन ऐसा लगता है जैसे इन सबके बीच कोई 'गुप्त समझौता' हो, वरना क्या वजह है कि कैबरे

व्यवसाय दिन-दूनी रात-चौगुनी प्रगति कर रहा है। कभी-कभार इन सबके बीच का सन्तुलन बिगड़ता है तो इक्का-दुक्का होटलों पर पुलिस रेड हो जाती है। कैबरे डांसरों सहित मालिक पकड़ लिये जाते हैं, (ग्राहकों को कानून कुछ नहीं कह सकता) जमानत पर छूटकर सब फिर अपने-अपने पुराने धन्धे पर चले जाते हैं। अदालतों की अँधेरी गुफा में मुकदमों की फाइलें सालों धूल चाटती रहती हैं...व्यापार यूँ का यूँ चल रहा है।

सुसन ब्राउन मिलर अपनी पुस्तक 'अगेंस्ट ऑवर बिल' (1975) में (पृष्ठ 394-96) लिखती हैं, ''नग्न साहित्य बलात्कार की तरह पुरुषों की खोज है, स्त्री को अमानवीय बनाने के उद्देश्य से स्त्री को यौन-वस्तु में बदलने के लिए, ना कि उसकी उत्तेजना और संवेदना को नैतिक मूल्यों से मुक्त करने के लिए। ऐसे साहित्य में हमेशा स्त्री की नग्न छाती और प्रजनन अंगों को ही दिखाया जाता है क्योंकि नग्न शरीर उसकी शर्म है। स्त्री के गुप्त अंगों को पुरुष अपनी व्यक्तिगत सम्पदा मानता है जबकि अपने अंगों को प्राचीन, धार्मिक, व्यापक, पितृसत्ता का प्रतीक जो स्त्री पर जबरन राज करता है। अश्लील साहित्य विशुद्ध रूप से नारी-विरोधी प्रचार है।''

एक तरफ सवाल अभिव्यक्ति की स्वतंत्रता का है, दूसरी तरफ समाज विशेषकर महिलाओं के शोषण, उत्पीड़न और गिरावट का है। कला, साहित्य और अभिव्यक्ति की आजादी की आड़ में क्या महिलाओं के शरीर को वस्तु में बदलकर और नग्नतम रूप में प्रकाशित, प्रसारित और प्रचारित करके बहुराष्ट्रीय कम्पनियाँ और राष्ट्रीय प्रेस अपने व्यावसायिक हितों को पोषित नहीं कर रहे? व्यक्तिगत स्वतंत्रता के नाम पर युवा पीढ़ी को जिस नरक में धकेला जा रहा है वहाँ कौन-सा नया समाज बन रहा है? नाम, यश, धन और ग्लैमर की चकाचौंध में 'डेबनयोर' के बाद पिछले कुछ ही समय में 'फैंटेसी', 'प्लेवे' 'नॉटी ब्वाय', 'चैस्टिटी', 'फैबुलेस', 'न्यूज प्लस', 'बोम्बे एड', 'लेसमेकर', 'प्लेज़र टाइम्स' आदि पत्र-पत्रिकाओं में छपनेवाली नग्न मॉडलों को यह सपना कहाँ ले जाकर छोड़ेगा, क्या कभी हमने सोचा है?

अश्लील साहित्य के प्रचार-प्रसार के साथ-साथ भारतीय समाज में भी महिलाओं के प्रति अपराध-संख्या निरन्तर बढ़ रही है। पिछले कुछ सालों में बच्चों से बलात्कार के मामलों में हुई आश्चर्यजनक वृद्धि किस ओर संकेत करती है? पिछले दिनों अजमेर, जलगाँव, चंडीगढ़ और दिल्ली में युवतियों की उत्तेजक छवि को कैमरे में कैद करके निरन्तर शोषण और ब्लैकमेल के जो कांड सामने आए हैं वो सचमुच भयावह हैं। इसके पीछे अपराध, राजनीति और पुलिस की साँठगाँठ के बावजूद मामला दब नहीं पाया। मीडिया का दबाव इतना था कि मुख्यमंत्री अपने पोते को बचा सकने में असमर्थ रहे।

सदियों से परिवार, प्रतिष्ठा, धर्म, नैतिकता के नाम पर नारी का दमन होता रहा है। हो सकता है उससे मुक्ति की चाह या बदला लेने के रूप में ही आज स्त्री अपनरे शरीर का सार्वजनिक प्रदर्शन कर रही हो। फर्क सिर्फ इतना है कि अब वह अपनी देह का सौदा अपनी शर्त पर कर रही है। भले ही अन्ततः इससे पुरुष और पुरुष के व्यावसायिक हितों का ही अधिक फायदा होता है। आज हर चीज का 'ट्रेड मार्क' या लेबल ही बिकता है। ट्रेड मार्क और लेबल को घर-घर तक पहुँचाने के लिए आवश्यकता होती है एक युवा, सुन्दर और सेक्सी मॉडल की क्योंकि नंगी औरत की तस्वीर देखते ही पुरुष की लार टपकने लगती है। 'कामसूत्र' से लेकर 'मारुति' तक के विज्ञापन उत्तेजक मुद्रा में किसी स्त्री मॉडल के बिना अधूरे हैं। आज स्त्री वस्तु में तब्दील कर दी गई है अथवा हो गई है। बाजार में अपना उत्पाद बेचने के लिए लगता है, ये सारे हथकंडे 'वैध' हो गए हैं। व्यापार में फायदा जितना अधिक होगा उतना ही अधिक फायदा मॉडल को भी होना चाहिए। मॉडल की देह सम्पत्ति है तो उसको बेचने न बेचने का अधिकार भी उसी को है लेकिन क्या मॉडल बिना किसी मानसिक, आर्थिक, सामाजिक, पारिवारिक दबाव के अपनी स्वतंत्र इच्छा से यह सब कर रही है?

जर्मेन ग्रियेर ने अपनी पुस्तक 'द फीमेल यूनेक' में लिखा है, "प्रत्येक सर्वेक्षण से स्पष्ट है कि आकर्षक औरत की छवि विज्ञापन की सबसे अधिक प्रभावशाली मुद्रा है।"

भारतीय परिप्रेक्ष्य में स्त्री (अथवा पुरुष) शरीर तो सिर्फ साधन है, साध्य नहीं। अमर तो सिर्फ आत्मा है। शरीर का क्या है? आज है, कल नहीं रहेगा। जब शरीर साधन है...सुख का, प्रदर्शन का, वेश्यावृत्ति का, विज्ञापन का, रति-क्रीड़ा का, तो संस्कृति और नैतिकता के पतन का हौआ और हल्ला किसलिए? 'आर्थिक उदारता' और 'आधुनिकता' को जब गले लगाओगे तो 'सेक्स' को कमरे में या कैमरे में कब तक कैद करके रख सकते हो?

अश्लीलता का विरोध भी कुछ अश्लील फोटो छापकर ही तो किया जा रहा है क्योंकि उद्देश्य विरोध नहीं, 'माल' बेचना है। 'सिनेमा टर्न्स सेक्सी' इंडिया टुडे 15 नवम्बर, 1991, पृष्ठ 50-56, 'हार्ड सेलिंग सेक्स' सन डे 24-30 नवम्बर, 1991, पृष्ठ 22-31, 'होल्ड दैट पोज', सन डे, 22-28 दिसम्बर, 1991, पृष्ठ 44-52, 'सेक्स, सेक्स, सेक्स', माया, 31 मार्च, 1994, पृष्ठ 18-29 अश्लीलता-विरोध और बदलती यौन-नैतिकता के कुछ उल्लेखनीय उदाहरण भर हैं। समाज जिस समय से होकर गुजर रहा है वहाँ अश्लील और श्लील की सीमा-रेखा समाप्त हो गई है।

पहले नारी को घर में कैद करके शोषण किया जाता था, अब उसे मुक्त करके किया जा रहा है। मुक्ति के सारे अधिकार अन्ततः पुरुष-सत्ता के ही हितों को पोषित

कर रहे हैं। यौन-उद्योग के मालिक निश्चित रूप से पुरुष ही हैं, स्त्रियाँ नहीं। यही कारण है कि ''विज्ञापनों, गीतों, फिल्मों, सीरियलों आदि तमाम सांस्कृतिक रूपों में मनुष्य की देह का आखेट किया जाता है। देह में दिल नहीं, देह में मौजूद 'लिबिडो' इसका निशाना होता है। कैमरे की नजर स्त्री की देह पर इसलिए मचलती है ताकि दर्शक (पुरुष) को स्त्री (सेक्स) नए ढंग से दिखाई जा सके। स्त्री के सेक्स-केन्द्रों (उरोज, जँघाएँ, ओठ, नाभि और योनि) को हमारे फिल्मी गीतों में जिस कलात्मक छल के साथ 'सक्रिय' किया जाता है, वह स्त्री-देह को समूचे समाज का क्रीड़ा-स्थल बना देना चाहता है।''

(नव-साम्राज्यवाद और संस्कृति (1995), पृ. 99 से 125
मुक्त देह के आखेट, डॉ. सुधीश पचौरी)

वयस्क पत्रिकाओं में वकील अंजली कपूर के अर्धनग्न फोटो छपने, छापने और छपवाने को लेकर विवादास्पद बहस हुई। वकीलों, विशेषकर मर्द वकीलों के अनुसार, ''ऐसा करना बार कौंसिल के कायदे-कानूनों का उल्लंघन है इसलिए उसका लाइसेंस रद्द किया जाना चाहिए।'' अंजली की हिमायत में महिला संगठनों का कहना है कि यह उसका 'व्यक्तिगत मामला' है और ऐसा करने का उसे पूर्ण अधिकार है।

अंजली कपूर के अर्धनग्न फोटो मार्च, '93 के डेबनयोर और अगस्त, '93 के फैंटेसी अंक के मुखपृष्ठ पर छपे थे, जिसके बारे में एक महिला पत्रिका सेवी ने अपने अगस्त अंक में एक विस्तृत रिपोर्ट प्रकाशित की। मुखपृष्ठ के अलावा अंजली कपूर का बयान भी छापा गया। इसी आधार पर इंडिया टुडे (नवम्बर, '94) में चारुलता जोशी ने एक और रपट पेश की जिसमें अंजली और उसका बयान भी है। उल्लेखनीय है कि अंजली काला कोट, गाउन और बैंड लगाए तीस हजारी अदालत के सेंट्रल हाल में खड़ी है जबकि तीस हजारी कोर्ट में कोई भी वकील गाउन पहनकर अदालत में पेश नहीं होता। स्पष्ट है कि इंडिया टुडे के लिए यह फोटो प्रायोजित कार्यक्रम रहा होगा।

इंडिया टुडे की उपरोक्त रिपोर्ट के बाद टाइम्स ऑफ इंडिया व अन्य पत्रों ने लगातार तीन दिन (15-17 नवम्बर) मुखपृष्ठ पर अंजली कांड को प्रमुखता से प्रकाशित करके अन्य मीडिया के लिए भी दरवाजे खोल दिए। अंजली कांड टी.वी. तक पहुँच गया और पत्रकार अभी भी मसाला 'खोज' रहे हैं।

इसी बीच अंग्रेजी साप्ताहिक सन (26 नवम्बर-2 दिसम्बर, '94) में छायाकार नरेश सूरी के सौजन्य से अंजली मुखपृष्ठ पर ही नहीं, अन्दर 4 पृष्ठों पर अर्धनग्न फोटो व बयान सहित प्रस्तुत की गई है। फोटो के साथ लेख का शीर्षक है 'शटअप मेल हिप्पोक्रेट्स'। जाहिर है कि अपने ऊपर हुए हमलों का इससे बेहतर जवाब अंजली कपूर और क्या देती?

इससे पहले इंडिया टुडे वाली रिपोर्ट के आधार पर स्थानीय वकील नेता जतन सिंह ने तीस हजारी अदालत के एक मजिस्ट्रेट विनोद कुमार की अदालत में भारतीय दंड संहिता की धारा 292 और 500 के तहत अश्लीलता और मानहानि की शिकायत भी दायर की जो विद्वान मजिस्ट्रेट ने रद्द कर दी। इस ऐतिहासिक निर्णय के अनुसार अंजली के फोटो अश्लील नहीं हैं और इनसे वकीलों की कोई मानहानि नहीं होती।

इस पृष्ठभूमि में बहुत से नैतिक और कानूनी सवाल हैं जिन पर बहस हो रही है या होनी जरूरी है। सबसे पहला सवाल यह है कि क्या अंजली का अर्धनग्न फोटो भारतीय दंड संहिता की धारा 292 की भाषा-परिभाषा और व्याख्या के अन्तर्गत अश्लील है? अगर अश्लील है तो सीधे 'प्रोफेशनल मिस कंडक्ट' का मामला बनता है अगर नहीं है तो 'मिस कंडक्ट' हो भी सकता है या नहीं भी।

जहाँ तक अर्धनग्न फोटो का प्रश्न है तो फोटो देखने के बाद कानून के विद्यार्थी (वकील और न्यायाधीश भी) यह मानेंगे कि अब तक के अनेक निर्णयों के प्रकाश में इन छायाचित्रों को अश्लील नहीं माना जाना चाहिए (कानून के तराजू पर) क्योंकि विभिन्न मामलों में कितनी ही बार अदालतें कह चुकी हैं कि "नग्न औरत के चित्र अश्लील नहीं होते।" फिर अंजली के फोटो तो अर्धनग्नावस्था में ही हैं। कुछ कानूनविदों का मानना है कि अगर अंजली वकील न हो तो फोटो अश्लील नहीं हैं। जब तक यह प्रचारित नहीं हुआ था कि वह वकील अंजली के फोटो हैं तब तक इनके बारे में कोई विवाद भी नहीं हुआ था। जैसे ही पत्र-पत्रिकाओं के माध्यम से अंजली ने स्वयं यह स्वीकार किया कि ये मेरे फोटो हैं और मैं वकील हूँ तभी विवाद को अधिक हवा मिली है। इस तर्क में एक झोल यह है कि कानून की निगाह में फोटो या तो अश्लील है या नहीं है। इस बात का कोई तुक नहीं है कि फोटो किसका है और वह व्यक्ति कौन है, क्या है, किस पद पर है? दंड के लिए कानून की कसौटी (तर्क) अलग-अलग नहीं हो सकती। हाँ, नैतिक रूप से वकील (डॉक्टर, मंत्री, संत्री, न्यायाधीश या सार्वजनिक रूप से जिम्मेदार पद पर कोई भी व्यक्ति) रहते हुए इस प्रकार की मॉडलिंग सहज स्वीकार्य नहीं है और इसे व्यक्तिगत मामला भी नहीं माना जा सकता।

'मिस कंडक्ट' और अश्लीलता के सवाल के साथ-साथ इस बात पर भी विचार किया जाना चाहिए कि अंजली कपूर ने किन परिस्थितियों और विवशताओं में ऐसा करना स्वीकार किया होगा। आर्थिक मजबूरी हो या 'ग्लैमर' का चक्रव्यूह, अंजली इस पूरी प्रक्रिया और व्यवस्था में पुरुष-सत्ता की शिकार ही है। पहले अर्धनग्न फोटो खींचकर (छापकर) पत्र-पत्रिकाओं के मर्द मालिकों ने अपना माल बेचकर मुनाफा कमाया और अंजली को नग्नता के चौराहे पर ला खड़ा किया जहाँ

वह सबके लिए 'यौन-सुख' का साधन मात्र है। अब चारों ओर से घिरी अंजली गुस्से में, विरोध में या बदले की भावना से स्वयं अर्धनग्न फोटो छपवा रही है तो मर्द वकीलों को अपमान महसूस हो रहा है। भले ही मन-ही-मन अधिकांश अंजली को अपने चैम्बर की शोभा बनाने के दुःस्वप्न देख रहे होंगे।

कुछ न्यायिक अफसरों ने सन और फैंटेसी देखते हुए लंच टाइम में व्यंग्य से कहा, "भई, इस ड्रेस में अगर अंजली मेरी अदालत में आए तो...।

आश्चर्य है, एक तरफ महिला संगठन अंजली कपूर के मामले में अर्धनग्न फोटो के प्रकाशन को व्यक्तिगत मामला बता रहे हैं, दूसरी तरफ यही संगठनसभा, गोष्ठियों और सेमिनारों में कहते नहीं थकते कि पत्र-पत्रिकाएँ और मीडिया विज्ञापन के माध्यम से औरतों को वस्तु में बदल रहा है और औरत की अस्मिता खतरे में है। सेंसर बोर्ड में महिलाओं की भागीदारी बढ़नी चाहिए वगैरह...वगैरह।

मर्द वकीलों का यह तर्क कि बार कौंसिल के नियमों के अनुसार वकील होते हुए वह कोई अन्य काम नहीं कर सकती, सही है परन्तु क्या सिर्फ अंजली कपूर इस नियम का उल्लंघन कर रही है? हजारों वकील अन्य धन्धों में लगे हुए हैं। उनका मुख्य काम वकालत है ही नहीं। खबरें पढ़ने से लेकर प्रॉपर्टी डीलिंग तक, इंडस्ट्री चलाने से लेकर टी.वी. प्रोग्राम तक और अदालत से संसद तक कितने वकील क्या कर रहे हैं? इस पर गौर किए बिना जवाब अधूरा ही रहेगा।

पिछले कुछ वर्षों में वयस्क पत्रिकाओं की बाढ़-सी आई है। डेबनयोर के बाद फैंटेसी, प्लेवे, चैस्टिटी, फैबुलेस, गायस एंड गाल्स, अटर-निका वगैरह-वगैरह पत्रिकाओं से बाजार भरा पड़ा है। 35 से 50 रुपए तक की ऐसी पत्रिका हर माह 30,000 से 80,000 तक प्रतियाँ आसानी से बेच लेती है। मध्य वर्ग में रातोरात हीरो बनने और पैसा कमाने से सपने बढ़े हैं, नैतिक मूल्य भी बदले हैं और सबसे अधिक आर्थिक दबाव इतने बढ़ गए हैं कि इतने आकर्षक प्रलोभन छोड़ना मुश्किल हो गया है।

उपभोक्ता संस्कृति सुबह से शाम तक लड़कियों को विज्ञापन के माध्यम से यह समझाने में लगी हुई है कि सुन्दर बनने के लिए कौन-सा क्रीम, पाउडर, लिपस्टिक, कपड़े, परफ्यूम वगैरह-वगैरह इस्तेमाल करें। विवाह के हर विज्ञापन की माँग है कि कन्या बेहद खूबसूरत होनी चाहिए। सारे समाज में लड़कियों को गुड़ियों, खिलौनों-सा सुन्दर बनाने की होड़ लगी है। ब्रह्मांड सुन्दरी और विश्वसुन्दरी को जिस प्रकार गौरव, सम्मान, यश और धन देकर सम्मानित किया गया है, वह मध्यम वर्ग की लड़कियों के लिए सिर्फ सौभाग्य की बात नहीं है। एक ओर सुष्मिता सेन और ऐश्वर्य राय को भारतीय समाज की होनहार बेटियों और सांस्कृतिक दूत के रूप में स्थापित किया जा रहा है, दूसरी ओर अंजली कपूर की खुले दिल से भर्त्सना और विरोध। आखिर क्यों?

आर्थिक उदारवाद के बाद भारत में आई और आ रही बहुराष्ट्रीय कम्पनियों को अपने ब्रांड बेचने के लिए निश्चित रूप से भारतीय मॉडल ही चुनने पड़ेंगे। विदेशी सुन्दरियाँ भारतीय ग्राहक को अपना माल आसानी से बेच नहीं पाएँगी। इसलिए जरूरी है कि भारतीय सुन्दरियों को पहले ब्रह्मांड सुन्दरी और विश्वसुन्दरी का ताज पहनाकर घर-घर में जाना-पहचाना नाम और चेहरा बनाया जाए और फिर अपने ब्रांड बेचने के लिए भेजा जाए। यही सुन्दरियाँ किसी भी पोज में माल बेचलने को मजबूर होंगी क्योंकि पहले ही बहुत से अनुबन्ध बिना सोचे-समझे साइन कर दिए गए हैं। इस खेल में भारतीय प्रायोजक खिलाड़ियों को भी पूरी कमाई का एक बड़ा हिस्सा दलाली में मिलेगा। सुन्दर गुड़िया साल-दो साल बाद टूट जाएगी। बेकार हो जाएगी तो नई गुड़िया को ताज पहना देंगे। और हर खेल मर्द मालिकों के नियमों के अनुसार अनवरत चलता रहेगा। भारतीय संसद बनाती रहे कानून। कौन परवाह करता है?

अंजली कांड भारतीय इतिहास में पहली बाद बेहद पेचीदा कानूनी और नैतिक सवाल बनकर उभरा है। सो इस पर गम्भीरता से विचार और निर्णय करते समय सभी तथ्य और स्थितियों का विवेचन अनिवार्य है। बहुत-सी अंजलियाँ शायद निर्णय की ही प्रतीक्षा कर रही हैं। निर्णय में देरी का अर्थ होगा कि अंजली निर्णय स्वयं कर ले।

सही और गलत ठहराने से पहले सबको अपने-अपने गिरेबान में झाँकना पड़ेगा कि क्या मैंने सही किया या गलत। अंजली सोचे कि उसे वकील बनना है या मॉडल? वकालत करनी है तो ऐसी मॉडलिंग उसे कहाँ ले जाएगी? मॉडलिंग करनी है तो मॉडलिंग करे, वकील के लाइसेंस के सहारे हो गई बहुत 'ख्याति'। बार एसोसिएशन भी सोचे कि महिलाओं को वकालत में उचित वातावरण और अवसर क्यों नहीं मिल पा रहे हैं? पत्र-पत्रिकाएँ आखिर कब तक अंजली को छापकर मुनाफा कमा सकती हैं? समाज के सामने सवाल है कि बेटियों को सम्मानपूर्वक जीने का अधिकार क्या सिर्फ और सिर्फ सुन्दर मॉडल बनकर ही मिल सकता है?

पोर्नोग्राफी (कामोद्दीपक साहित्य, फिल्म वगैरह) की खुली छूट की माँग करनेवाले फिल्म निर्देशकों, निर्माताओं और समर्थकों के तर्क हैं कि पुरुष ऐसी फिल्मों को बेहद पसन्द करते हैं, इसलिए यह सबसे अधिक लाभ कमाने का उद्योग है। यह हजारो-हजार स्त्रियों को रोजगार देता है और कुछ सुन्दरियों को बेहद ग्लैमर भरा जीवन। यहाँ यश, धन, सम्मान, सफलता, सुख और समृद्धि क्या नहीं है? मर्दों के मनोरंजन का इससे बेहतर कोई साधन नहीं, तभी तो ऐसी पत्र-पत्रिकाएँ और फिल्में विश्वभर में करोड़ों डॉलर-पौंड हर साल कमा रही हैं। भारत में भी ऐसी छूट हो जाए तो पोर्नोग्राफिक फिल्म बनाने के सपने देखनेवाले महान निर्देशकों की विजय और आनन्द का अनुमान लगाना मुश्किल नहीं। आखिरकार ऐसी फिल्मों में स्त्री देह की सिर्फ छवि ही तो होती-दिखती है। क्या फैंटेसी और यथार्थ में कोई अन्तर हमें

दिखाई ही नहीं देता? अगर इसी तरह सेंसर करना है तो अभिव्यक्ति की स्वतंत्रता और प्रेस की आजादी का क्या (फायदा) अर्थ है? पोर्नोग्राफी का विरोध करनेवाले तथाकथित बुद्धिजीवी दरअसल अभी भी धार्मिक, उन्मादी, कट्टरवादी, नैतिकता-मर्यादा और शालीनता के मुखौटे, पुरातनपन्थी, परम्परावादी और सामन्ती मानसिकता के शिकार हैं। आर्थिक उदारीकरण और भूमंडलीकरण के इस दौर में भी पोर्नोग्राफी को छूट नहीं मिलेगी तो राष्ट्र की आर्थिक प्रगति असम्भव है। 'बुर्कों की वापसी' नहीं हो सकती। औरतों को घर में कैद करके कब तक रखा जा सकता है?

पोर्नोग्राफी और स्त्री के विरुद्ध हिंसा (यौन हिंसा) तथा स्त्री की स्वतंत्रता-समानता के सवालों पर लम्बे समय से बहस जारी है। ब्रिटेन-अमेरिका व अन्य देशों में पोर्नोग्राफी पर अनेक सरकारी कमीशन बनाए-बैठाए जा चुके हैं। रिपोर्ट पढ़ने पर पता चलता है कि पोर्नोग्राफी उद्योग ने तीसरी दुनिया की स्त्रियों और अबोध बच्चियों के साथ कैसे-कैसे अमानवीय अत्याचार, उत्पीड़न, दमन और हिंसक कुकृत्य करके करोड़ों-अरबों डॉलर-पौंड का अन्तरराष्ट्रीय मनोरंजन उद्योग फैलाया है। पोर्नोग्राफी व्यवसाय से पूँजी की लूटमार करनेवाले प्रकाशक आज दुनिया के अनेक टी.वी. चैनलों के मालिक हैं। पिछले तीस सालों में हुए शोध, सर्वेक्षणों और अध्ययनों से साफ है कि जैसे-जैसे समाज में पोर्नोग्राफी, अश्लील साहित्य-फिल्म-पत्र-पत्रिकाओं की बढोतरी हुई है वैसे-वैसे स्त्रियों और नाबालिग अबोध बच्चियों के विरुद्ध यौन हिंसा के आँकड़ों का ग्राफ भी बढ़ता गया है। निस्सन्देह विश्वभर में औरतों के विरुद्ध यौन हिंसा, लैंगिक भेदभाव और असमानता पोर्नोग्राफी का सबसे महत्त्वपूर्ण योगदान रहा है और रहेगा। 'डीप थ्रोट' से लेकर 'शो गर्ल्स' और 'प्लेब्वाय' से लेकर 'पैंट हाउस' तक के पोर्नोग्राफी उद्योग का इतिहास गवाह है कि इसके कितने हिंसक और भयावह परिणाम 'आधी दुनिया' को भुगतने पड़े हैं। अभिव्यक्ति की आजादी के नाम पर 'आधी दुनिया' को देह के दोराहे पर सिर्फ सेक्स, वस्तु, गोश्त, जानवर और मर्दों के मनोरंजन का साधन बनाने का यह एक ऐसा षड्यंत्र है, जो शायद पितृसत्ता को अभी केवल पूँजी कमाने का सबसे आसान और शर्तिया रास्ता नजर आता है लेकिन समय रहते अगर इसे नहीं रोका गया तो निश्चित रूप से अन्ततः इसके नतीजे विस्फोटक सिद्ध होंगे। कारण स्पष्ट है कि वास्तव में 'एक छोटी सी लव स्टोरी' से उपजे विवादास्पद प्रश्न सम्पूर्ण समाज को 'नॉट ए लव स्टोरी' के नग्नतम यथार्थ तक ले जाकर छोड़ेंगे। सेक्स और हिंसा से भरी जादुई फिल्मी नगरी खुद बारूद के ऐसे विनाशकारी ढेर पर फल-फूल रही है जो कभी भी ज्वालामुखी की तरह फट सकता है। कहने की आवश्यकता ही नहीं कि उस क्षण क्या होगा, कैसा होगा।

शालीनता के स्वेटर जल रहे हैं

अखबारों में चित्र सहित एक खबर प्रकाशित की गई है—'परफ्यूम के लिए निर्वस्त्र हुई सोफी ने पहना स्वेटर'। शीर्षक ही समझा देता है कि स्वेटर की विज्ञापन वाली यह मॉडल कभी परफ्यूम के विज्ञापन के लिए 'निर्वस्त्र हुई' थी। सम्भव है पाँच-छह साल पहले 'निर्वस्त्र होकर' दुनिया भर में 'ओपियम' का विज्ञापन करना सोफी की 'आर्थिक विवशता' रही हो। मगर जिस मीडिया ने इस 'निर्वस्त्र' छवि का निर्माण किया था, वही अब उसकी 'शालीनता' से परेशान है। क्योंकि एक बार 'निर्वस्त्र हुई' (की गई) स्त्री फिर से शालीन होने की कोशिश कर रही है। कुछ साल पहले एक फैशन द्विमासिक पत्रिका ने 'मैन हंट स्पेशल' निकाला था, जिसमें दुनिया की सबसे ज्यादा सेक्सी पैंतीस औरतों के रंगीन चित्र और संक्षिप्त जीवन चरित्र छपे थे। इन स्त्रियों की लिस्ट में राजकुमारी डायना, टेनिस खिलाड़ी सी. एवर्ट, सुपर मॉडल नाओमी कैम्पबैल और शैरोन स्टोन से लेकर पोर्नोग्राफिक फिल्मों की नायिका टैबाथाकैश तक शामिल थीं। किसी को 'बॉडी' या फोकस, और किसी को 'पोर्न स्टार' कहा गया था। एक मॉडल बार्डोट के फोटो के नीचे लिखा था—'सेक्स किटेन'। इनके सर्वाधिक उत्तेजना के क्षणों में परफ्यूम 'आब्सेशन' के विज्ञापन के लिए बिस्तर पर निर्वस्त्र पड़े रहना या समुद्र तट पर निर्वस्त्र पड़े रहना या समुद्र तट पर निर्वस्त्र घूमना बताया गया था।

विज्ञापनों ही नहीं बल्कि समाचारों-विचारों-शीर्षकों और तस्वीरों के प्रकाशन तक में स्त्री के प्रति अवांछित और लिंगभेदी भाषा का प्रयोग किया जाता है। कुछ पत्रिकाओं में तो प्राय: रोज नग्न-अर्धनग्न (फैशन मॉडलों, फिल्मी अभिनेत्रियों, नायिकाओं, सुन्दरियों या खिलाड़ियों के) रंगीन फोटो अनिवार्य रूप से प्रकाशित किए जाते हैं। एक मॉडल (अनाम) के फोटो का शीर्षक है 'रूप का जादू' और नीचे लिखा है 'रंग-बिरंगी रोशनियों के इन्द्रधुनुष की छाँह में अपने रूप और काया का जलवा बिखेरती मॉडल, लोग उसके रूप और अदा के जादू में बँधे मुग्ध भाव में।' रूप के जादू में 'रूप और काया का जलवा' ही नहीं, 'रूप और अदा' का जादू भी जोड़ा गया है। रूप, काया और अदा के जलवे या जादू से दर्शन हों न हों, मगर

शीर्षक-विवरण रचने-रचाने वाला पुरुष 'मंत्रमुग्ध' अवश्य हो गया लगता है। यह भाषा अपनी संरचना में भी उतनी ही आपत्तिजनक जान पड़ती है, जितनी मानसिक मंशा और प्रभाव में है। यह स्त्री मॉडल को मात्र एक सुन्दर शरीर और कमनीय उपभोग की वस्तु मानने-समझने-देखने और वैसे ही रूप में बदलने की भाषा भी है। आम पाठक के दिलो-दिमाग पर 'रूप का जादू' क्या असर करेगा इसका अनुमान लगाया जा सकता है।

दूसरे फोटो में फिल्म 'शिकागो' की नायिका रेने जेलबैगर है, जिसने फिल्म में 'कोरस गर्ल' की भूमिका निभाई है। इसका शीर्षक दिया गया है 'बिजली गिराने मैं हूँ आई।' और नीचे छपा है 'फिल्म के एक दृश्य में रेने की मनमोहक अदा पर झूमते दर्शक।' यहाँ 'अदा', बढ़कर 'मनमोहक अदा' में परिवर्तित हो गई और 'रूप का जादू' दर्शकों-पाठकों पर 'बिजली गिराने' लगा है। दर्शक 'झूम' रहे हैं और पाठक 'घूम' रहे हैं। 'कोरस गर्ल' को देखते ही एक 'डैंजरस गर्ल' या 'बैड गर्ल' घोषित कर दिया—पुरुष (पत्रकार-पाठक) ने। 'बुरी लड़की' के बारे में, बुरा सोचने का नैतिक बन्धन अपने आप खत्म हो गया या हो जाएगा धीरे-धीरे। घर की बहू-बेटियाँ, ऐसी स्त्री को स्वयं ही बुरा कहेंगी, क्योंकि इसे बुरा कहेंगी तभी तो खुद अच्छी कही-मानी-समझी जाएँगी। इसी क्रम में अनेक शीर्षक हैं—'तिरछी निगाहें', 'परी हूँ मैं...', 'परी कहूँ या जलपरी', 'सतरंगी परियों का जमघट', 'फुरसत में बनाया होगा...' और 'उफ! ये कातिल अदा...।' यानी 'अदा' से 'कातिल अदा' तक—सुन्दरियों का शिकार करते शीर्षक हैं। फैशन मॉडल या फिल्मी नायिकाओं के चित्रों पर ही नहीं, बल्कि 'यूथ फेस्टिवल' में गिद्दा प्रस्तुत करने आई छात्राओं के फोटो तक पर शीर्षक वैसा ही है—'ये मनमोहक अदाएँ...।' यही नहीं, प्राय: स्त्री खिलाड़ियों (विशेषकर टेनिस) के उन्हीं फोटो का प्रकाशन के लिए चयन किया जाता है, जिसमें कपड़े अस्त-व्यस्त हों। यह कैसी स्त्री छवि बना रहा है मीडिया? क्यों?

पत्र-पत्रिकाओं का कहना है कि जब फिल्मों में 'पारम्परिक घिसी-पिटी कहानियों को छोड़कर एकदम नए और बोल्ड विषयों को चुना जा रहा है' तो हम कैसे-क्यों पीछे रह सकते हैं? 'ये क्या हो रहा है' में चार लड़के वीडियो पर एक 'ब्लू फिल्म' देखते हुए दिखाए गए हैं, तो 'लीला' में छात्र-नायक अपने सहपाठियों से यह शर्त लगाता हुआ कि वह एक दिन प्रोफेसर नायिका को अपने बिस्तर पर ले जाएगा और अन्तत: ले भी जाता है। 'एक छोटी-सी लव स्टोरी' की नायिका चौदह वर्षीय बालक को यौन 'शिक्षा-दीक्षा' देती है और 'संसार' में बौद्ध भिक्षु यौन तनावों से परेशान मठ छोड़कर निकल पड़ता है। 'फायर' और 'घाव' समलैंगिकता की समस्या के बहाने सेक्स के वर्जित क्षेत्र से परिचय कराने का 'साहस' दिखा रही हैं, तो 'स्टाइल' से लेकर 'बिग सिटी ब्लूज' तक के युवक-युवतियाँ 'ब्रह्मचर्य से

मुक्ति' की तलाश में हैं। ये फिल्में सिर्फ उदाहरण के लिए। मार्निंग शो में दिखाई जानेवाली वयस्क फिल्मों की लिस्ट गिनाने से कोई लाभ नहीं और यह बताने की भी जरूरत नहीं कि इनके अधिकांश दर्शक किशोर (स्कूली या बेराजगार) होते हैं।

सिनेमा से समाचारों तक में स्त्री के सेक्सीकरण के किशारों में सेक्स के प्रति 'आकर्षण' भी बढ़ रहा है और आपराधिक प्रवृत्तियाँ भी। चालीस प्रतिशत किशोर अपराधी यौन अपराधों के दोषी हैं। भाई-बहन द्वारा माँ की हत्या, तीन स्कूली छात्रों द्वारा सहपाठी छात्रा की हत्या और लाश को पेट्रोल छिड़ककर जलाना, दिल्ली विश्वविद्यालय में सरेआम छात्रा से बलात्कार और मौलाना आजाद मेडिकल कॉलेज की छात्रा से किशोरों द्वारा बलात्कार—क्या इन बदली 'बोल्ड' फिल्मों और यौन छवियों का दुष्परिणाम नहीं? नवधनाढ्य वर्ग के छात्रों के पास जब से कार, मोटरसाइकिल, मोबाइल आए हैं तब से यौन अपराध करने की सुविधाएँ और स्थान की उपलब्धियाँ भी बढ़ गई हैं। साधनों और सम्पर्कों के दम पर इतराते, इन लाडले 'शहजादों' का कहना-मानना यह भी है कि कोई उनका क्या बिगाड़ सकता है? बाप के पास बहुत पैसा है और पहुँच भी। बहुत हुआ तो कानून-पुलिस-अदालत 'कुछ दिन के लिए सुधार-गृह भेज देगी'। आज नहीं तो कल जमानत पर रिहा हो जाएँगे। चलो 'मौज-मस्ती' करते हैं। वो देखो 'रूप का जादू'...'हाय सेक्सी।' 'ये बिजली कहाँ गिरेगी आज।' बाजार में यहाँ से वहाँ तक, न जाने कहाँ तक...युवा सपनों के भविष्य में हिंसक घोड़े हिनहिना रहे हैं।

जो चुप हैं, वे अपराधी हैं

देश की राजधानी दिल्ली–नई दिल्ली में प्राय: रोज की तरह आज भी अखबारों में खबरें हैं—दो साल की बच्ची से लेकर, साठ साल की वृद्धा तक से बलात्कार की भयावह दुर्घटनाएँ, हिंसा और यौन हिंसा की बढ़ती वारदातों से देश भर की औरतें दहशत और आतंक में साँस ले रही हैं। पिता ने बेटी को अपनी 'हवस का शिकार' बनाया, युवक ने युवती की 'इज्जत लूटी', ड्राइवर ने वृद्धा से 'मुँह काला किया' नौकर ने बालिका से 'दुष्कर्म' किया, छात्राओं से 'छेड़छाड़' नौकरी का झाँसा देकर युवती से बलात्कार—'अपराधी फरार', कानून और न्याय व्यवस्था 'लाचार'—पुलिस 'बेकार', दलित महिलाओं से बलात्कार के मामले में उत्तर प्रदेश आगे तो आदिवासी स्त्रियों से बलात्कार में मध्य प्रदेश। राजधानी महिलाओं के लिए सबसे ज्यादा असुरक्षित। 96 प्रतिशत अपराधी बाइज्जत रिहा या 'सन्देह का लाभ' पाकर मुक्त। ऐसे खतरनाक समय और समाज में 'जो चुप हैं : वो अपराधी हैं'। कर्नाटक में 'माई लाड्र्स' के 'सेक्स स्कैंडल' की जाँच होगी। सब मौन हैं माई लाड्र्स! खबरें अभी और भी हैं...'दिल्ली बनी ब्लू फिल्मों की सीडी की मंडी', 'फ्रैंडशिप क्लब की आड़ में वेश्यावृत्ति' और 'नहा रही छात्रा को निहार रहा था, गिरफ्तार'। ब्रेक में विश्व और ब्रह्मांड सुन्दरियाँ साबुन से लेकर निरोध तक बेचने में अस्त-व्यस्त हैं। कानून की भाषा में विज्ञापन अश्लील हैं या नहीं मगर बाजार की भाषा में ऐसे ही विज्ञापनों से माल बिकता है...बिक रहा है।

छोटे पर्दे से लेकर बड़े पर्दे तक औरतें बेपर्दा हो गई हैं या कर दी गई हैं। पोर्नोग्राफी की खुली छूट की माँग करनेवाले फिल्म निर्माताओं और निर्देशकों या समर्थकों के तर्क हैं कि मर्द ऐसी फिल्मों को बेहद पसन्द करते हैं, इसलिए यह सबसे अधिक लाभ कमाने का उद्योग है। यह हजारो-हजार सुन्दर स्त्रियों को रोजगार देता है और कुछ विश्व सुन्दरियों को बेहद ग्लैमर भरा जीवन, जहाँ यश, धन, सम्मान, सफलता, सुख और समृद्धि क्या नहीं है? मर्दों के मनोरंजन का इससे बेहतर कोई साधन नहीं, तभी तो ऐसी फिल्में और पत्र-पत्रिकाएँ विश्वभर में करोड़ों डॉलर-पौंड हर साल कमा रही हैं। भारत में भी ऐसी छूट हो जाए तो पोर्नोग्राफिक फिल्म बनाने के सपने देखनेवाले महान निर्देशकों-निर्माताओं की विजय और

आनन्द का अनुमान लगाना मुश्किल नहीं। आखिरकार ऐसी फिल्मों में स्त्री देह की सिर्फ छवि ही तो होती-दिखती है। क्या फैंटेसी और यथार्थ में हमें कोई अन्तर ही दिखाई नहीं देता? अगर इसी तरह सेंसर करना है तो अभिव्यक्ति की स्वतंत्रता और प्रेस की आजादी का क्या अर्थ (फायदा) है? पोर्नोग्राफी का विरोध करनेवाले तथाकथित बुद्धिजीवी दरअसल अभी भी धार्मिक उन्मादी, कट्टरवादी, परम्परावादी और सामन्ती मानसिकता के शिकार हैं। नैतिकता-मर्यादा और शालीनता के 'मुखौटे' हैं। आर्थिक उदारीकरण और भूमंडलीकरण के इस दौर में भी पोर्नोग्राफी की छूट नहीं मिलेगी तो राष्ट्र की आर्थिक प्रगति असम्भव है। 'बुर्कों की वापसी' नहीं हो सकती। औरतों को घर में कैद कर कब तक रखा जा सकता है?

सेंसरशिप, पोर्नोग्राफी और स्त्री के विरुद्ध हिंसा (यौन हिंसा) तथा स्त्री की स्वतंत्रता-समानता के सवालों पर लम्बे समय से बहस जारी है। ब्रिटेन-अमेरिका व अन्य देशों में पोर्नोग्राफी पर अनेक सरकारी कमीशन बनाए-बैठाए जा चुके हैं। रिपोर्ट पढ़ने पर पता चलता है कि पोर्नोग्राफी उद्योग ने तीसरी दुनिया की स्त्रियों और अबोध बच्चियों के साथ कैसे-कैसे अमानवीय अत्याचार, उत्पीड़न, दमन और हिंसक कुकृत्य करके अरबों-खरबों डॉलर-पौंड का अन्तरराष्ट्रीय 'मनोरंजन उद्योग' फैलाया है। पिछले तीस सालों में हुए शोध, सर्वेक्षणों और अध्ययनों से साफ है कि जैसे-जैसे समाज में पोर्नोग्राफी, अश्लील साहित्य तथा फिल्म-पत्र-पत्रिकाओं की बढ़ोतरी हुई है, वैसे-वैसे स्त्रियों और नाबालिग अबोध निर्दोष बच्चियों के विरुद्ध यौन हिंसा, लैंगिक भेदभाव और असमानता बढ़ाने में पोर्नोग्राफी का सबसे महत्त्वपूर्ण योगदान रहा है...रहेगा।

'डीप थ्रोट' से लेकर 'शो गर्ल्स' और 'प्ले ब्वाय' से लेकर 'पैंट हाउस' तक के पोर्नोग्राफी उद्योग का इतिहास गवाह है कि इसके कितने हिंसक और भयावह परिणाम 'आधी दुनिया' को भुगतने पड़े हैं। अभिव्यक्ति की आजादी के नाम पर 'आधी दुनिया' को देह के चौराहे पर सिर्फ सेक्स, वस्तु, गोश्त, जानवर और मर्दों के मनोरंजन का साधन बनाने का यह एक ऐसा षड्यंत्र है जो पूँजी कमाने का सबसे आसान और 'शर्तिया इलाज' (रास्ता) नजर आता है। लेकिन समय रहते अगर इसे नहीं रोका गया तो निश्चित रूप से अन्ततः इसके नतीजे विस्फोटक सिद्ध होंगे। अभी तो हम सिर्फ 'ट्रेलर' देख रहे हैं। सेक्स और हिंसा से भरी जादुई फिल्मी नगरी खुद बारूद के ऐसे विनाशकारी ढेर पर फल-फूल रही है जो कभी भी ज्वालामुखी की तरह फट सकता है। सुसन ब्राउन मिलर के शब्दों में, 'नग्न साहित्य बलात्कार की तरह पुरुषों की खोज है, स्त्री को अमानवीय बनाने के उद्देश्य से स्त्री को यौन-वस्तु में बदलने के लिए, न कि उसकी उत्तेजना और संवेदना को नैतिक मूल्यों से मुक्त करने के लिए। ऐसे साहित्य में हमेशा स्त्री की नग्न छाती और प्रजनन अंगों को ही दिखाया जाता है,

क्योंकि नग्न शरीर उसकी शर्म है। स्त्री के गुप्त अंगों को मर्द अपनी व्यक्तिगत सम्पदा मानता है जबकि अपने अंगों को प्राचीन, धार्मिक, व्यापक, पितृसत्ता का प्रतीक जो स्त्री पर जबरन राज करता है। अश्लील साहित्य विशुद्ध रूप से नारी-विरोधी प्रचार है।

पोर्नोग्राफी के प्रचार-प्रसार के साथ-साथ भारतीय समाज में भी औरतों के प्रति यौन हिंसा निरन्तर बढ़ रही है। पिछले कुछ सालों में बच्चियों से बलात्कार के मामलों में हुई आश्चर्यजनक वृद्धि किस ओर संकेत करती है? अजमेर-चंडीगढ़, जलगाँव और दिल्ली में युवा स्त्रियों की उत्तेजक छवि को कैमरे में कैद करके निरन्तर शोषण, यौन उत्पीड़न और ब्लैकमेल के जो कांड सामने आए हैं वो सचमुच भयावह हैं। इसके पीछे 'संतरी से लेकर मंत्री तक' की साँठगाँठ क्या किसी से छुपी रह गई है? 'मथुरा' से 'भँवरी' तक के बलात्कारों में पुलिस अफसर से लेकर समाज के सवर्ण वर्ग के सम्मानित, प्रतिष्ठित और भद्र पुरुष तक शामिल हैं। समाज, सिनेमा से साहित्य तक में युवा स्त्रियाँ ही नहीं बल्कि दूध पीती बच्चियों तक से बलात्कार और हत्या की खौफनाक कहानियाँ भरी पड़ी हैं। यहाँ बलात्कार की शिकार स्त्री के पास 'शर्म से डूब मरने' के अलावा और कोई रास्ता नहीं है। आत्महत्या नहीं तो कम से कम आत्महत्या का प्रयास तो करेगी ही। नायक बचाने आएगा और खलनायक हर बार चोर दरवाजे से भाग जाएगा। निदेशक-निर्माता सिद्धान्त गढ़ेंगे—"दुनिया की हर खूबसूरत लड़की चाहती है उसके साथ रेप हो...रेप का आधा मजा तो वह लोगों की भूखी निगाहों और तारीफ के फिकरों में लेती है। डरती वह उस घटना से नहीं है, बल्कि उसके तो सपने देखती है। वह डरती है उस घटना को दूर खड़े होकर देखनेवालों की आँखों से, तमाशबीनों से"। क्या 'जख्मी औरत' से लेकर 'बैंडिट क्वीन' तक की बलात्कृत स्त्री 'रेप' के सपने देखती है? 'एक्यूज्ड' से 'लोलिता' तक की नायिका 'रेप' होना चाहती है? 'रत्ती' से 'अल्मा' तक की महिलाएँ क्या रेप के मजे लेती हैं? लगता है पोर्नोग्राफिक फिल्मी संसार में रहते-रहते ऐसे मर्द बौद्धिकों के दिमाग भी पूरी तरह कुंठित, विक्षिप्त, बीगार और विकृत हो गए हैं। सभ्यता और संस्कृति के प्राचीन खँडहरों में, पितृसत्ता के प्रेत अभी तक मँडरा रहे हैं।

ऐसे निराशाजनक समय में सचमुच लगता है कि हर स्त्री को अपनी आत्मरक्षा में खुद ही हथियार बनाने-उठाने पड़ेंगे। अपने बचाव में की गई हत्या भी कोई अपराध नहीं है। असली सवाल स्त्री की अस्मत का नहीं, अस्मिता का है। इस विकल्प या अन्तिम उपाय की सीमाएँ हो सकती हैं लेकिन और रास्ता भी क्या है? सम्बन्धों की किसी भी तो छत के नीचे 'स्त्री देह' (बच्ची से बूढ़ी तक) सुरक्षित नहीं रह गई। असुरक्षा का आतंक घर-बाहर हर जगह गोश्त के लिए गश्त लगा रहा है। अयोध्या से गुजरात तक। बलात्कार की शिकार स्त्री अपराधी नहीं है। अपराधी वो हैं, जो चुप हैं। बोलो, चुप क्यों हो? क्यों रहो!

असली अपराधी फरार हैं

राजधानी के प्रमुख अखबारों के पास, फिलहाल, खबर तो बस इतनी ही थी कि वह लेडी हार्डिंग मेडिकल कॉलेज, दिल्ली के छात्रावास के बाथरूम में 'नहा रही छात्रा' को 'निहार' रहा था। पकड़ा गया। गिरफ्तार कर लिया पुलिस ने। वह युवक हरिद्वार का रहनेवाला है। वह कोरियर पहुँचानेवाले के रूप में हॉस्टल में घुसा था। बाथरूम की ऊँचाई कम है, जिसकी वजह से उसने बाथरूम में नहा रही छात्रा को उचककर 'निहारना' शुरू कर दिया। छात्रा की नजर पड़ी तो उसने फौरन शोर मचाया। शोर सुन शेष छात्राएँ अपने-अपने कमरों से बाहर निकल आईं। काफी लोग वहाँ जमा हो गए। सबने मिलकर उसकी जमकर धुनाई की और अन्ततः पुलिस को सौंप दिया। पुलिस ने मामला दर्ज किया और उसके 'आपराधिक रिकॉर्ड' का पता लगा रही है। मौलाना आजाद मेडिकल कॉलेज की छात्रा के साथ बलात्कार के मामले का अभी कफन-दफन भी नहीं हुआ कि 'नहा रही छात्रा को निहारने' का यह नया 'बखेड़ा' खड़ा हो गया। भाड़ में गए सुरक्षा व्यवस्था बढ़ाने के तमाम पुलिसिया दावे।

यह तो 'कुछ खास' हुआ नहीं। वह तो नहा रही छात्रा को निहार भी नहीं पाया। कुछ हो जाता तो ? हो जाता तो हो जाता। पुलिस किस-किसकी सुरक्षा करे ? उनके पास वी. आई. पी. की सुरक्षा तक का पुख्ता इन्तजाम नहीं। स्त्री 'नहा' रही थी और 'मर्द' निहार रहा था। तरह-तरह के साबुनों से वह रोज टी.वी. में नहाती है और हम सब भी निहारते हैं। छोटे पर्दे पर एकदम बेपर्दा नहाती सुन्दरियों को देखते-देखते किसी भी मर्द (नामर्द) की कामना गर्भवती हो सकती है कि वह अमुक साबुन से मल-मलकर नहाती किसी स्वप्न सुन्दरी (पत्नी, प्रेमिका या किसी भी स्त्री देह) को सजीव देखें। छूकर महसूस करे साबुन का जादू या जादुई साबुन, जो सुन्दरी को विश्वसुन्दरी बना सकती है।

सम्भव है, उसने सोचा हो कि टेलीविजन विज्ञापन की तरह 'वूमेन बाथरूम' में घुसने पर, अनेक सुन्दरियाँ उसे भी चूमेंगी और उसकी देह पर तरह-तरह के लिपस्टिक के पुते होंठों के निशान महकने लगेंगे। शायद वह रुपहले पर्दे के रंगीन सपनों को जीवन में भी सच होते देखना चाहता था। टेलीविजन की सुन्दरी उसकी

पकड़ से बाहर थी। मगर अवचेतन में तो हर क्षण नहाती (रहती) रही होगी। सुन्दर स्त्री देह की भ्रामक छवि से अभिभूत, वह अपना रास्ता भूल-भटक गया होगा। वह ऐसा पहला और अन्तिम मर्द नहीं, जो 'पोर्नोग्राफिक इमेज' का शिकार हुआ। लाखों युवकों (युवतियों) को ब्लू फिल्मों और अश्लील साहित्य ने मानसिक रूप से कुंठित, विकृत, विक्षिप्त और मनोरोगी बनाया है और लगातार बनाया जा रहा है। भारतीय फिल्मों में तो नायिका को बरसात से लेकर गंगा-यमुना या 'बाथरूम' से लेकर 'स्वीमिंग पूल' तक में नहाते हुए 'शूट' करना लगभग एक धार्मिक संस्कार की तरह अनिवार्य है। मनोरंजन और सौन्दर्य उद्योग से सेवा उद्योग तक में सिर्फ सुन्दर स्त्री चाहिए। 'मैरिज मार्केट' भी सिर्फ सुन्दर कन्याओं के लिए। मगर यहाँ शिक्षित, सुशील, गृहकार्य में दक्ष और संस्कारवान भी होना परम आवश्यक है। शायद यह भी घर से बाहर-बिकनी में नहाती किसी स्त्री देह को निहारने निकला था...पर पकड़ा गया। निश्चित रूप से वह निम्न-मध्यमवर्ग और किसी कस्बे से सीधा राजधानी आ गया लगता है। 'शहरी सभ्यता' से अपरिचित और अनुभवहीन। हाँ, याद आया कि वह तो हरिद्वार का रहनेवाला है। हरिद्वार में भी वह जरूर 'गंगास्नान' करती स्त्रियों को निहारता (रहा) होगा। वहाँ वह अकेला नहीं होता होगा। वहाँ तो देश भर के अनेक सुप्रसिद्ध फोटोग्राफर तक कैमरे में 'जूम' या 'टैलीलेंस' लगा, गंगास्नान करती स्त्रियों को निहारते ही नहीं बल्कि स्त्री देह की नग्न छवियों को कैमरे में कैद भी करते रहते हैं। गंगा में नहा रही स्त्रियों की नग्न-अर्धनग्न एक-एक छवि को, हजारों रुपए-डॉलर-पौंड में बेचा जाता होगा। ऐसे कितने ही 'कलात्मक छायाचित्र' पत्र-पत्रिकाओं और किताबों में हम सब (बड़े शौक से) निहारते (रहते) हैं। है ना!

भारत के गाँवों-कस्बों में अभी तक दलित-आदिवासी या गरीब औरतों को निर्वस्त्र करके सरेआम घुमाना, चरित्रहीनता के लांछन लगाना और अपमानित करना आम बात है। उत्तर प्रदेश, मध्य प्रदेश, राजस्थान और गुजरात ही नहीं पंजाब और हरियाणा में भी ऐसे अमानवीय कांड होते रहते हैं, जिसमें पुलिस से पंचायत तक शामिल होती है। माया त्यागी से फूलन और भँवरी से परमजी तक—सबकी व्यथा-कथा एक जैसी ही है। पर्दे, पोस्टर, पत्र-पत्रिकाओं और फोटो में नग्न स्त्री देह देख-देखकर मर्दों के अवचेतन में सजीव स्त्री देह को निर्वस्त्र देखने की आदिम आकांक्षा निरन्तर बलवती होती रहती है। अन्य कारणों के साथ-साथ स्त्री को निर्वस्त्र घुमाने के पीछे यह मानसिक विकृति भी सक्रिय रहती है। निर्बल स्त्री को सार्वजनिक स्थल पर निर्वस्त्र किया जाता है और थोड़ी सबल स्त्री को फिल्मी पर्दे पर—उसकी अपनी सहमति (आर्थिक दबाव) से। सहमति न दे तो उसकी जगह 'डुप्लीकेट' को इस्तेमाल किया जाता (रहा) है।

पुलिस द्वारा पकड़े गए या गिरफ्तार इस युवक पर अदालत में मुकदमा चलेगा। पता नहीं पुलिस ने भारतीय दंड संहिता की कौन–कौन सी धारा लगाई है। ज्यादा से ज्यादा धारा 354 और 509 लगाई होगी। दोनों ही प्रावधान संज्ञेय अपराध नहीं और जमानत योग्य भी हैं। यानी आज नहीं तो कल जमानत पर छूट जाएगा। सालों मुकदमा चलेगा और नहीं मालूम कि गवाही के समय गवाह कहाँ होंगे? क्या कहेंगे? होस्टल डर के मारे चुप रहो या लालच, दबाव और ऊबकर 'होस्टाइल' हो जाएगा—कहना कठिन है। सजा के सवाल पर माननीय न्यायमूर्तियों के कुछ फैसले उल्लेखनीय हैं। पंजाब और हरियाणा उच्च न्यायालय के न्यायमूर्तियों ने एक मुकदमे में कहा कि अभियुक्त द्वारा सात महीने की बच्ची के विशेषांगों से छेड़छाड़ करना कोई अपराध नहीं है, क्योंकि 'शी इज फिजिकली इनकैपेबल ऑफ हैविंग ऐनी सेंस ऑफ मॉडेस्टी' कानून की भाषा और न्यायिक परिभाषा के इस शिल्प और स्वरूप को क्या कहा जा सकता है?

इसी क्रम में त्रिपुरा उच्च न्यायालय के एक न्यायमूर्ति ने धारा 354 की विद्वत्तापूर्ण व्याख्या करते हुए कहा कि इस धारा के अन्तर्गत अपराध के लिए 'बल प्रयोग' अनिवार्य है। 'जहाँ अभियुक्त के विरुद्ध सिर्फ यह साक्ष्य हो कि उसने अपने कपड़े उतारे और गुप्तांग महिला को दिखाए, यह अपने आपमें धारा 354 के तहत कोई अपराध नहीं होगा' (1963 क्रिमिनल लॉ जर्नल 391)।

इन फैसलों के बाद, न्यायिक दृष्टिकोण में कुछ बदलाव जरूर दिखाई देता है। परन्तु कुल मिलाकर कानून और न्याय व्यवस्था का मानसिक ढाँचा तो मूलतः सामन्ती, उपनिवेशवादी और मर्दवादी ही बना हुआ है। कोई आमूल–चूल परिवर्तन तो हुआ नहीं। ऐसे में स्त्री के विरुद्ध हिंसा या यौन हिंसा (मानसिक या शारीरिक उत्पीड़न, शोषण और उल्लंघन) के अपराधियों को सचमुच कैसे दंडित किया जाए या सुधारा और रोका जाए? निःसन्देह आजादी के बाद, स्त्रियों में शिक्षा के साथ–साथ जागरूकता और चेतना ही नहीं, विरोध शक्ति भी बढ़ी है। लेकिन इसके अनुरूप पुरुष मानसिकता में उतना बदलाव नहीं दिखाई देता, जितना अपेक्षित है। स्त्री के बढ़ते विरोध–प्रतिरोध में पितृसत्ता का दमन, उत्पीड़न, शोषण और अत्याचार भी लगातार बढ़ता गया है। खैर...इस बीच विशेष समाचार यह है कि दिल्ली 'पोर्नोग्राफिक' फिल्मों की सी.डी. की सबसे बड़ी मंडी बनती जा रही है। अश्लील फिल्मों की सी.डी. बनानेवालों के यहाँ छापों में करोड़ों का माल पकड़ा गया है। अभियुक्तों पर भारतीय दंड संहिता 1860 की धारा 292 के तहत मुकदमा चलेगा। यह अपराध भी संज्ञेय नहीं और जमानत योग्य है। हाथो–हाथ जमानत करवा के, फिर पुराने धन्धे में लौट आएँगे—वेश्याओं की तरह। दूसरी खबर यह है कि दिल्ली उच्च न्यायालय के माननीय न्यायमूर्तियों ने एड्स के खिलाफ विश्व भर में छेड़े गए

अभियान को देखते हुए अधिकारियों को आदेश-निर्देश दिए हैं कि वे जल्द-से-जल्द राजधानी के 'रेडलाइट एरिया' में 'कंडोम' की आपूर्ति करें। विद्वान वकीलों का तर्क था कि 'यदि इन जगहों पर जानेवाले लोगों में 'एड्स' फैलने से रोकना है, तो हर हाल में 'कंडोम' की आपूर्ति करनी चाहिए।'

'पोर्नोग्राफी' मर्दों को 'रेडलाइट एरिया' तक पहुँचाने की उत्प्रेरक होंगी और ऐसे मर्दों को 'एड्स' से बचाने के लिए सरकार (अदालत के आदेशानुसार) मुफ्त 'कंडोम' का इन्तजाम करेगी। मर्दों को न 'पोर्नोग्राफी' देखने से रोका जा सकता है और न 'रेड लाइट एरिया' में जाने से। रोकेंगे तो 'पोर्नोग्राफी' से 'कंडोम' तक बेचनेवाली राष्ट्रीय-बहुराष्ट्रीय कम्पनियाँ दिवालिया नहीं हो जाएँगी क्या? मर्दों के मनोरंजन के इन तीनों व्यवसायों को बनाए-बचाए रखने के लिए, पतिता उद्धारकों से लेकर सरकार तक कितनी दृढसंकल्प है? क्यों न हो—'एटलिस्ट कंडोम इज कमफर्टेबल'...रैदर मोस्ट कमफर्टेबल फॉर देम। लालबत्ती की कारों वाला इलाका, लालबत्ती इलाके को ऐसे ही 'रिमोट कंट्रोल' से संचालित करता है। ऐसे में, नहा रही स्त्रियों को निहारनेवाले मर्दों को कैसे दोषी ठहराया जाए या जाएगा? तमाम असली अपराधी तो फरार हैं!

ये (साहब) झूठ बोल रहे हैं

मध्य प्रदेश के एक प्रमुख समाचार पत्र ने खबर दी है—'दलितों पर अत्याचार में बढोतरी का एक कारण झूठे मुकदमे भी', बढ़ोतरी में सबसे बड़ा हाथ 'मुआवजे के लालच में' दर्ज कराए गए 'झूठे' मुकदमों का है। पिछले साल की तुलना में (4500) इस साल (6150) करीब 30 प्रतिशत की बढ़ोतरी दर्ज की गई है। एक वरिष्ठ पुलिस अधिकारी (?) के अनुसार 'ऐसे झूठे मामलों' की संख्या 15 से 20 फीसदी होगी मगर कलेक्टर भोपाल का कहना है कि 'झूठे मामले तो दर्ज होते हैं, पर इनकी संख्या 10 फीसदी से ज्यादा नहीं होगी। बलात्कार के मामले में मुआवजा अधिकतम एक लाख और फसल बरबाद होने पर 25 हजार रुपए मिलते हैं और झूठे मुकदमे करनेवाले, मुआवजा मिलने के बाद, अदालत में बदल जाते हैं। राष्ट्रीय अपराध रिकाड्र्स ब्यूरो के आँकड़े बताते हैं कि अनुसूचित जातियों और जनजातियों के मामलों में केवल 5 प्रतिशत अभियुक्तों को ही सजा सुनाई गई है। क्या इसका अर्थ यह माना जाए कि शेष 95 प्रतिशत मुकदमे झूठे थे ? मुकदमे झूठे हैं या सच्चे—क्या अब इसका फैसला भी पुलिस या कलेक्टर करेगा ? मुआवजा न मिलनेवाले मुकदमों में क्या गवाह बयान नहीं बदलते ? फिलहाल तो इस खबर से यही पता नहीं चलता कि वरिष्ठ पुलिस अधिकारी (?) झूठ बोल रहा है या भोपाल के कलेक्टर ? सम्भव है दोनों को ही सच का पता न हो !

उल्लेखनीय है कि अनुसूचित जातियों पर अत्याचार (अपराध) के मामले में उत्तर प्रदेश और जनजातियों पर अत्याचार के मामले में मध्य प्रदेश सबसे आगे है। पुलिस अधिकारियों के अनुसार मध्य प्रदेश में 'दलित एजेंडे' के तहत शासन और पुलिस मुख्यालय से पड़नेवाले 'दबाव' के कारण भी पुलिस कार्यवाही में 'तेजी' आई है। अपने अधिकारों के प्रति 'जागरूकता' बढ़ने की वजह से अब लोग पुलिस में शिकायत करने से नहीं झिझकते। इसका एक अर्थ यह है कि पुलिस को मुख्यालय में दबाव में केस दर्ज करने पड़ते हैं। मुख्यालय के दबाव के कारण अपराधों के आँकड़े बढ़ गए हैं। वरना तो मुकदमे दर्ज ही नहीं करते और 'अधिकारों के प्रति जागरूकता' भी तो बढ़-बढ़ा दी गई है। क्या करें ?

पुलिस मुख्यालय, मध्य प्रदेश, भोपाल द्वारा समय-समय पर जारी कुछ महत्त्वपूर्ण परिपत्र पढ़ने पर पता चलता है कि मुख्यालय का दबाव क्या और क्यों है। 26 मई, 1980 परिपत्र क्रमांक 6/80 'पुलिस द्वारा महिलाओं से साथ व्यवहार करने की बाबत' है, जिसमें लिखा है, ''महिलाओं के साथ पुलिस द्वारा बलात्कार करने अथवा अभद्र व्यवहार करने की कतिपय घटनाएँ प्रकाश में आई हैं। महिलाओं के साथ हुई कुछ अप्रिय घटनाओं के कारण न केवल पुलिस की छवि धूमिल होती है वरन् जनता का विश्वास भी पुलिस पर से उठ जाता है। इस प्रकार की घटनाओं की रोकथाम के लिए प्रभावी कदम उठाना आवश्यक है।'' 3 सितम्बर, 1992 के एक और परिपत्र 3069/92 के अनुसार, 'महिला आरोपियों के साथ अभद्र व्यवहार करने की घटनाएँ प्रकाश में आई हैं।' इसी क्रम में 9 फरवरी, 1999 को जारी परिपत्र 365/99 में लिखा है—'महिलाओं विशेषकर कामकाजी महिलाओं और छात्राओं के साथ असामाजिक तत्त्वों के द्वारा छेड़छाड़ तथा फिकरेबाजी करने की शिकायतें प्राय: आती रहती हैं। कभी-कभी प्रतिकार करने पर छेड़छाड़ की ये घटनाएँ हिंसात्मक रूप ले लेती हैं और ऐसे हादसे भी हैं जो पीड़ित महिला के व्यक्तित्व, जीवनदर्शन तथा विचारधारा को ही बदल देते हैं। 3 दिसम्बर, 1998 को अम्बिकापुर में घटित दुखद घटना जिसमें महाविद्यालय परिसर में कुछ उच्छृंखल छात्रों द्वारा एक प्रतिकार कर रही छात्रा को जीप से कुचलकर मार डाला गया, इसका एक दुर्भाग्यपूर्ण दृष्टान्त है। इस प्रकार की घटनाएँ सभ्य समाज के लिए लज्जास्पद तो हैं ही, साथ ही पुलिस की कार्यक्षमता पर प्रश्नचिह्न भी लगाती हैं।' इसी परिपत्र में 'महिलाओं-छात्राओं में साहस तथा आत्मविश्वास पैदा करने के लिए चेतना शिविर' लगाने और 'उन्हें आत्मरक्षा के अधिकार के सम्बन्ध में धारा 96 और 106 भारतीय दंड विधान के प्रावधानों से अवगत' कराने की सलाह दी गई है।

कुछ ही दिन बाद पुलिस मुख्यालय, मध्य प्रदेश ने 17 फरवरी, 1999 को एक परिपत्र 444/99 जारी किया। जिसमें कहा गया है हत्या, बलात्कार, छेड़छाड़, दहेज आदि की शिकायत होने पर अपराध प्रकरण की कायमी और बाद में विवेचना में विलम्ब की शिकायत प्राय: आती रहती है। इसे लेकर उत्पीड़न की शिकार महिलाओं एवं समाजसेवी संगठनों द्वारा अपना असन्तोष तथा आक्रोश यदाकदा प्रदर्शनों आदि के माध्यम से व्यक्त किया जाता है। साथ ही पुलिस पर निष्क्रियता तथा अपराधियों से मिलीभगत के आरोप तक लगाए जाते हैं। यह आवश्यक नहीं है कि इस प्रकार के आरोप सही हों किन्तु सभी आरोप निराधार हों, ऐसा भी नहीं है? आगे स्पष्ट किया गया है कि 'महिला उत्पीड़न के प्रकरण अत्यधिक संवेदनशील होते हैं क्योंकि इनका बीभत्स तथा कुत्सित रूप जनमानस को उद्वेलित करता है और साथ ही समाज में आक्रोशमय तथा क्षोभकारी प्रतिक्रिया को जन्म देता है। यह प्रतिक्रिया कानून

व्यवस्था की गम्भीर समस्या का रूप ले ले, इसकी सम्भावना सदैव बनी ही रहती है, अत: यह आवश्यक है कि उतनी ही संवदेनशीलता और प्रतिबद्धता से इन प्रकरणों में पुलिस कार्यवाही भी हो।' पुलिस मुख्यालय का कहना है कि 'पूर्व में समय-समय पर इस सम्बन्ध में कई परिपत्र जारी किए गए हैं। किन्तु ऐसा जान पड़ता है कि उनमें निहित निर्देशों/मार्गदर्शन को विस्मृत-सा कर दिया गया है।'

यही नहीं, मुख्यालय द्वारा जारी परिपत्र 2393/99 दिनांक 24 जुलाई, 99 में स्वीकार किया गया है, "प्रदेश में महिलाओं को सार्वजनिक स्थलों पर निर्वस्त्र घुमाकर अपमानित तथा प्रताड़ित करने की कुछ घटनाएँ प्रकाश में आई हैं।" इस सन्दर्भ में 'महिला थाने को अधिक सक्रिय और सशक्त बनाने की बाबत' परिपत्र 343/96 दिनांक 27 जनवरी, 1997 को ही स्वीकार कर लिया गया था कि "मुख्यत: महिला थानों को संचालित करने का उद्देश्य यह है कि एक महिला फरियादी, जो किसी उत्पीड़न या बलात्कार की शिकार हुई हो, वह अपनी व्यथा को एक महिला अधिकारी के सामने बिना हिचक या भय के निडर होकर बता सकेगी। लेकिन खेद का विषय है कि महिला थानों में जिस गति से कार्यवाही होनी चाहिए थी, वह अपेक्षाकृत नहीं हो पा रही है। महिला थानों में अपराधों का पंजीयन एवं विवेचना बहुत ही कम एवं निराशाजनक रही है। इससे स्पष्ट है कि महिलाओं से सम्बन्धित अपराधों को महिला थानों में न सौंपकर सामान्य थानों में ही विवेचना की जा रही है जो महिला थानों की स्थापना के मूल उद्देश्य को ही निरर्थक बना रहे हैं।"

उपरोक्त पत्र में यहाँ तक लिखा है, "महिला थानों को वाहन भी उपलब्ध नहीं कराए गए हैं, जहाँ आधुनिकीकरण के तहत महिला थानों को वाहन आवंटित भी किए गए हैं, वहाँ के वाहनों का कहीं और इस्तेमाल किया जा रहा है, महिला थानों को मात्र औपचारिकता भर समझा जा रहा है। यह स्थिति चिन्ताजनक है। मुख्यालय के लिए 'चिन्ताजनक' है, मगर पुलिस अधिकारियों के लिए 'दबाव'/परिपत्र और भी हैं। बहुत से हैं, लेकिन अन्त में 20 दिसम्बर, 2000 का एक और परिपत्र 'बलात्कार तथा शीलभंग के प्रकरणों की रोकथाम-जन-जागृति अभियान का आयोजन' है। इसमें लिखा है, "राष्ट्रीय अपराध अभिलेख ब्यूरो भारत सरकार, नई दिल्ली द्वारा प्रकाशित क्राइम इन इंडिया वर्ष 1998 के अनुसार, बलात्कार और शीलभंग के प्रकरणों की संख्या मध्य प्रदेश में अन्य राज्यों की तुलना में सर्वाधिक रही। यह आवश्यक जान पड़ता है कि इन प्रकरणों की वृद्धि के सम्बन्ध में स्थानीय स्तर पर परीक्षण समीक्षा कर रोकथाम के लिए आवश्यक कार्रवाई की जाए क्योंकि इस वृद्धि के कारण पुलिस को प्राय: विभिन्न स्तरों पर आलोचना का शिकार होना पड़ता है।"

क्या अभी भी पुलिस अपने बयान पर कायम रहेगी?

दोहरा अभिशाप झेलतीं दलित औरतें

खंडवा जिले में मंडवा गाँव में भील समाज के सम्मेलन में महिलाओं की नीलामी की घटना को 'समाज के लिए अशुभ संकेत' और 'औरत के अस्तित्व और अस्मिता पर आघात' मानते हुए, मध्य प्रदेश राज्य महिला आयोग की अध्यक्ष डॉ. सविता इनामदार ने एक समाचार पत्र में लिखा है—''पन्ना में जब कुट्टूबाई सती कर दी जाती है या इन्दौर की संगीता खन्ते को सुरक्षा देने के लिए विवश होना पड़ता है अथवा बागली की तारा को निर्वस्त्र घुमाया जाता है या खंडवा में नीलामी होती है तो इन सबके पीछे पुरुष प्रधान समाज की एक ही मनोवृत्ति स्पष्ट दिखाई देती है—पति के बगैर स्त्री का कोई अस्तित्व नहीं। यदि इसकी कोशिश कोई स्त्री करती है तो वह घोर दंड या मौत की अधिकारिणी बनती है। इस प्रकार की दुर्घटनाओं, जो कि कुप्रथाओं की संकेतक हैं, के मुख्य कारण हैं—समाज का पिछड़ापन, अशिक्षा और गरीबी। पिछड़ेपन के चलते जाति प्रथा, छुआछूत के साथ ही ऐसे समाज में 'स्त्री बनाम प्रजनन अंग' की खतरनाक मानसिकता स्त्री के प्रति हिंसा और अत्याचार के लिए जिम्मेवार है। ऐसे पिछड़े लोग यह सोच ही नहीं पाते कि स्त्री सेक्स के अलावा भी कुछ और है, सच पूछा जाए तो बहुत कुछ है। स्त्री सेक्स के अलावा मनुष्य है इसलिए उसके मानव अधिकार हैं।''

उपरोक्त लेख छपने के पाँच दिन बाद ही एक और खबर 'निर्वस्त्र घुमाई गई महिला ने अपनी दास्तान सुनाई'। दास्तान यह है कि खंडवा जिले के पछाया गाँव की अनुसूचित जाति की महिला और उसकी बेटी को निर्वस्त्र कर गाँव में घुमाया गया और बेटी के साथ गाँव के चार युवकों द्वारा सामूहिक बलात्कार किया गया। इस दुर्घटना के बारे में जिला कलेक्टर मनु श्रीवास्तव और एस.पी. अरवेटो सेमा का दावा है कि ''माँ-बेटी ने निर्वस्त्र कर गाँव में घुमाए जाने या बलात्कार की शिकायत प्राथमिकी दर्ज कराते समय नहीं की थी।'' मतलब ये स्त्रियाँ झूठ बोल रही हैं, जबकि यह तथ्य-सत्य चीख-चीखकर कह रहे हैं 'ये (साहब) झूठ बोल रहे हैं।'

डॉ. इनामदार के अनुसार, इस प्रकार की दुर्घटनाओं के मुख्य कारण 'समाज का पिछड़ापन, अशिक्षा और गरीबी' हैं। स्पष्ट है कि लोग गरीबी के कारण अशिक्षित

हैं और परिणामस्वरूप पिछड़े भी। सरकार चलाती रहे 'पढ़ना-बढ़ना आन्दोलन' और कहती रहे 'हमें' जानना चाहिए, समझना चाहिए कि "घरों में, खेतों-खलिहानों में, बाजारों में, हर जगह है, हमारी हिस्सेदारी/फिर क्यों न अक्षरों की दुनिया में दाखिल हों हम/बेहतर समझ के लिए, बेहतर कल के लिए।" मगर डॉ. इनामदार के शब्दों में, "ऐसे पिछड़े लोग यह सोच ही नहीं पाते (सकते) कि स्त्री सेक्स के अलावा भी कुछ और है...।" क्या सिर्फ पिछड़े लोग ही ऐसा 'सोच ही नहीं पाते' या सकते? क्या शिक्षित, सम्पन्न और सवर्ण भी ऐसा ही नहीं सोचते-समझते? गरीब, अशिक्षित और पिछड़े, ऐसा नहीं सोच पाते या सकते तो कारण समझ में आता या आ सकता है। लेकिन शिक्षित, सम्पन्न और सवर्ण तो सोच-समझ सकते हैं। फिर क्या कारण है कि वहाँ भी स्त्री सेक्स के अलावा 'कुछ नहीं' समझी जाती? स्त्री के विरुद्ध हिंसा या यौन हिंसा में सवर्ण (शिक्षित और सम्पन्न) समाज ही सबसे आगे (रहा) है। माया त्यागी से लेकर मथुरा और भँवरीबाई तक या रूपकँवर से लेकर नयना साहनी और शालिनी भटनागर कांड तक में मुख्य अभियुक्त कौन हैं? सवर्ग, शिक्षित, सम्पन्न और शहरी प्रतिष्ठित भद्रजन/मनु शर्मा, सुशील शर्मा और आर. के. शर्मा तक कितने नाम बताऊँ-गिनाऊँ! इस खौफनाक सत्य के बावजूद विद्वान न्यायमूर्ति ने भँवरी बलात्कार कांड में क्या कहा यही ना कि 'सवर्ण दलित महिला के साथ बलात्कार नहीं कर सकते।' क्या अधिकांश दहेज हत्याएँ, सवर्णों और शिक्षितों के यहाँ 'स्टोव फटने' या 'खाना बताते समय साड़ी में आग लगने' से ही नहीं होती (रही) हैं?

डॉ. इनामदार जब यह कहती हैं कि स्त्री सेक्स के अलावा भी कुछ और है तो क्या इसका अर्थ यह नहीं कि स्त्री 'सेक्स' तो है ही, पर 'सेक्स के अलावा भी कुछ और है...बहुत कुछ (?) है। स्त्री सेक्स के अलावा मनुष्य है।' बहुत कुछ है मगर सेक्स के है। इसी तर्ज पर एक सिद्ध-प्रसिद्ध-वृद्ध, विचारक-चिन्तक-सम्पादक ने ताजा सम्पादकीय में लिखा है—'अश्लीलता सिर्फ औरत के शरीर में ही नहीं होती।' यानी 'अश्लीलता' कहीं और भी हो सकती है मगर औरत के शरीर में तो होती ही है। 'सिर्फ औरत के शरीर में ही नहीं होती' लिखते-कहते समय क्या 'अश्लीलता' सिर्फ औरत के शरीर में कहीं दिखाई दे रही? यहाँ 'सिर्फ' और 'ही' बहुत सोच-समझकर लिखे शब्द हैं, जिनका अर्थ (अनर्थ) बेहद पारदर्शी ही नहीं बल्कि अत्यन्त घातक भी है। दरअसल 'अश्लीलता' औरत के शरीर में नहीं पुरुष के दिमाग या दृष्टि में ही होती है। पितृसत्तात्मक समाज में अधिकांश पुरुषों को हर खूबसूरत स्त्री एक 'खूबसूरत दुश्मन' और हर स्त्री देह 'अश्लील' नजर आती है, अगर वह उसकी अपनी माँ, बहन या बेटी नहीं है। खूबसूरत स्त्री चूँकि 'दुश्मन' है, इसलिए 'दुश्मन' के साथ 'रेप' को अपना परम धर्म मानते हैं। परन्तु सिद्धान्त (या सफाई)

यह रचते-गढ़ते हैं कि 'दुनिया की हर खूबसूरत लड़की चाहती है कि उसके साथ रेप हो', ताकि हर 'रेप' को सहमति से सम्भोग में बदला या व्याख्यायित किया जा सके। 'आदमी की निगाह में औरत' सेक्स के अलावा और कुछ भी नहीं। शायद इसीलिए कहा गया है या कहा जाता है 'स्त्री मुक्ति का असली मुद्दा सेक्स मुक्ति है।' क्योंकि अन्ततः 'सेक्स मुक्ति' सवर्ण, शिक्षित और सम्पन्न समाज के पुरुषों के ही हित में जाती है। और हम यह कैसे और क्यूँ भूल (?) जाते हैं कि शिक्षित-प्रशिक्षित और सम्पन्न (सवर्ण वर्ग) लोगों ने ही गरीब, अनपढ़ और पिछड़े समाज का सबसे अधिक शोषण और उत्पीड़न किया है/कर रहे हैं।

डॉ. इनामदार 'स्त्रियों के आर्थिक सशक्तीकरण' और 'स्त्रियों से सम्बन्धित कानूनों में परिवर्तन की आवश्यकता' पर जोर देते हुए कहती हैं कि 'न्याय भी शीघ्र मिल सके, यह सुनिश्चित करना आवश्यक है ताकि स्त्री के खिलाफ हिंसा और अत्याचार के प्रकरणों में कमी आ सके।' मगर सवाल यह है कि 'आर्थिक सरलीकरण', 'कानूनों में परिवर्तन' और शीघ्रतम न्याय को सुनिश्चित कौन करेगा? कब करेगा? कैसे करेगा? और क्यों करेगा? सामाजिक, आर्थिक और राजनीतिक सत्ता पर तो अभी सवर्ण पुरुषों का ही वर्चस्व है। वे यह सब क्यों करेंगे? राज्य महिला आयोगों समेत राष्ट्रीय महिला आयोग में पदासीन सुशिक्षित और सजग महिला प्रतिनिधियों की पहल के बिना यह सब सम्भव नहीं। क्या महिला आयोग के पास राष्ट्रीय स्तर पर बदलाव लाने सम्बन्धी, ऐसी कोई सम्पूर्ण या विस्तृत, योजना-परियोजना है? अगर अब तक नहीं भी बन पाई, तो क्या निकट भविष्य में कोई सम्भावना है?

अछूत की शिकायत कौन सुनेगा?

> **''अछूत जाति-प्रथा का ही एक उपउत्पाद है। अछूत रहेंगे क्योंकि जातियाँ बरकरार हैं। जाति-प्रथा के विनाश के सिवाय अछूतों के उद्धार का कोई रास्ता नहीं है। अगामी संघर्ष में इस घिनौनी कट्टरता को मिटाने के अलावा हिन्दुओं को बचाने और उनका अस्तित्व सुरक्षित रखने का कोई और रास्ता नहीं है।''**
>
> **(बाबा साहेब अम्बेडकर, हरिजन खंड-1, 1933, पृ. 3)**

दलितों पर लगातार बढ़ते अत्याचारों (अपराधों) को रोकने के लिए भारतीय संसद द्वारा 'अनुसूचित जाति और जनजाति (अत्याचार निरोधक) अधिनियम, 1989 पारित किया गया था। राष्ट्रपति की अनुमति 11 सितम्बर, 1989 को ही मिल गई थी लेकिन अधिनियम को 30 जनवरी (महात्मा गांधी बलिदान दिवस) 1990 से लागू किया गया। इस विशेष कानून के तहत विशेष अदालतों का भी गठन किया गया, मगर दलितों के विरुद्ध हिंसा और यौन हिंसा के आँकड़ों में कमी होने की बजाय वृद्धि ही होती रही है। अनुसूचित जाति के विरुद्ध हुए अपराधों में उत्तर प्रदेश और जनजाति के विरुद्ध होनेवाले अपराधों में मध्य प्रदेश सबसे आगे हैं। गुजरात, राजस्थान और महाराष्ट्र इनके पीछे-पीछे। अधिनियम बनने के तेरह साल बाद भी वस्तुस्थिति यह है कि देश के अधिकांश दरोगाओं और कानून व्यवस्था के प्रहरियों को प्रावधानों की भाषा-परिभाषा अक्सर उलझन में डाले रहती है। परिणामस्वरूप 95 प्रतिशत अपराधी 'सन्देह का लाभ' उठाते हैं और या बाइज्जत बरी हो जाते हैं। या सजा कम करवाने में कामयाब। सालों कोर्ट-कचहरी के बाद पता चलता है कि अभी तक मुकदमा जिस अदालत में चल रहा था, उसे सुनवाई करने का अधिकार ही नहीं है। अपराध सार्वजनिक रूप से नहीं हुआ या अपराधी ने पीड़िता के साथ सिर्फ इसलिए बलात्कार नहीं किया था कि वह दलित कन्या है। जाति विशेष के नाम से पुकारना, इस कानून के अनुसार कोई अपराध नहीं बनता।...''सख्त कानूनों की व्याख्या कठोरता से करनी होगी।''

उद्देश्यों और कारणों की सरकारी प्रस्तावना

अधिनियम बनाने के कारणों और उद्देश्यों को स्पष्ट करते हुए कहा गया था—

(1) अनुसूचित जाति और जनजातियों की सामाजिक-आर्थिक स्थितियों में सुधार के लिए उठाए तमाम कदमों के बावजूद, वे क्षति पहुँचाने योग्य वर्ग बने रहते हैं। उन्हें बहुत से नागरिक अधिकार तक प्राप्त नहीं हैं। उन्हें विभिन्न अपराधों, अशिष्टताओं, अपमानों और उत्पीड़न का शिकार बनाया जाता है। बहुत-सी नृशंस घटनाओं में उन्हें अपना जीवन और सम्पत्ति गँवानी पड़ी है। अनेक ऐतिहासिक, सामाजिक और आर्थिक कारणों की वजह से उनके विरुद्ध गम्भीर अपराध होते (किए जाते) हैं।

(2) अनुसूचित जातियों और जनजातियों के बीच शिक्षा के माध्यम से बढ़ी जागरूकता के कारण वे अपने अधिकारों को पाने का प्रयास कर रहे हैं और अन्य लोग इसे बहुत स्वाभाविक रूप से नहीं स्वीकारते। जब वे अपने अधिकारों के लिए आग्रह करते हैं या निर्धारित न्यूनतम मजदूरी माँगते हैं या बँधुआ और जबर्दस्ती मजदूरी करने से मना करते हैं तो सम्पृक्त स्वार्थ वाले लोग उन्हें झुकाने और आतंकित करने की कोशिश करते हैं। अनुसूचित जातियाँ और जनजातियाँ जब अपने आत्मसम्मान या अपनी औरतों की प्रतिष्ठा बचाने की कोशिश करते हैं तो वर्चस्वशाली और शक्तिशाली लोगों के लिए वे उत्तेजनशील बन जाते हैं। अनुसूचित जातियों और जनजातियों द्वारा सरकार से मिली जमीन तक पर कब्जा और खेती करने तक का विरोध होता है और प्राय: ये लोग सम्पृक्त स्वार्थवाले लोगों के हमलों का शिकार बनते हैं। अभी हाल में, कुछ ऐसे विशेष अत्याचारों के क्षुब्धकारी झुकाव में वृद्धि हुई है, जैसे—दलितों को न खाने योग्य वस्तु—मानवी विष्ठा—खाने के लिए मजबूर करना और हमले या उनकी सामूहिक हत्याएँ और दलित औरतों का बलात्कार किया। इन परिस्थितियों में मौजूद कानून जैसे नागरिक अधिकार सुरक्षा अधिनियम, 1955 और भारतीय दंड संहिता के सामान्य प्रावधान इन अपराधों से निबटने के लिए नाकाफी पाए गए हैं। इसलिए ऐसे अपराधों को रोकने और निबटने के लिए जो गैर-अनुसूचित जातियों और जनजातियों द्वारा उन पर किए जाते हैं—एक विशेष अधिनियम बनाना अनिवार्य हो गया है।

(3) अभी तक 'एँट्रासिटी' (अत्याचार या क्रूरता) शब्द को परिभाषित नहीं किया गया है। यह जरूरी समझा गया है कि न केवल अत्याचार को

परिभाषित किया जाए बल्कि ऐसे अपराधों के लिए अधिक सजा निर्धारित करनेवाले कठोर उपाय भी किए जाने चाहिए। यह भी प्रस्तावित किया गया है कि राज्यों और संघीय क्षेत्रों के साथ अनुसूचित जातियों और जनजातियों को शिकार बनने से रोकने के लिए विशिष्ट प्रतिबन्धात्मक और दंडात्मक कदम उठाए जाएँ और जहाँ अत्याचार हों, वहाँ उनके पुनर्वास के लिए समुचित राहत और सहायता प्रदान की जा सके।

(4) यह विधेयक उपरोक्त उद्‌देश्य को हासिल करने के लिए है।

प्रस्तावना की भाषा

अधिनियम बनाने के कारणों और उद्‌देश्यों की प्रस्तावना पढ़ने से ही स्पष्ट हो जाता है कि तमाम विधान-संविधान, दलितों की सामाजिक-आर्थिक स्थिति में सुधार लाने में असफल रहे। नागरिक अधिकारों तक से वंचित दलित वर्ग पर तरह-तरह के अत्याचार और अमानवीय क्रूरताएँ की जाती रहीं। हत्या-आगजनी-बेगार-बलात्कार-हिंसा और अन्य बर्बर अपराधों के दोषी कौन हैं? ऐतिहासिक-सामाजिक-आर्थिक कारण क्या हैं? कौन हैं 'वर्चस्वशाली' और 'शक्तिशाली' जो यह सब अपराध करते-करवाते (रहे) हैं? किस वर्ग-वर्ण-धर्म-राज्य के लोग हैं, जो दलितों को हिंसा और दलित स्त्रियों को यौन हिंसा और उत्पीड़न का शिकार बनाते (रहे) हैं? प्रस्तावना की पूरी भाषा इन सवालों के सन्दर्भ में मौन है। बेहद गोल-मोल शब्दों का इस्तेमाल किया गया है। निश्चित रूप से यह सत्ता की बहुत सोची-समझी चतुर भाषा-परिभाषा है। राजनीति की कूटनीतिक भाषा। 'फैंसी लैंग्वेज' या माया आवरण में दबी-ढँकी भाषा। तटस्थ राज्य भाषा। सर्वशक्ति सम्पन्न 'सवर्ण' मतदाता नाराज नहीं होना चाहिए। ''किसी भी अधिनियम की प्रस्तावना में, विधायिका की मंशा को पढ़ा-समझा जा सकता है। यही कानून बनानेवालों के दिमागों को खोलने की कुंजी है।''

संवैधानिक वैधता को चुनौती

अधिनियम बनने के बाद इसकी संवैधानिक वैधता को चुनौती दी गई। चुनौती देने के लिए बहुत से तर्क (कुतर्क) रचे-गढ़े गए। लेकिन उच्च न्यायालय ही नहीं बल्कि सर्वोच्च न्यायालय तक ने इस अधिनियम के सभी प्रावधानों को संविधान-सम्मत ही ठहराया। जयसिंह और अन्य बनाम भारत सरकार (1993 क्रिमिनल लॉ जर्नल 2705) में राजस्थान उच्च न्यायालय की पूर्णपीठ के न्यायमूर्ति के.सी. अग्रवाल, एम.बी. शर्मा और एन.एल. टिबरीवाल ने अस्पृश्यता की ऐतिहासिक पृष्ठभूमि, संविधान के अनुच्छेद 17 और 35, अन्य सम्बन्धित कानूनों और न्यायिक निर्णयों की रोशनी में इस

अधिनियम की विद्वत्तापूर्ण व्याख्या करते हुए याचिका रद्द की। माननीय न्यायमूर्तियों ने कहा, "हमारे देश में हिन्दू जो बहुमत में हैं, चार वर्णों में बँटे हैं—ब्राह्मण, क्षत्रिय, वैश्य और शूद्र। 'अस्पृश्यता हिन्दू जाति व्यवस्था की ही उपज है।...उच्चवर्ग के हिन्दू वैसे ही व्यवहार करते रहे हैं, जैसे आजादी से पहले करते थे।"

अग्रिम जमानत का अधिकार

याचिकाकर्ता के वकीलों का मुख्य आधार तर्क यह था कि इस अधिनियम की धारा 18 के अनुसार अपराधी को अग्रिम जमानत पाने का अधिकार नहीं होगा, क्योंकि आपराधिक दंड प्रक्रिया संहिता की (अग्रिम जमानत सम्बन्धी) धारा 438 को इस अधिनियम के सन्दर्भ में लागू नहीं किया जा सकता है। अन्य गम्भीर अपराधों में तो अग्रिम जमानत ले सकते हैं लेकिन इस अधिनियम के छोटे से छोटे अपराध के लिए भी अग्रिम जमानत नहीं मिल सकती। इसलिए यह संविधान के अनुच्छेद 14 और 21 का उल्लंघन है। मौलिक अधिकारों के विरुद्ध है। माननीय न्यायमूर्तियों ने अपने निर्णय में कहा कि संसद को ऐसा कानून बनाने का अधिकार है और इस अधिनियम को बनाने का खास उद्देश्य। ऐसा सिर्फ यहीं नहीं हो रहा टाडा में भी ऐसा प्रावधान किया गया था। अग्रिम जमानत पाना हर अपराधी का अधिकार या मौलिक अधिकार नहीं है। संसद द्वारा पारित अधिनियम के अनुसार देखना पड़ेगा कि अदालत को अग्रिम जमानत स्वीकार करने का अधिकार दिया गया है या नहीं। दरअसल इस अधिनियम को लेकर सवर्ण समाज की सबसे बड़ी परेशानी यह है कि पहले गम्भीर से गम्भीर अपराध करके भी अग्रिम जमानत पा (लेते) सकते थे, जो अब असम्भव हो गया है। अग्रिम जमानत पर छूटने के बाद अपराधी अक्सर पीड़ितों को आतंकित करता है, डराता-धमकाता और फुसलाता है और जाँच-पड़ताल ठीक-ठाक नहीं होने देता। इस दुरुपयोग को रोकने के लिए ही ऐसा प्रावधान किया गया है, क्योंकि पीड़ित दलित समाज का कमजोर व्यक्ति है। अपराधियों के बारे में उपरोक्त आशंका, भय या खतरा आधारहीन भी तो नहीं है।

जीवन और आजादी के लिए अग्रिम जमानत अनिवार्य

करीब एक साल बाद डॉ. राम कृष्ण बालोठिया बनाम भारत सरकार (ए. आई. आर 1994, मध्य प्रदेश 143) के मामले में अधिनियम की विभिन्न धाराओं (3, 8 और 18) की संवैधानिक वैधता को मध्य प्रदेश उच्च न्यायालय के सामने चुनौती दी गई। इस बार 'अधिकांश याचिकाकर्ता उच्च जाति के हिन्दू और कुछ मुस्लिम थे, जिनके विरुद्ध मुकदमे दर्ज थे।' माननीय न्यायमूर्ति यू.एल. भट्ट और पी.पी. नावलेकर ने अपने निर्णय में अधिनियम के अन्य प्रावधानों को तो संविधान-सम्मत ठहराया

लेकिन अग्रिम जमानत सम्बन्धी धारा 18 को असंवैधानिक घोषित कर दिया। राजस्थान उच्च न्यायालय की पूर्णपीठ के न्यायमूर्ति से सम्मानपूर्वक असहमति जताते हुए, न्यायमूर्तियों का मानना था कि सर्वोच्च न्यायालय के विभिन्न फैसलों गुरुबख्श सिंह (1980), मेनका गांधी (1978) व अन्य के अनुसार कानूनी प्रक्रिया के बिना किसी भी व्यक्ति को स्वतंत्रता से वंचित नहीं किया जा सकता और कानूनी प्रक्रिया सही, उचित और तर्कसंगत होनी चाहिए—मनमानी, अनुचित और दमनकारी नहीं। अगर कोई प्रक्रिया ही निर्धारित न हो तो यह संविधान के अनुच्छेद 21 में प्रदत्त जीवन और व्यक्तिगत स्वतंत्रता के मौलिक अधिकार का हनन होगा। अग्रिम जमानत के प्रावधान का पूर्णतया लागू ही न होना, इस अधिनियम की धारा 18 को वास्तव में अनुचित, अतार्किक और दमनकारी बनाता है। परिणामस्वरूप यह प्रावधान असंवैधानिक है।

गरिमा और सम्मान से जीने का हक—वंचितों को भी

मध्य प्रदेश उच्च न्यायालय के फैसले के खिलाफ राज्य सरकार की अपील पर सर्वोच्च न्यायालय के न्यायमूर्ति बी.पी. जीवनरेड्डी और सुजाता वी. मनोहर ने अपने फैसले (1995 भाग 3 सुप्रीम कोर्ट केसेज 221) में कहा कि इस अधिनियम के अन्तर्गत अभियुक्तों को अग्रिम जमानत की सुविधा न होने का अर्थ यह नहीं है कि यह (धारा 18) संविधान द्वारा प्रदत्त मौलिक अधिकारों (अनुच्छेद 14 और 21) का उल्लंघन है। अनुच्छेद 21 के अनुसार हर व्यक्ति को मानवीय गरिमा और सम्मान से जीने का हक है और यह बहुमूल्य अधिकार सबके लिए है, उनके लिए भी जिन्हें सदियों से इस हक से वंचित रखा गया है। अग्रिम जमानत का प्रावधान तो पहली बार 1973 में बना है। उत्तर प्रदेश, बंगाल और केरल में अग्रिम जमानत के प्रावधान उपलब्ध नहीं हैं या बिना नोटिस कोई अन्तिम फैसला नहीं किया जा सकता। भारतीय दंड संहिता के अपराधों की तुलना इस अधिनियम के अपराधों से नहीं की जा सकती। इस अधिनियम में निर्धारित अपराध निश्चित रूप से दलितों को समाज में नीचा दिखाने और उन्हें गरिमा और आत्मसम्मान से जीवन-यापन करने से रोकते हैं। ऐसे अपराध उन्हें अपमानित और प्रताड़ित करने के लिए किए जाते हैं ताकि उन्हें दासता की स्थिति में रखा जा सके। इस सन्दर्भ में हम जयसिंह केस में राजस्थान उच्च न्यायालय की पूर्णपीठ से सम्मान सहित सहमत हैं।

अदालत अन्धी नहीं हो सकती

संवैधानिक वैधता के सवालों पर तो सालों बहस के बाद, अन्ततः सुप्रीम कोर्ट की भी मुहर लग गई। लेकिन विवाद सिर्फ इतना ही तो नहीं है। अधिनियम की

धाराओं-उपधाराओं पर लम्बी बहस और ऐतिहासिक (आश्चर्यजनक) फैसले पढ़ना-समझना शेष है। विधान-संविधान से 'अग्रिम जमानत' के रास्ते बन्द हो गए, तो कुछ नए न्यायशास्त्रीय सिद्धान्तों की शरण ली गई। रामास्वामी व अन्य बनाम राज्य (1997 (2) क्राइम्स 684) में मद्रास उच्च न्यायालय के न्यायमूर्ति रेंगास्वामी ने अग्रिम जमानत पर लगी 'निषेधाज्ञा' में अप्रत्यक्ष छूट देते हुए कहा, "इस पर विवाद नहीं किया जा सकता कि अगर किसी अभियुक्त ने एस. सी. एंड एस. टी. एक्ट के अन्तर्गत अपराध किया है तो निश्चित रूप से वह दंड प्रक्रिया संहिता की धारा 438 का सहारा नहीं ले सकता, क्योंकि ऐसा करने की अधिनियम की धारा 18 में अनुमति नहीं। लेकिन सवाल यह है कि क्या अदालत को यह अधिकार (शक्ति) है कि तथाकथित आरोपों को देखकर जान सके कि कोई प्रथमद्रष्टया मामला बनता है—अधिनियम की धाराओं के उल्लंघन का। अगर किसी व्यक्ति को इस अधिनियम के तहत सजा होनी है तो सिर्फ इस स्थिति में उसे अग्रिम जमानत नहीं दी जा सकती। लेकिन अगर अपराध इस अधिनियम के अन्तर्गत नहीं बनता तो अदालत अन्धी नहीं हो सकती—सिर्फ इसलिए कि आरोप में इस अधिनियम के प्रावधानों का उल्लेख है। इस लक्ष्य के लिए, आरोपों का मूल्यांकन करते हुए इस सवाल के विस्तार में जाना अदालत के लिए अनिवार्य नहीं है। अगर प्रथम सूचना रपट या आरोप पत्र से ही इस अधिनियम के अन्तर्गत होनेवाला कोई भी अपराध नहीं बनता तो अभियुक्त को अग्रिम जमानत के अधिकार से वंचित नहीं किया जा सकता।"

विद्वान न्यायमूर्ति ने उपरोक्त दर्शन के पक्ष में कुछ अन्य उच्च न्यायालयों के प्रबुद्ध न्यायमूर्तियों के निर्णयों को आधारभूमि बनाते हुए लिखा, "राम दयाल बनाम मध्य प्रदेश राज्य (1991 (3) क्राइम्स 152) में मध्य प्रदेश उच्च न्यायालय का निष्कर्ष है कि जब इस अधिनियम के अन्तर्गत अपराध होने के विषय में सन्देह के लिए समुचित सामग्री नहीं है, तो अग्रिम जमानत याचिका के बारे में यह नहीं कहा जा सकता कि इस पर कोई कानूनन रोक है। पंकज डी. सुथार बनाम गुजरात राज्य (199 (1) क्राइम्स 1122) में गुजरात उच्च न्यायालय का भी विचार था कि कोई भी अदालत सिर्फ सन्देहास्पद आरोपों और अनुमान के आधार पर अग्रिम जमानत को खारिज करने की बाधा नहीं खड़ी कर सकती कि इस पर तो यह अधिनियम लागू होता है। किसी भी अदालत को यह अनुमति नहीं हो सकती और न ही होनी चाहिए कि अपीलार्थी जो चाहे, जैसा चाहे चम्मच से खिला दे और अदालत को गटकने के लिए विवश करे ताकि अपने अनुचित लक्ष्य को प्राप्त कर सके।"

माननीय न्यायमूर्ति ने रमेश प्रसाद भाजना बनाम उड़ीसा राज्य (1996 क्रिमिनल लॉ जर्नल 2743), राकेश और अन्य बनाम राजस्थान (1994 (4) क्राइम्स 562)

और गिरधारी लाल बनाम राजस्थान (1996 क्रिमिनल लॉ जर्नल 1613) में हुए-किए निर्णयों का भी उल्लेख किया है, जिनमें कहा गया है कि अधिनियम की धारा 18 का दुरुपयोग करने की अनुमति नहीं दी जा सकती और उद्देश्यों की प्राप्ति के लिए यह परम अनिवार्य है कि अदालत ही इसकी जाँच-पड़ताल करे कि अधिनियम के अन्तर्गत प्रथमद्रष्टया अपराध बनता भी है या नहीं। अगर अदालत सन्तुष्ट हो कि अधिनियम के अन्तर्गत अपराध नहीं बनता या बनाया गया है, तो अभियुक्त को अग्रिम जमानत दे सकती है। अग्रिम जमानत के लिए धारा 18 द्वारा लगाई रोक (बार)—सम्पूर्ण रोक (कम्प्लीट बॉर) नहीं है।

डॉ. बालोठिया के मामले में सर्वोच्च न्यायालय के आदेश के बावजूद अग्रिम जमानत पर रोक के सवाल पर मध्य प्रदेश, गुजरात, उड़ीसा, राजस्थान और मद्रास उच्च न्यायालय के उपरोक्त फैसलों (विशेषकर बाद के फैसले को विधायिका और न्यायपालिका के बीच 'वर्चस्व की टकराहट' के रूप में भी (ही) पढ़ा-समझा जा सकता है और वर्गहितों की रक्षा में बदलती न्यायायिक व्याख्याओं के रूप में भी। सिर्फ कानून बनने-बनाने या बदलने से ही सामाजिक सोच और मानसिक बनावट या सदियों के संस्कारों में बदलाव नहीं आता, न ही आ सकता। ऐसे वैधानिक प्रावधानों का विरोधी वर्ग द्वारा हर स्तर पर विरोध-प्रतिरोध अवश्यम्भावी है। स्त्रियों के सन्दर्भ में पितृसत्ता और दलितों के मामलों में सवर्ण समाज की वर्तमान सक्रिय भूमिका को, ऐतिहासिक परिप्रेक्ष्य और मौजूदा सामाजिक पृष्ठभूमि में, पारदर्शी ढंग से पढ़ा-परखा जा सकता है। विधायिका, कार्यपालिका और न्यायपालिका ही नहीं, बल्कि प्रेस में भी इस विरोध-प्रतिरोध की संक्रामकता को गम्भीरता से रेखांकित किया जा सकता है। जातीय अस्मिता के प्रश्नों की आग में लगातार घी डाला जा रहा है और वर्गीय घृणा के शिकार लोगों को जिन्दा जलानेवाले, उन्मादी हत्यारे फरार हैं या 'अग्रिम जमानत' पर रिहा। ऐसे खतरनाक समय में हर किसी को कानून और न्याय व्यवस्था ही अन्तिम उम्मीद नजर आती है।

कानून से बेखबर न्याय व्यवस्था

एम.सी. प्रसन्ना बनाम राज्य (1999 (3) क्राइम्स 135) में अभियुक्त (स्कूल मास्टर) ने एक आदिवासी लड़की (13-15 साल) के साथ शादी के झूठे वायदे करके, सहवास के लिए सहमत किया (बहकाया) और जब लड़की गर्भवती हो गई तो मुकर गया। अभियुक्त ने कोशिश की थी कि लड़की गर्भपात करवा ले, मगर लड़की इसके लिए राजी नहीं थी। बात परिवार और पंचायत तक पहुँची और अन्ततः 2 मार्च, 1991 को बलात्कार का मुकदमा दर्ज हुआ। जाँच के बाद पुलिस ने भारतीय दंड संहिता, 1860 की धारा 376 के तहत आरोप पत्र दाखिल किया।

सत्र न्यायाधीश ने 9 दिसम्बर, 1996 को बलात्कार का आरोप तय किया। लेकिन 29 अक्टूबर, 1997 को सरकारी वकील की याचिका पर एस.सी. एंड एस.टी. एक्ट की धारा 3(1)(XII) का आरोप भी जोड़ दिया गया। सत्र न्यायाधीश ने दोनों अधिनियमों के अन्तर्गत दोषी मानते हुए सजा सुनाई। अपील में कलकत्ता उच्च न्यायालय की खंडपीठ ने अभियुक्त को 'सन्देह का लाभ' देकर बाइज्जत बरी कर दिया—लड़की की उम्र सोलह साल से अधिक भी हो सकती है और सम्भोग उसकी पूर्ण सहमति से हुआ, सो उसकी इच्छा पर 'डोमिनेट' करने या शोषण करने का प्रश्न ही नहीं उठता। खंडपीठ के माननीय न्यायमूर्ति एस.के. सेन ने लिखा है—

"अनुसूचित जाति और जनजाति (अत्याचार निरोधक) अधिनियम, 1989 संसद द्वारा 1989 में ही पारित हो गया था और 30 जनवरी, 1990 को गजट में भी प्रकाशित कर दिया गया था। 9 दिसम्बर, 1996 को धारा 376 आई. पी. सी. के तहत तय आरोप से स्पष्ट है कि जाँच अधिकारी को इस अधिनियम के पारित या गजट होने के बारे में ज्ञात या सूचना तक नहीं थी। अधिनियम की धारा 3(1)(XII) के अन्तर्गत आरोप 29 अक्टूबर, 1997 को सत्र न्यायाधीश द्वारा लगाया गया है—तथाकथित अपराध के लगभग सात साल बाद। धारा 3(1)(XII) के अन्तर्गत आरोप लगाने में हुई इस देरी के बारे में आसानी से अनुमान लगाया जा सकता है कि न जाँच अधिकारी और न विद्वान प्रोसिक्यूटर, न विद्वान सत्र न्यायाधीश और न मुख्य दंडाधिकारी—यानी कि कोई भी इस अधिनियम (1989) के बारे में कुछ जानता ही नहीं था।"

कलकत्ता उच्च न्यायालय के न्यायमूर्तियों की यह टिप्पणी कानून और न्याय व्यवस्था के मौजूदा जर्जर ढाँचे की वस्तुस्थिति से अवगत ही नहीं कराती, बल्कि बुरी तरह डराती भी है। अगर पुलिस, प्रोसिक्यूटर और मुख्य दंडाधिकारी से लेकर सत्र न्यायाधीश तक कानूनी प्रावधानों से सालों बेखबर हों या रह सकते हैं, तो दलितों के साथ होनेवाले न्याय (अन्याय) की कल्पना भी नहीं की जा सकती। कैसी दुर्भाग्यपूर्ण स्थिति है! क्या नहीं?

'अछूत की शिकायत' कौन सुनेगा?

अधिनियम (1989) की धारा 14 में विशेष अदालतों के गठन सम्बन्धी प्रावधान किए गए हैं ताकि ऐसे तमाम मुकदमों का तेजी से निपटारा हो सके। राज्य सरकार हर जिले में एक सत्र न्यायालय को विशेष अदालत घोषित करेगी। विशेष अदालतों का गठन इसलिए किया गया कि अधिनियम (1989) के तहत होनेवाले अपराधों के मुकदमों की प्राथमिकता पर सुनवाई हो सके। लेकिन विशेष अदालतों के पास आनेवाले मुकदमों में अधिनियम (1989) के साथ-साथ भारतीय दंड संहिता,

1860 के आपराधिक मामले भी जुड़े रहते हैं। उदाहरण के लिए दलित महिला का यौन शोषण (धारा 3 (1)(XII) और बलात्कार के लिए भारतीय दंड सहिता की धारा 376। ऐसे ही अन्य अनेक अपराध जिनमें दोनों अधिनियमों के प्रावधान शामिल होते हैं। ऐसे में विवादास्पद प्रश्न यह रहा है कि क्या विशेष अदालत दोनों अधिनियमों में होनेवाले अपराधों की सुनवाई एक साथ कर सकती है? आरम्भ में तो सत्र न्यायाधीश उर्फ विशेष न्यायाधीश तक को अपने अधिकारों और प्रक्रिया के बारे में सही कानूनी स्थिति का अनुमान तक नहीं था। एक मामले में तो विशेष न्यायाधीश ने स्थिति स्पष्ट करने के लिए उच्च न्यायालय को ही लिखकर भेज दिया। खैर...महानिदेशक (अभियोजन) के मामले में केरल उच्च न्यायालय के माननीय न्यायमूर्ति के. श्रीधरन और एल. मनोहरन ने स्थिति स्पष्ट करते हुए कहा कि विशेष अदालत अभियुक्त के खिलाफ, दोनों अपराधों की सुनवाई एक साथ कर सकती है। भारतीय दंड संहिता के अपराधों के लिए अलग से 'ऑर्डर ऑफ कमिटमेंट' की कोई जरूरत नहीं। विशेष अदालत को आपराधिक न्यायक्षेत्र की मूल अदालत ही समझा जाएगा। (1993 क्रिमिनल लॉ जर्नल 760) माननीय न्यायमूर्तियों ने सर्वोच्च न्यायालय द्वारा दिए निर्णय (ए.आर. अन्तुले बनाम आर.एस. नायक, ए. आई. आर. 1984, सुप्रीम कोर्ट 718) के आधार पर ही समस्या का समाधान करने का प्रयास किया। लेकिन अभी भी अनेक प्रश्न अनुत्तरित ही रह गए। यही नहीं, बाद में सर्वोच्च न्यायालय ने इस निर्णय (28.01.2000) को गंगुला अशोक बनाम राज्य (2002 (2 एस. सी. सी. 504)) में ओवर रूल कर दिया।

सबसे अधिक विवादास्पद और पेचीदा स्थिति उन मामलों में रही है, जहाँ पुलिस द्वारा शिकायत दर्ज नहीं करने पर पीड़ित व्यक्ति को अपनी शिकायत सीधे अदालत को करनी पड़ी। वह अपनी शिकायत (अधिनियम, 1989 के तहत) कहाँ दर्ज करे? विशेष अदालत में या सम्बन्धित मैजिस्ट्रेट की अदालत में? मंगली प्रसाद बनाम अतिरिक्त सत्र न्यायाधीश (1996 क्रिमिनल लॉ जर्नल 3596) में इलाहाबाद उच्च न्यायालय का फैसला था कि विशेष न्यायाधीश को सीधे शिकायत पर संज्ञान लेने का अधिकार ही नहीं है। विशेष न्यायाधीश को इस अधिनियम के तहत हुए अपराधों की सजा सुनाने का अधिकार तो है लेकिन संज्ञान सिर्फ उन्हीं मामलों में ले सकता है जो मजिस्ट्रेट 'कमिट' करके भेजे—आपराधिक दंड प्रक्रिया संहिता के अनुसार। लेकिन ठीक इसके विपरीत केरल उच्च न्यायालय की पूर्ण पीठ का हरनिदर्न बनाम शारदा (1995 (2) आर. सी. आर. 19) केस में कहना था कि अधिनियम (1989) के तहत अपराध का संज्ञान लेने का न्यायक्षेत्र सिर्फ विशेष न्यायाधीश को ही है, ना कि मैजिस्ट्रेट को। देवेन्द्र सिंह बनाम पंजाब राज्य (1997 (3) आर. सी. आर. 575) में पंजाब एवं हरियाणा उच्च न्यायालय के न्यायमूर्ति

का भी कहना था कि विशेष न्यायाधीश ही शिकायत सुनकर संज्ञान ले सकता है। अगर शिकायत में अधिनियम (1989) और भारतीय दंड संहिता के अपराध शामिल हैं और विशेष न्यायाधीश को यह लगता है कि अधिनियम (1989) का कोई अपराध नहीं बनता, तो ऐसी स्थिति में उसे शिकायत रद्द करने की बजाय मैजिस्ट्रेट को भेजनी चाहिए, ताकि भारतीय दंड संहिता के अपराधों के बारे में संज्ञान लिया जा सके। इस मसले पर राजमल बनाम रत्तन सिंह (1998 क्रिमिनल लॉ जर्नल 3922) में पंजाब एवं हरियाणा उच्च न्यायालय के न्यायमूर्ति के.एस. कुमारन ने इलाहाबाद उच्च न्यायालय के निर्णय से सम्मानपूर्वक असहमति प्रकट करते हुए केरल उच्च न्यायालय की पूर्ण पीठ के फैसले को ही सही ठहराया। मगर सर्वोच्च न्यायालय के विद्वान न्यायमूर्ति के. टी. थामस और एम. बी. शाह ने गंगुला अशोक के मामले में केरल उच्च न्यायालय के दोनों फैसलों को 'ओवर रूल' करते हुए कहा कि हमें कोई सन्देह नहीं है कि विशेष अदालत इस अधिनियम (1989) में सेशन कोर्ट भी/ही है, और सिर्फ उन्हीं मामलों में संज्ञान ले सकती है, जो आपराधिक दंड संहिता के अनुसार मैजिस्ट्रेट 'कमिट' करके भेजे। दूसरे शब्दों में अधिनियम (1989) के अन्तर्गत शिकायत या आरोप पत्र सीधे विशेष अदालत के समक्ष नहीं रखे जा सकते।

सर्वोच्च न्यायालय के विद्वान न्यायमूर्तियों ने केरल उच्च न्यायालय के दोनों फैसलों में दिए गए तर्कों को भ्रामक बताते हुए कहा कि हमारे विचार से मीराबाई बनाम भुजबल (1995 क्रिमिनल लॉ जर्नल 2376 मध्य प्रदेश, पप्पू सिंह बनाम उ. प्र. राज्य (1995 क्रिमिनल लॉ जर्नल 2376 इलाहाबाद)), झगडू महतो बनाम बिहार (1993 (1) क्राइम्स 643, पटना) और ज्योति अरोड़ा बनाम हरियाणा (1998 (2) क्रिमिनल लॉ रिपोर्ट 73) में विभिन्न उच्च न्यायालयों के न्यायमूर्ति भी हमारी ही तरह सोच-समझ रहे थे।

खैर...सच तो यह है कि सर्वोच्च न्यायालय के फैसले से पहले विभिन्न उच्च न्यायालय ही नहीं, बल्कि एक ही उच्च न्यायालय की खंडपीठों में इस मुद्दे पर गहरे मतभेद रहे हैं, जिसका असली नुकसान या दुष्परिणाम भुगतने के लिए आम जनता अभिशप्त है। विधायिका द्वारा स्पष्ट कानूनी प्रावधान न बनाने से ही ऐसी अव्यवस्था फलती-फूलती रहती है।

विवाद जितना सुलझा...उससे अधिक उलझा

सर्वोच्च न्यायालय के फैसले (गंगुला अशोक) से जहाँ कुछ कानूनी विवाद सुलझे, वहाँ बहुत से नए मामले बुरी तरह उलझे भी। मध्य प्रदेश राज्य बनाम भूरा जी (2001 (2) सुप्रीम कोर्ट केसेज 679) में सर्वोच्च न्यायालय के माननीय न्यायमूर्ति

के.टी. थामस और के.जी. बालाकृष्णन के सामने एक और नया कानूनी संकट-झंझट यह आ खड़ा हुआ कि मध्य प्रदेश उच्च न्यायालय ने (गंगुला अशोक के आधार पर) विशेष न्यायाधीश को एक मामले की दुबारा से सुनवाई के आदेश जारी कर दिए, क्योंकि आरोप पत्र सीधे विशेष अदालत में दायर हुए थे और अभियुक्तों (अपराधियों) का कहना था विशेष न्यायाधीश की अदालत में चला मुकदमा बिना किसी न्यायक्षेत्र के था। 'ट्रायल विद-आउट ज्यूरिसडिक्शन।'

संक्षेप में मुकदमे के तथ्य-सत्य यह हैं कि 26 अगस्त, 1991 को ग्यारह अभियुक्तों ने एक की हत्या की और कुछ को घायल। सत्र न्यायाधीश धार के यहाँ सीधे आरोप पत्र दायर हुआ और 1992 में सुनवाई शुरू। 23 अगस्त, 1996 को विशेष न्यायाधीश ने सबको उम्रकैद की सजा सुनाई। अपराधियों ने उच्च न्यायालय में अपील दाखिल कर दी। इस बीच मध्य प्रदेश उच्च न्यायालय की खंडपीठ का फैसला (मीराबाई बनाम भुजबल सिंह) यह था कि विशेष अदालत के सामने सीधे शिकायत या आरोप पत्र दायर नहीं हो सकते और वह संज्ञान तभी ले सकता है, जब मैजिस्ट्रेट केस कमिट करके भेजे। लेकिन बाद में मध्य प्रदेश उच्च न्यायालय की पूर्ण पीठ ने 23 अगस्त, 19954 को आनन्दस्वरूप तिवारी बनाम रामरतन जाटव (1996 मध्य प्रदेश लॉ जर्नल 141) के मामले में कहा कि 'अधिनियम (1989) के मामलों में आपराधिक दंड प्रक्रिया संहिता की धारा 193 लागू नहीं होती सो 'कमिटल ऑर्डर की कोई जरूरत नहीं।' जब गंगुला अशोक केस में सुप्रीम कोर्ट का फैसला आया तो खंडपीठ का फैसला 'पुनर्जीवित' हो गया और पूर्णपीठ के फैसले को पूर्ण ग्रहण लग (डस) गया। अपराधियों की अपील विचाराधीन थी, सो उन्होंने गंगुला अशोक के निर्णय का फायदा उठाने के लिए एक और प्रार्थना पत्र दायर किया कि विशेष न्यायाधीश का फैसला निरस्त किया जाए। अपील का फैसला सुनते समय खंडपीठ ने बेहद विवशतापूर्ण कहा, ''यह मामला करीब नौ साल से घसीटा जा रहा है और इसका कोई अन्त नजर नहीं आ रहा क्योंकि दुबारा सुनवाई के आदेश भी अपरिहार्य लग रहे हैं।'' विशेष याचिका का निर्णय सुनाते हुए सर्वोच्च न्यायालय ने कहा कि प्रक्रिया में अनियमितताओं या अवैधताओं के आधार पर मामला दूषित नहीं हो जाता, बशर्ते कि 'मिस कैरिज ऑफ जस्टिस' न हुआ हो। और योग्यता के आधार पर अपील का फैसला करने के लिए वापस उच्च न्यायालय को ही भेज दिया। अपील की बहस दुबारा हो।

विशेष अदालत के न्यायक्षेत्र और अधिकारों के प्रश्न पर ही एक और विशेष अनुमति याचिका है—हिमाचल प्रदेश राज्य बनाम गीता राम (2000 (7) सुप्रीम कोर्ट केसेज 452)। सर्वोच्च न्यायालय के विद्वान न्यायमूर्ति के.टी. थामस और आर.पी. सेठी के सामने इस बार सवाल यह था कि क्या विशेष न्यायाधीश सिर्फ

अधिनियम (1989) के अपराधों का ही संज्ञान ले सकता है? केवल भारतीय दंड संहिता के अन्तर्गत हुए अपराध का संज्ञान लेने का न्यायक्षेत्र नहीं?

इस मामले में अभियुक्त पर अधिनियम (1989) की धारा 3 और भारतीय दंड संहिता की धारा 376 (बलात्कार) का आरोप था। मैजिस्ट्रेट ने केस कमिट करके विशेष अदालत को भेजा। विशेष न्यायाधीश ने सिर्फ धारा 376 का आरोप लगाकर मुकदमा चलाया और अन्ततः सात साल कारावास का दंड सुनाया। अपील में अभियुक्त के वकीलों ने कहा कि विशेष न्यायाधीश का न्यायक्षेत्र ही नहीं है क्योंकि वह तो अधिनियम (1989) के अन्तर्गत विशेष न्यायाधीश है, सत्र न्यायाधीश नहीं। उच्च न्यायालय के न्यायमूर्तियों ने भी तर्क सही मानते हुए कहा कि विशेष अदालत को धारा 376 की सुनवाई करने या संज्ञान लेने का ही अधिकार नहीं है। अपील स्वीकार करते हुए न्यायमूर्ति ने विशेष न्यायालय के आदेश को निरस्त कर अपराधी के मुकदमे की नए सिरे से दुबारा सुनाई के आदेश जारी किए।

सर्वोच्च न्यायालय के माननीय न्यायमूर्तियों ने 8.9.2000 को गंगुला अशोक केस का हवाला देते हुए फिर बताया-समझाया कि अधिनियम (1989) के अन्तर्गत गठित विशेष अदालत दरअसल सत्र न्यायालय ही है। विशेष अदालत न रहने पर भी, वह सत्र न्यायालय बना रहेगा। हम बहुत खेद और दुख के साथ कह रहे हैं कि सरकारी वकील द्वारा न्यायमूर्ति को ऐसा करने के दुष्परिणामों के बारे में नहीं बताया गया। न ही बताया गया कि ऐसा निर्णय करने पर तमाम गवाहों को दुबारा बुलाना पड़ेगा, अभियुक्त का बयान, बहस और निर्णय सब दुबारा से करना होगा। इसमें समय, पैसा और ऊर्जा—व्यर्थ बर्बाद होगी। अगर अभियुक्त को प्रक्रिया पर कोई आपत्ति हो, तो प्रथम उपलब्ध स्टेज पर विरोध करना चाहिए। अगर उसने पहले कोई आपत्ति नहीं की, तो अब मुकदमा समाप्त होने के बाद अपील में आपत्ति करने पर नहीं सुना जा सकता। उच्च न्यायालय के न्यायमूर्ति द्वारा तकनीकी आधार पर ऐसा आदेश देना सरासर गलत है। लिहाजा हम अपील की योग्यता के आधार पर दुबारा सुनवाई और फैसले के लिए उच्च न्यायालय को वापस भेज रहे हैं।

लाखों लम्बित मुकदमों के रहते किसी भी मुकदमे की दुबारा सुनवाई करने का अर्थ (अनर्थ) हम सब समझते हैं। माई लॉर्ड्स! भी समझते हैं, लेकिन कानूनी पेचीदगियों का क्या करें?

'मुकदमा दूषित' कैसे हो गया?

अनुसूचित जाति और जनजाति (अत्याचार निरोधक) अधिनियम, 1989 को 30 जनवरी, 1990 से लागू कर दिया गया लेकिन इस अधिनियम को सुचारु रूप से चलाने के लिए जो नियम बनाए जाने जरूरी थे, उन्हें बनने-बनाने में सरकार को 6

साल से भी ज्यादा समय लगा। अन्ततः नियम 31 मार्च, 1995 से ही लागू हो सके। नियम बनाने में छह साल की देरी का परिणाम यह हुआ कि 30 जनवरी, 1990 से लेकर 31 मार्च, 1995 तक हुए अपराधों की जाँच-पड़ताल, पीड़ितों को आर्थिक सहायता, गवाहों को यात्राभत्ता वगैरह के बारे में कोई कायदा-कानून या तय प्रक्रिया ही नहीं थी। जिसको जो उचित लगा किया (नहीं किया)। कुछ ऐसे मामलों में तो नियमों का पालन न करने के कारण ही अपराधियों को बरी कर दिया गया (हालाँकि नियम बने ही 31 मार्च, 1995 से)। इस सन्दर्भ में आन्ध्र प्रदेश उच्च न्यायालय के न्यायमूर्ति विलाल नाजकी का एक फैसला 26 फरवरी, 1999 डी. रामालिंगा रेड्डी बनाम आन्ध्र प्रदेश (1999 क्रिमिनल लॉ जर्नल 2918) उल्लेखनीय है।

9 नवम्बर, 1993 को करीब 10 बजे श्रीमती मेकाला राजमम्मा को अभियुक्त ने खेत में जबर्दस्ती हाथ पकड़कर कहा, 'हे येनादी रंडी, आओ मैं तुम्हारे साथ अपनी आग के समान जलती कामना पूरी करना चाहता हूँ।' इसके बाद वह उसे पकड़कर घसीटता हुआ खेत में ले गया और इस 'संघर्ष' में उसका ब्लाउज फट गया। चीख-पुकार सुनकर कुछ लोगों को आता देख अभियुक्त भाग गया। रिपोर्ट दर्ज हुई, मुकदमा चला और सत्र न्यायाधीश ने अभियुक्त को भारतीय दंड संहिता की धारा 341 और एस.सी. एंड एस.टी. एक्ट की धारा 3(1)(XI) के अन्तर्गत दोषी ठहराते हुए सजा सुनाई। मगर अपील में उच्च न्यायालय के माननीय न्यायमूर्ति ने कहा, "इस तथ्य पर कोई विवाद नहीं है कि प्रस्तुत मामले की जाँच-पड़ताल पुलिस के सहायक निरीक्षक द्वारा की गई है न कि नियम सात में निर्धारित अफसर द्वारा। चूँकि मुकदमे की पूरी तफ्तीश एक ऐसे अधिकारी द्वारा की गई है, जिसे कानूनन कोई अधिकार ही नहीं, इसलिए मुकदमे की कार्यवाही ही दूषित हो गई है। ऐसा ही विचार एन. रामू बनाम पुलिस अधीक्षक (1998 मद्रास लॉ जर्नल 132) में लिया गया था। परिणामस्वरूप अपीलार्थी को धारा 3 (1) (XI) में सजा निरस्त की जाती है और न्याय के हित में धारा 341 के अन्तर्गत सजा घटाकर पाँच सौ रुपया जुर्माना किया जाता है।" सरकारी वकील से लेकर न्यायमूर्ति तक का इस ओर ध्यान ही नहीं (दिलाया) गया कि नियम सात 31 मार्च से बना है जबकि मुकदमे की जाँच-पड़ताल 1993 में की गई थी। उस समय कौन जानता था कि सरकार 1995 में जो नियम बनाएगी उसे जाँच-पड़ताल करने का अधिकार 'डिप्टी-सुपरिंटेंडेंट ऑफ पुलिस' के पद से नीचे के पुलिस अधिकारी को नहीं होगा। डी.एस.पी. भी वो जिसको इस काम के लिए राज्य सरकार या महानिदेशक पुलिस या अधीक्षक नियुक्त करे। नियुक्ति से पहले डी. एस. पी. का अनुभव, इस प्रकार के मामलों के परिणाम समझने की न्याय-क्षमता और कम-से-कम समय में, सही दिशा में जाँच करने की योग्यता को ध्यान में रखा जाएगा।

उपधारा 2 में लिखा होगा कि नियुक्त जाँच अधिकारी तीस दिन के भीतर मामले की जाँच प्रथम प्राथमिकता के आधार पर करेगा और जाँच रिपोर्ट अधीक्षक को सौंपेगा, जो फौरन रिपोर्ट को राज्य सरकार के महानिदेशक पुलिस को भेजेगा।...वगैरह...वगैरह। सचमुच 1993 में स्थानीय पुलिस अधिकारी इसकी कल्पना तक नहीं कर सकते थे। मान लो करते भी, तो क्या नियम बनने की (1995 तक) प्रतीक्षा करते रहते? जब मुकदमा दायर होने के समय या जाँच-पड़ताल के वक्त ऐसा कोई नियम बना-बनाया ही नहीं गया था, तो 'मुकदमा दूषित' कैसे हो गया? माई लॉर्ड्स। हाऊ दॅ 'ट्रायल इज विशियेटेड?'

ठीक इसी मुददे पर पेंटाकोटा कोटेश्वराराव बनाम राज्य के मामले में अपने ही उच्च न्यायालय के माननीय न्यायमूर्ति हनुमंथू का निर्णय 11 दिसम्बर, 1998 (1999 (3) क्राइम्स 582) देखना-पढ़ना, कैसे भूल गए माई लॉर्ड्स। आन्ध्र प्रदेश उच्च न्यायालय से लेकर सर्वोच्च न्यायालय तक के उन तमाम फैसलों की लिस्ट मिल जाती, जिनमें कहा गया है कि जाँच-पड़ताल में हुई अनियमितताओं के कारण मुकदमा दूषित नहीं होता, बशर्ते कि 'न्याय का गर्भपात' या अभियुक्त के साथ पूर्वग्रह पूर्ण व्यवहार न हुआ हो। इस सन्दर्भ में विस्तृत जानकारी के लिए, ए. आई. आर. 1955 सुप्रीम कोर्ट 196, ए. आई. आर. 1964 सुप्रीम कोर्ट 28, ए. आई. आर 1964 सुप्रीम कोर्ट 221, ए. आई. आर. 1971 सुप्रीम कोर्ट 508 और 1525, ए. आई. आर. 1969 आन्ध्र प्रदेश 99 पढ़ने-समझने की भी आवश्यकता नहीं पड़ती। आश्चर्य और खेद सहित, क्षमा चाहता हूँ माई लॉर्ड्स। ससम्मान अपनी असहमति के लिए विवश हूँ। चुप रहना सुविधाजनक हो सकता है, मगर बेहद खतरनाक भी।

'पब्लिक प्लेस' और 'पब्लिक ब्यू' का अन्तर समझना होगा

अधिनियम की धारा 3 (1)(x) में प्रावधान किया गया है कि अगर कोई गैर-दलित किसी दलित को 'अपमानित करने की मंशा से, जनता के सामने (इन पब्लिक ब्यू) जानबूझकर बेइज्जत करता है या डराता-धमकाता है तो यह दंडनीय अपराध होगा। यहाँ सार्वजनिक स्थान की बजाय सार्वजनिक रूप से या जनता के सामने (विद इन पब्लिक ब्यू) का प्रयोग किया गया है।

'पब्लिक ब्यू' और 'पब्लिक प्लेस' के अन्तर को समझने-समझाने के लिए, करण सिंह बनाम मध्य प्रदेश राज्य (1992 क्रिमिनल लॉ जर्नल 3054) में मध्य प्रदेश उच्च न्यायालय के माननीय न्यायमूर्ति वी.एस. कोकजे का फैसला उल्लेखनीय है।

इस केस में 27 जून, 1991 को रामा भील अपने कुछ साथियों के साथ रात करीब आठ बजे मछलियाँ पकड़ने तालाब पर पहुँचा। रात को लगभग ग्यारह बजे

अभियुक्तों ने वहाँ आकर उनसे गाली-गलौच और मारपीट की और डराने-धमकाने और जान से मारने की धमकियाँ दीं। प्रथम सूचना रिपोर्ट और जाँच-पड़ताल के बाद मुकदमा चला तो अभियुक्तों ने शिकायत रद्द करवाने की याचिका के साथ उच्च न्यायालय का दरवाजा खटखटाया। विद्वान न्यायमूर्ति ने दोनों पक्षों की जिरह सुनने के बाद अपने निर्णय में कहा, ''प्रावधान में 'पब्लिक ब्यू' शब्द का प्रयोग किया गया है, न कि 'पब्लिक प्लेस'। घटना (दुर्घटना) का सार्वजनिक स्थल पर होने और सार्वजनिक रूप से होने में साफ तौर पर बहुत फर्क है। घटना रात को ग्यारह बजे ऐसे स्थान पर हुई, जहाँ सिर्फ अभियुक्त थे। और वहाँ जो भी हुआ उसे 'पब्लिक ब्यू' में हुई घटना नहीं माना जा सकता। इन परिस्थितियों में यह नहीं कहा जा सकता कि अधिनियम की धारा 3(1)(X) की सभी अनिवार्य शर्तें पूरी होती हैं। अभियुक्तों के विरुद्ध मुकदमा चलाने के लिए बिलकुल कोई सामग्री (सबूत) उपलब्ध नहीं है। आरोप आधारहीन है और जाँच स्तर पर ही रद्द करने योग्य।''

माननीय न्यायमूर्ति ने अपने निर्णय के अन्त में कुछ महत्त्वपूर्ण मौलिक सुझाव भी दिए हैं। विद्वान न्यायमूर्ति ने लिखा है, ''यह मुकदमा निपटाने से पहले, मैं यह ध्यान दिलाना अपना कर्तव्य समझता हूँ कि आजकल (इन दिनों) पुलिस द्वारा इस अधिनियम के अन्तर्गत बहुत से मामले दर्ज किए जा रहे हैं—बिना गम्भीरता से यह देखे कि इस अधिनियम में विशेष और सख्त प्रावधान बनाए गए हैं, इसलिए अभियोजन पक्ष की जिम्मेवारी है कि वह ऐसे मामलों को अधिक ध्यान से देखे। उन्हें इस अधिनियम के दुरुपयोग को रोकने के लिए बेहद चौकन्ना रहना होगा ताकि ऐसे निर्दोष नागरिकों को परेशानी न हो, जिन्होंने इस अधिनियम के तहत कोई अपराध किया ही नहीं।...अदालतों को भी तत्काल यह देखना चाहिए कि क्या केस डायरी में उपलब्ध सामग्री के आधार पर इस अधिनियम के अन्तर्गत प्रथमद्रष्टया अपराध बनता है या नहीं। अगर ऐसी कोई सामग्री उपलब्ध नहीं है तो अदालतों को ऐसे मुकदमे चलाने से इनकार करने में कोई झिझक नहीं होनी चाहिए और उन्हें चाहिए कि इस सन्दर्भ में समुचित निर्देश दें कि मामले सामान्य रूप से निपटाए जाएँ।''

1989 अधिनियम के अन्तर्गत अपराध न बनने का फैसला सुनाते हुए, माननीय न्यायमूर्ति ने अभियुक्तों को अग्रिम जमानत पर रिहा करने का भी आदेश सुनाया।

चन्द्रा पुजारी बनाम कर्नाटक राज्य (1998 क्रिमिनल लॉ जर्नल 53) में कर्नाटक उच्च न्यायालय के न्यायमूर्ति एम.पी. चिन्नपा ने भी कहा कि इस अधिनियम की धारा 3 को आकर्षित करने के लिए यह जरूरी है कि घटनास्थल ऐसा होना चहिए, जहाँ से जनता देख सके। विद्वान न्यायमूर्ति ने बी.एन. चन्नागौडा बनाम कर्नाटक राज्य के मामले में 27 जनवरी, 1997 के एक निर्णय का हवाला

दिया जिसमें कहा गया है कि अभियुक्तों ने जो भी कहा अपीलार्थी के निजी कक्ष में कहा था, जहाँ देखने-सुनने वाला कोई और नहीं था।

मतलब यह कि दलितों को अपमानित करने या डराने-धमकाने की घटना-दुर्घटना ऐसे स्थल पर होनी चाहिए, जहाँ जनता भी देख-सुन सके। अकेले, निर्जन स्थान पर दलितों को अपमानित करना या डराना-धमकाना अपराध नहीं है। अनुसूचित जाति या जनजाति के किसी भी अफसर या अधिकारी को उसके चैम्बर में गाली देना, अपमानित करना या डराना-धमकाना कोई अपराध नहीं—बशर्ते उस समय वहाँ कोई और देखने-सुनने वाला न हो। यानी घटनास्थल पर कोई गवाह मौजूद नहीं होना चाहिए।

दलितों की शिकायत—'कानून का दुरुपयोग'

राजस्थान उच्च न्यायालय के न्यायमूर्ति अरुण मदान, जो बाद में न्यायमूर्ति के पद से हटा दिए गए थे, ने भीषण लाल बनाम हरगोविन्द व अन्य (1999 (3) क्राइम्स 445) में इस अधिनियम के उद्देश्यों, कारणों और व्यापक स्तर पर दुरुपयोग के बारे में गम्भीरतापूर्वक विश्लेषण करते हुए लिखा है—"मेरे विचार से, विधायिका ने यह अधिनियम अल्पसंख्यकों के हितों की रक्षा और बचाव के लिए बनाया था, न कि बेबुनियाद के झगड़ों में व्यक्तिगत बदला लेने के लिए इसे हथियार के रूप में प्रयोग करने के लिए। इस केस में अधिनियम के दुरुपयोग का इससे अधिक उदाहरण नहीं मिल सकता।"

अभियुक्तों की रिहाई को सही ठहराते हुए माननीय न्यायमूर्ति ने पुलिस और अभियोजन पक्ष को सावधानी के लिए आगाह करते हुए कहा, "उन्हें इस प्रकार की शिकायतों को बड़ी चौकसी से देखना-परखना चाहिए, जिनमें ग्रामीण क्षेत्र के दोनों पक्ष आपस में सम्बन्धी हों या पड़ोसी। अदालत के सामने प्राय: ऐसे मामले आते रहे हैं, जिनमें विभिन्न जातियों के सदस्यों के विरुद्ध बदले की भावना से इस अधिनियम के प्रावधानों का शर्मनाक ढंग से दुरुपयोग किया गया है। देश में जातीय दुश्मनियाँ काफी हद तक प्रचलित हैं। इसलिए किसी को भी यह अनुमति नहीं होनी चाहिए कि वह पुलिस स्टेशन में प्रथम सूचना रपट दर्ज करवाकर किसी निर्दोष व्यक्ति को कानून के चंगुल में फँसा सके। जाँच अधिकारी को चाहिए कि वह शिकायत के पहले ही अवसर पर, सारे प्रमाण व सामग्री को देख ले जो विश्वासजनक हो और जिसके आधार पर पुलिस जाँच आरम्भ की जा सके।"

विद्वान न्यायमूर्तियों के लिए कोई भी अपराध (शिकायत) तभी सही माना जा सकता है, जब सन्देह से परे तक सिद्ध हो (किया) जाए...वरना शिकायत 'झूठी', 'बेबुनियाद' या 'बदले की भावना' से परेशान करने के लिए की गई है, जो सरासर

'कानूनी प्रक्रिया का दुरुपयोग है।' भारतीय समाज में अछूत या दलित (गैर-द्विज) आजादी के 55 साल बाद भी बहिष्कृत, अपमानित और कलंकित पहचान के साथ जीने-मरने को अभिशप्त हैं। ग्रामीण क्षेत्रों के सामन्ती परिवेश में ही नहीं, बल्कि महानगर के मेडिकल कॉलेज के उच्च जाति के छात्र भी शूद्र छात्रों को जूतों में पानी पीने के लिए विवश करते (रहे) हैं। कानूनन पाबन्दी होने के बावजूद, देश के अधिकांश राज्यों में छुआछूत जारी है। निर्धन, अशिक्षित, भूमिहीन और सामाजिक-आर्थिक विषमताओं के शिकार दलितों पर हर घंटे दो हिंसक हमले, हर दिन तीन दलित औरतों के साथ बलात्कार—दो दलितों की हत्या और दो दलित घरों में आग लगा दी जाती है। कानून कितने लोगों को सजा सुनाता (सुना पाता) है? कितने अपराध सन्देह से परे तक सिद्ध होते (हो पाते) हैं? दलित की शिकायत कौन सुनता है?

बलात्कार किस 'आधार' पर हुआ?

अनुसूचित जातियों और जनजातियों की स्त्रियों के साथ बढ़ते बलात्कारों को रोकने के लिए, इस अधिनियम की धारा 3(2)(V) में प्रावधान किया गया है कि अगर कोई गैर-दलित, भारतीय दंड संहिता के अन्तर्गत कोई ऐसा अपराध करता है, जिसके लिए दस साल या अधिक कैद की सजा हो सकती है और व्यक्ति या सम्पत्ति के विरुद्ध अपराध इस आधार पर करता कि व्यक्ति अनुसूचित जाति या जनजाति का व्यक्ति है या सम्पत्ति अनुसूचित जाति या जनजाति के सदस्य की है, तो इस दंडनीय अपराध के लिए उम्रकैद और जुर्माना होगा। संक्षेप में, जिन अपराधों के लिए भारतीय दंड संहिता में दस साल कैद या अधिक सजा का प्रावधान है, उन अपराधों के लिए उम्रकैद और जुर्माना होगा अगर अपराध किसी दलित व्यक्ति या उसकी सम्पत्ति के विरुद्ध किया गया है। प्राय: जिन अपराधों के लिए सजा जितनी कठोर होती है, अदालतें अक्सर सजा सुनाने में उतनी ही चौकन्नी और सख्त व्याख्या की पक्षधर। आमतौर पर अपराधी को ही 'उदार व्याख्या' का फायदा या 'सन्देह का लाभ' मिलता (रहा) है। इस सन्दर्भ में नरेश बनाम हरियाणा राज्य (1997 (2) क्राइम्स 587) विशेष रूप से महत्त्वपूर्ण मामला है।

इस केस में 15 फरवरी, 1993 को 12 वर्षीया हरिजन कन्या कुमारी सुनीता के साथ बलात्कार करने के अपराध में अपीलार्थी को, भिवानी के सत्र न्यायाधीश ने भारतीय दंड संहिता की धारा 376 और अनुसूचित जाति-जनजाति अधिनियम की धारा 3 (2)(V) के तहत उम्रकैद और एक हजार रुपए जुर्माना की सजा सुनाई। मगर अपील में पंजाब और हरियाणा उच्च न्यायालय के माननीय न्यायमूर्ति एच.एस. बेदी और के.के. श्रीवास्तव की खंडपीठ ने अपने निर्णय में लिखा, "यह नहीं कहा

जा सकता है कि नरेश ने बलात्कार (भारतीय दंड संहिता की धारा 376 के अन्तर्गत दंडनीय अपराध) इस आधार पर किया था कि वह (सुनीता) अनुसूचित जाति या जनजाति की सदस्य है और इसलिए 1989 अधिनियम की धारा 3(2)(V) तो इस केस में लागू (आकर्षित) ही नहीं होती।" विद्वान वरिष्ठ वकील की दलीलों को सही समझते हुए, न्यायमूर्तियों ने आंशिक रूप से अपील स्वीकारते हुए, बलात्कार के अपराधी की सजा उम्रकैद से घटाकर सात साल कैद कर दी।

नाबालिग, निर्दोष और दलित 12 वर्षीया बालिका के साथ बलात्कार किया गया। गैरदलित द्वारा किया गया। अपराध सिद्ध हुआ। विशेष अदालत से लेकर उच्च न्यायलय के न्यायमूर्तियों ने माना। अब यह कैसे मानेंगे आप कि बलात्कार हुआ ही इसलिए कि वह एक निर्धन, दलित और हरिजन बाप की बेटी थी। दलित थी स्वयं। इसीलिए तो बलात्कार की शिकार हुई। अगर वह किसी ब्राह्मण और राजपूत जमींदार की बहू-बेटी होती, तो क्या नरेश सपने में भी 'रेप' करने की सोच सकता था? क्या नरेश का यह जानना काफी नहीं कि वह दलित/हरिजन कन्या है? निस्सन्देह, नरेश यह जानता-समझता था कि सुनीता एक दलित परिवार की लड़की है। क्या वह नहीं जानता था? क्या उसका यह जानता काफी पुख्ता आधार नहीं? आधार मतलब—क्यों? किसलिए? सामाजिक आर्थिक-जातीय कारण और सम्भावनाएँ ही ना! 'आधार' के सन्दर्भ में—निर्णय में कोई तर्क (कुतर्क), कोई कारण, कोई व्याख्या और कोई ठोस स्थिति-परिस्थिति स्पष्ट नहीं है। 'आधारभूमि' समझे बिना 'आधार' ढूँढ़ना-समझना नामुमकिन है।

- रामास्वामी बनाम राज्य (1997 (2) क्राइम्स 684) में मद्रास उच्च न्यायालय के न्यायमूर्ति रेंगास्वामी ने अपने निर्णय के पैरा 10 में कहा था कि अपराध का यह उद्देश्य और आधार होना जरूरी है कि पीड़ित/पीड़िता अनुसूचित जाति या जनजाति के सदस्य हैं। इसलिए उम्रकैद की सजा के बजाय पाँच साल कैद ही सही है।
- अब्दुल गफर साब बनाम कर्नाटक राज्य (1998 क्रिमिनल लॉ जर्नल 2488) में कर्नाटक उच्च न्यायालय के न्यायमूर्ति एम. एफ. सलदाना और बी.एन. मल्लिकार्जुन का मानना था कि अधिनियम की धारा 3(2)(V) के लिए सिर्फ इतना काफी नहीं कि पीड़ित अनुसूचित जाति या जनजाति का सदस्य है बल्कि अभियुक्त के व्यवहार से भी यह लगना चाहिए कि उसने जाति के सन्दर्भ में भी मृतक की संवेदना को आहत किया था।
- कुमुदी लाल बनाम उ. प्र. राज्य (ए. आई. आर 1999 सुप्रीम कोर्ट 1699) के मामले में सर्वोच्च न्यायालय के न्यायमूर्ति जी. टी. नानावती और एस.पी. कुरदुकर ने 14 वर्षीया हरिजन कन्या के साथ बलात्कार और

हत्या के जुर्म में फाँसी की सजा को उम्रकैद में बदलने का निर्णय लिया था, मगर धारा 3(2)(V) के सन्दर्भ में एक शब्द भी नहीं लिखा। उम्रकैद की सजा सुनाने के कारण विशेषकर अलग से चर्चा करेंगे।

- मसूमशा हसनशा मुसलमान बनाम महाराष्ट्र राज्य (2000 (3) सुप्रीम कोर्ट केसेज 557) में सर्वोच्च न्यायालय के विद्वान न्यायमूर्ति एस. राजेन्द्रा बाबू और एस.एस. मोहम्मद कादरी का फैसला यही कहता है कि धारा 3(2)(V) के लिए अपराध और जाति के बीच अन्तर्सम्बन्ध जरूरी है।

बलात्कार से पहले क्यों नहीं चिल्लाई ?

कुमुदी लाल बनाम उत्तर प्रदेश राज्य में 7 सितम्बर, 1995 को एक जघन्य दुर्घटना हुई जिसमें चौदह वर्षीया हरिजन लड़की माड़ी के साथ बलात्कार किया गया और उसके बाद हत्या। विशेष न्यायालय और उच्च न्यायालय द्वारा सुनाई सजा-ए-मौत को आजीवन कारावास में बदलते हुए सर्वोच्च न्यायालय के विद्वान न्यायमूर्ति जी.टी. नानावती और एस.पी. कुरदुकर ने लिखा, ''लेकिन उपलब्ध साक्ष्य उच्च न्यायालय द्वारा मृत्युदंड दिए जाने के कारणों को उचित नहीं ठहराते। साक्ष्यों से यह नहीं लगता कि अभियुक्त (अपराधी) ने माड़ी को अचानक पकड़ लिया था और वह एकदम विवश थी। उसने अपनी सलवार पूरी तरह से उतार रखी थी जो शायद आवश्यक नहीं थी—अगर वह केवल निवृत्त होने गई थी। घटनास्थल पर कोई पाखाना नहीं मिला। अगर उस पर इस प्रकार अचानक हमला हुआ था तो वह पहले ही चिल्लाती न कि अपीलार्थी द्वारा बलात्कार शुरू करने के बाद।...उसने अपनी सलवार ही नहीं उतारी हुई बल्कि कुर्ता भी गर्दन तक चढ़ाया हुआ था। इसीलिए गवाह और जाँच अधिकारी ने कहा कि माड़ी की लाश नग्न थी।...परिस्थितियाँ बताती हैं कि सम्भवत: आरम्भ में वह स्वयं भी अपीलार्थी को कुछ हद तक आजादी ले लेने के प्रति अनिच्छुक नहीं थी। अपीलार्थी अपनी कामेच्छा नहीं रोक पाने के कारण लड़की की सम्भोग के लिए अनिच्छा के बावजूद आगे बढ़ गया। इस पर लड़की ने कुछ प्रतिवाद किया और शोर मचाना शुरू कर दिया। लड़की को शोर मचाने से रोकने के लिए अपीलार्थी ने सलवार उसके गले में बाँध दी जिससे उसकी दम घुटने से मृत्यु हो गई। हमारे विचार से इन सब साक्ष्यों पर विचार किए बिना उच्च न्यायालय द्वारा मृत्युदंड की पुष्टि करना गलत था।''

माननीय न्यायमूर्तियों ने 'मानवीय दृष्टिकोण' अपनाते हुए मृत्युदंड की सजा को आजीवन कारावास में बदल दिया जो बिलकुल आश्चर्यजनक नहीं है। लेकिन चौदह वर्षीया लड़की की सहमति या असहमति का प्रश्न उठाना व्यर्थ है। अगर वह सिर्फ 'छेड़छाड़' के लिए तो उत्सुक थी मगर सम्भोग के लिए सहमत नहीं थी, तो

उसे सलवार उतारने की क्या जरूरत थी ? बिना सलवार उतारे बलात्कार कैसे होता ? क्या अपीलार्थी कुर्ता ऊपर नहीं कर सकता ? बलात्कार के लिए सलवार उतारना जरूरी था और लड़की को शोर मचाने से रोकने के लिए सलवार से ही गला घोंटना। सवाल सजा का नहीं बल्कि बलात्कार की शिकार हुई मृतक दलित स्त्री के सम्मान का भी है। 'शायद' या 'सम्भवत: ' कहकर सत्य-तथ्य को विरूपित या विकृत नहीं किया जा सकता/जाना चाहिए। घटनास्थल को सालों बाद निर्णयस्थल से दुबारा देखना सम्भव नहीं और अनुमान के आधार पर (ऐसा, वैसा, कैसा) कुछ भी कहना 'न्याय के हित' में नहीं हो सकता।

पंचायत का पौरुष परीक्षण

भारतीय संसद के सामने 12 दिसम्बर, 2002 को घरेलू हिंसा से सुरक्षा विधेयक रखा गया था क्योंकि पिछले कुछ दिनों (महीनों-सालों) से यह अहसास लगातार गहरा रहा है कि भारतीय समाज में हमारे घर-परिवार भी गलियों और सड़कों की तरह खतरनाक होते जा रहे हैं—विशेषकर औरतों के लिए भ्रूण हत्या, दहेज हत्या, हत्या, आत्महत्या, बलात्कार, मानसिक-शारीरिक उत्पीड़न से लेकर, अमानवीय क्रूरताओं के अन्तहीन घटनाओं-दुर्घटनाओं तक की पृष्ठभूमि में, अधिकांश (50 प्रतिशत) हिंसक-हत्यारे चेहरे पति या प्रेमी के ही (होते) हैं, भारतीय दंड संहिता 1860 के तहत अपराधों में गिरफ्तार 95-96 प्रतिशत अपराधी मर्द और शेष स्त्रियाँ होती हैं, दहेज हत्याओं के अपराध में गिरफ्तार स्त्रियों की संख्या भी 22-23 प्रतिशत ही है। वेश्यावृत्ति में तो मूलत: अपराधी स्त्री को ही माना जाता है। क्या यह आँकड़े 'औरत ही औरत की सबसे बड़ी दुश्मन' के मिथ्या और भ्रामक प्रचार को बेबुनियाद सिद्ध करने के लिए काफी नहीं? अधिकांश महिला अपराधियों का अतीत, पुरुष हिंसा-यौन हिंसा या शोषण का शिकार रहा (रहता) है। अक्सर उनका विरोध-प्रतिरोध-प्रतिशोध या उनकी आर्थिक विवशता ही उन्हें अपराध जगत् में घसीट लाती है।

कुछ दिन पहले राष्ट्रीय समाचार-पत्रों में एक खबर यह थी कि 'भाई-बहन ने उत्तेजक दृश्यों को देखकर लाँघी थी मर्यादा—आपत्तिजनक मुद्रा में बेटा-बेटी को देखना माँ के लिए जानलेवा साबित हुआ।' पूछताछ के दौरान जो कहानी सामने आई, वह सचमुच भयावह भविष्य की शुरुआत-सी लगती है। देर रात तक भाई (सत्रह साल) और बहन (उन्नीस) केबल पर आनेवाली अश्लील फिल्में और एफटीवी के प्रोग्राम देखते-देखते देह सम्बन्धों तक जा पहुँचे। 'आपत्तिजनक मुद्रा' में पकड़े जाने पर बेटे ने माँ की हत्या कर डाली। 'लोकलाज' के डर से पिता ने भी औलाद को बचाने का हर सम्भव प्रयास (सहयोग) किया। 'पोर्नोग्राफी, सेक्स एंड वायलेंस' के बीच बिछी, बिजली की 'नंगी' तारों के अन्तरसम्बन्धों को समझाने के लिए उपरोक्त दुर्घटना सर्वश्रेष्ठ शोध सामग्री साबित हो सकती है। इस दुर्घटना से मौजूदा परिवार में स्त्री की सही स्थिति का अनुमान भी लगाया जा सकता है।

पोर्नो फिल्म-पत्र-पत्रिकाओं के माध्यम से भाई (मर्द) बहुत आसानी से बहन (स्त्री) की सहमति बटोर पाता है। सहमति नहीं होती तो शायद बलात्कार होता। यह घर में नहीं तो कहीं बाहर होता। 'खूनी दरवाजों' की क्या कमी है! छोटे-बड़े शहरों में 'मॉर्निंग शो' में लगी गर्मागर्म फिल्मों के अधिकांश दर्शक ऐसे ही किशोर स्कूली छात्र होते हैं। छात्राएँ हो नहीं सकतीं—बहुत 'संकट' है। कम्प्यूटर और इंटरनेट ने पोर्नो इंडस्ट्री को पहले से कहीं अधिक शक्तिशाली, समृद्ध और सर्वव्यापी बना दिया है। इसकी पहुँच और प्रभाव-दुष्प्रभाव हमारे सामने है। रँगे हाथों पकड़े जाने पर भी बेटा (मर्द), माँ (स्त्री) के सामने शर्मिन्दा होने की बजाय हिंसक हो उठता है। चाकू से ताबड़तोड़ वार करता चला जाता है और अन्ततः स्त्री का लहूलुहान शव उसके सामने है। सबूत मिटाने में बहन भी सहयोग देती है और बाद में पिता भी।

'अवैध सम्बन्धों' के त्रिकोण में प्रायः एक या दो हत्याएँ होती ही हैं। मगर अक्सर यह त्रिकोण पति-पत्नी या प्रेमी या प्रेमिका का होता है। कुछ मामलों में एक प्रेमिका और दो प्रेमी या एक प्रेमी और दो प्रेमिकाएँ, अधिकांश मामलों में हत्या, पत्नी या प्रेमिका की ही होती है। कभी-कभार प्रेमी भी मारा जाता है। भाई-बहन के बीच 'अवैध सम्बन्धों' के कारण माँ की हत्या होने की कोई नजीर नहीं मिल रही। कैनेथ पोक की पुस्तक 'वेन मैन किल' में, एक भी ऐसी हत्या का जिक्र नहीं है। यह केस 'हत्यारे सम्बन्धों' के इतिहास का एक नया अध्याय है। हालाँकि भाई-बहन के बीच देह सम्बन्धों की लम्बी-चौड़ी गाथाएँ, हर प्राचीन सभ्यता और संस्कृति में उपलब्ध हैं—'यम-यमी' से लेकर 'दक्ष-दक्षा' तक। यही नहीं प्राचीन मिस्त्र देश के समाज में बहन-भाइयों के विवाह की प्रथा काफी प्रचलित थी, जो 'क्लियोपेट्रा' के काल तक बनी रही। इस सन्दर्भ में 'भारतीय विवाह संस्था का इतिहास—विश्वनाथ काशीनाथ राजवाड़े' एक उल्लेखनीय शोध ग्रन्थ है।

मान लो कि माँ की बजाय पिता अपने बेटे-बेटी को उस 'आपत्तिजनक मुद्रा' में देखते तो क्या उनकी भी हत्या हो सकती थी? क्या वह पत्नी की तरह, 'उस समय' वैसा ही व्यवहार करते? पिता (मर्द) इस घटना-दुर्घटना को किस तरह देखता-समझता? मुझे लगता है कि पिता सब कुछ देखकर भी शायद अनदेखा करता। कम से कम उस समय चुप रहता। बाद में भी समझाने-बताने की बजाय सोने के कमरे बदलवा देता, टीवी को हटवा देता, बेटी की जल्दी से जल्दी शादी करने की सोचता या बेटे को हॉस्टल भेज देता। कुछ भी करता, पर देह सम्बन्धों पर से पर्दा नहीं हटाता। 'परिवार की प्रतिष्ठा' या 'लोकलाज का डर' उसे चुप रखता। दूसरी स्थिति यह भी हो सकती थी कि बेटी को डराता-धमकाता और 'ब्लैकमेल' करते-करते अपने भी बिस्तर तक ले आता। औलाद को बचाने के लिए अगर वह भाई को हत्याकांड में फँसाने की कोशिश कर सकता है, तो अपने यौनसुख के लिए बेटी को

'ब्लैकमेल' क्यों नहीं कर सकता? सम्भव है, पिता के भी अपनी किशोरावस्था या युवावस्था में ऐसे यौन अनुभव रहे हों। बेटी और बाप के बीच यौन सम्बन्धों की कहानियाँ भी कम नहीं हैं। स्त्री के शिकार होने-करने की कोई भी कथा अन्तिम नहीं। घर-परिवार से बड़ा और बेहतर 'वधस्थल' क्या होगा? शायद इसीलिए परिवार लगातार टूट-फूट रहा है और पितृसत्ता 'परिवार बचाओ' आन्दोलन में जुटी है। पिता के पक्ष में एक ताजा न्यायिक निर्णय और 'बेटी बलात्कार केस में पिता सात साल बाद बाइज्जत रिहा' (हिन्दुस्तान टाइम्स, 4 दिसम्बर, 2002)। यहाँ बेटी की उम्र सिर्फ नौ साल थी—बलात्कार के समय, ऐसे 'समय का सामना' कैसे हो? इस बीच 'रिश्वत में अस्मत' माँगनेवाले यौन शोषण प्रयास के बहुचर्चित मामले में, सुप्रीम कोर्ट द्वारा गठित तीन सदस्यीय जजों की कमेटी ने जोधपुर में जाँच प्रक्रिया आरम्भ की। आरोप है कि डिप्टी रजिस्ट्रार गोविन्द कलवानी द्वारा हाईकोर्ट जज अरुण मदान और स्वयं के साथ एक रात बिताने का प्रस्ताव रखा गया था—डॉ. सुनीता मालवीय के सामने। उधर कर्नाटक उच्च न्यायालय के तीन न्यायाधीशों के कथित 'सेक्स स्कैंडल' की जाँच भी पूरी हो गई। शायद जल्दी ही रिपोर्ट भी सामने आ जाए। पंजाब और हरियाणा के दो न्यायमूर्तियों को, भ्रष्टाचार सम्बन्धी जाँच के बाद, मुख्य न्यायाधीश ने लम्बी छुट्टी पर भेज ही दिया है। अगर न्यायमूर्तियों पर लगे आरोप सच सिद्ध हुए तो न्याय के लिए स्त्रियाँ किसका दरवाजा खटखटाएँगी?

घरेलू हिंसा—यौन हिंसा से लेकर, सार्वजनिक स्थल तक अमानवीय उत्पीड़न झेलती औरतों को, समाज ही नहीं बल्कि कानून और न्याय व्यवस्था भी तरह-तरह से आतंकित करती रहती है। एक दुर्घटना हजारों औरतों को डराने के लिए काफी है। राजस्थान में 'भरी पंचायत में पत्नी पर मर्दानगी का परीक्षण' सचमुच रोंगटे खड़े करनेवाली व्यथा-कथा है। पत्नी अपने नामर्द पति से अलग होने के लिए पंचायत से प्रार्थना करती है, तो 'पंच परमेश्वर' नपुंसकता के प्रमाण के लिए पति-पत्नी को भरी पंचायत के सामने देह सम्बन्ध स्थापित करने पर विवश करते हैं। 'पौरुष परीक्षण' विफल हुआ तो दूसरा आदेश यह कि पत्नी दूसरा विवाह कर सकती है, बशर्ते एक लाख रुपया हर्जाना भरे। हर्जाना न भर पाने पर महिला परिवार का सामाजिक बहिष्कार यानी हुक्का-पानी बन्द। स्त्री करती रहे शिकायत या न्याय की तलाश-मुख्यमंत्री से लेकर महिला आयोग और मानवाधिकार आयोग तक। पंचायत के 'पौरुष परीक्षण' के वे चार घंटे, सिर्फ स्त्री के लिए जमीन में गड़ जाने जैसे थे। पंच परमेश्वर तो 'न्याय' करने में व्यस्त थे/हैं। परिवार से पंचायत तक, आहत और अपमानित औरतों की आवाज सुननेवाला एक भी 'मर्द' नहीं। 'सभ्य औरतें' कहाँ हैं? कहाँ है स्त्री अस्मिता और समान अधिकारों के संघर्ष में समर्पित स्वयंसेवी संगठन? कोई है?

बलात्कार : कुछ 'शान्ति' प्रस्ताव

'स्त्री–पुरुष : कुछ पुनर्विचार' के 'आत्मकथ्य' में प्रसिद्ध पत्रकार श्री राजकिशोर ने लिखा था, ''ईश्वर ने मुझे कभी आकर्षित नहीं किया, स्त्री अब भी लुभाती है।'' अब 'स्त्री के लिए जगह' में 'बलात्कार पर कुछ प्रस्ताव' देते हुए वे लिखते हैं, ''गम्भीर अपराध और भी हैं लेकिन बलात्कार को सर्वाधिक घृणास्पद माना जाता है।'' जब 'गम्भीर अपराध और भी हैं' तो बलात्कार को सर्वाधिक घृणास्पद क्यों माना जाए या क्यों माना जाता है?

वे नहीं बताते कि बलात्कार से अधिक गम्भीर अपराध कौन से हैं और बलात्कार को 'सर्वाधिक घृणास्पद' क्यों माना जाता है। बलात्कार से अधिक गम्भीर अपराध (भारतीय दंड संहिता 1860 में निर्धारित सजा के अनुसार) से उनका आशय हत्या, दहेज हत्या, सती या डकैती से हो सकता है परन्तु उनका जोर इस बात पर है कि बलात्कार को 'सर्वाधिक घृणास्पद' माना भी जाता है या नहीं? ऐसा मान लेने का कोई ठोस स्थायी आधार या कारण भी तो नहीं और न वे बताते हैं।

वे आगे लिखते हैं कि आदिवासी समाजों में बलात्कार होते हैं तो 'न तो कोई स्त्री आत्महत्या करती है' और न यह माना जाता है कि उसका 'सर्वस्व लुट गया'। यही नहीं, वहाँ तो 'बलात्कार को एक सामान्य अपराध ही माना जाता है और उसके लिए सामान्य दंड तथा प्रायश्चित्त का ही विधान है।' मतलब यह कि बलात्कार एक सामान्य अपराध है जिसके लिए सामान्य दंड और प्रायश्चित्त का विधान ही उचित है। शायद इसीलिए प्रश्न भी करते हैं कि ''क्या अंगच्छेद ही बलात्कार की उचित सजा है?'' लेकिन जवाब में कहते कुछ नहीं। दिल्ली के एक सत्र न्यायाधीश श्री एस.एम. अग्रवाल ने ऐसा एक निर्णय सुनाया था लेकिन अपील में उच्च न्यायालय ने रद्द कर दिया क्योंकि कानून में ऐसा कोई प्रावधान नहीं है।

राजकिशोर का कहना है, ''यह तो सभ्यता ही है, जो बलात्कार के अनुकूल परिस्थितियाँ तैयार करती है और फिर बलात्कार पर उससे ज्यादा हाय–तौबा मचाती है, जितने के वह योग्य है।'' बलात्कार पर हाय–तौबा हो या बलात्कार कितनी हाय–तौबा योग्य है के साथ–साथ शायद उनका सवाल यह भी है कि हाय–तौबा

क्यों? कह तो दिया कि सामान्य अपराध है, सामान्य दंड और प्रायश्चित्त काफी है। सामान्य दंड क्या? मुझे नहीं मालूम।

उनका मानना है कि ''एक स्वस्थ आदमी बलात्कृत स्त्री को नहीं, बलात्कारी को घृणा की निगाह से देखेगा।'' मगर अगली ही पंक्ति में सवाल उठाते हैं, ''लेकिन कितनी घृणा से?'' बलात्कार को 'सर्वाधिक घृणास्पद' मानना है तो मुश्किल यह है कि बलात्कारी को भी 'सर्वाधिक घृणा से देखना पड़ेगा और वह यह कैसे भूल जाएगा कि ''बलात्कारी भी आखिर मनुष्य (पुरुष) ही है।'' कैसे भूल जाएगा कि ''अदालत की ओर ले जाया जाता हुआ बलात्कारी वह अभिशप्त आदमी है, जिसकी पीठ पर पूरी सभ्यता का कूबड़ है।''

वे कहते हैं, ''वस्तुत: बलात्कारी के लिए स्त्री की योनि सिर्फ एक अंग है।...एक मांसल सुराख-भर है।...अपना यौन-आवेग शान्त करने की चीज है।'' और उन्हें ''आश्चर्य यह है किसी भी पत्रकार की नजर इस तरफ नहीं गई कि बलात्कार के दौरान स्त्री का शील टूटा या पुरुष का।''...यौन अंगों की यह तानाशाही टूटनी चाहिए। बच्चों से बलात्कार के मामलों में भी क्या स्त्री की योनि सिर्फ एक 'अंग', 'मांसल सुराख' और यौन आवेग शान्त करने की 'चीज' मानकर यह आश्चर्य किया जाएगा कि ''बलात्कार के दौरान स्त्री का शील टूटा या पुरुष का।'' (हालाँकि अन्य बलात्कार के मामलों में भी ऐसा आश्चर्य बेहद आपत्तिजनक और हास्यास्पद है)।

वे स्वयं कहते हैं, ''यह स्त्री का अवमूल्यन है—उसका पदार्थीकरण। लेकिन सिर्फ हमारी नजर में, क्योंकि हम स्त्री की गरिमा का सम्मान करना चाहते हैं।'' यह 'सिर्फ हमारी नजर में' कौन-कौन शामिल हैं? कहीं यह मैं से हम बनती 'हमारी नजर' तो नहीं? खैर...यह 'हमारी नजर' से भी स्त्री की गरिमा का सम्मान 'करना चाहते हैं' पर करते नहीं हैं। नहीं करते हैं इसीलिए अब 'करना चाहते हैं' शायद। शायद का कारण यह भय है कि ''आधुनिक युग में स्त्री-समूह की अपने अधिकारों के प्रति चेतना बढ़ी है'' और ''आजकल स्त्रियों को विद्रोह की शिक्षा कुछ ज्यादा ही दी जा रही है'' जबकि ''स्त्री अधिकारों की चेतना एक बात है, किन्तु पुरुष को सतत अपराधी मानकर चलना बिलकुल दूसरी बात।''

राजकिशोर स्वीकार करते हैं कि ''स्त्री के सन्दर्भ में पुरुष का इतिहास निश्चय ही बहुत गन्दा है।'' लेकिन दूसरे ही पल घोषणा करते हैं, ''उस इतिहास का प्रतिशोध लेने की राजनीति भी गन्दी ही कही जाएगी।'' स्वीकार कर रहे हैं कि 'इतिहास गन्दा है, यह क्या कम है? गन्दे इतिहास का प्रतिशोध क्यों? अगर 'प्रतिशोध की राजनीति' की जाएगी तो उसे भी 'गन्दा ही कहा जाएगा' और ऐसा कहना क्या गलत है? बलात्कार किया, गन्दा काम किया-स्वीकार करते हैं। लेकिन

प्रतिशोध के रूप में सजा दोगे या बलात्कार को 'सर्वाधिक घृणास्पद' मानोगे तो उसे भी तो गन्दा ही कहा जाएगा ना?

उनका प्रस्ताव है, 'ऐसे माहौल में पुरुषों की काम-इच्छाओं का विस्फोट स्वाभाविक ही मानना चाहिए', क्योंकि 'बलात्कार इस संस्कृति की एक स्वाभाविक निष्पत्ति है।' और 'यह सच है कि बलात्कार की संस्कृति पैदा करने में माहौल को कामुक बनाने में सक्षम स्त्रियों का योगदान सबसे ज्यादा है।' हमें यह नहीं भूलना चाहिए कि 'यौन-सम्बन्ध एक तरह की वास्तविक भूख भी है और भूख को अपना तर्कशास्त्र होता है।' इसलिए 'अच्छी से अच्छी व्यवस्था में भी शायद कुछ बलात्कार होंगे' और 'सामाजिक उदारीकरण के माहौल में ऐसे हल्के-फुल्के बलात्कार अब बढ़ेगें।' सीधा-सा अर्थ यह निकलता है कि ऐसे माहौल या संस्कृति में कामेच्छाओं का विस्फोट भी 'स्वाभाविक है और बलात्कार भी 'स्वाभाविक निष्पत्ति' जिसे कामुक बनाने में सबसे ज्यादा योगदान 'सक्षम स्त्रियों' का है। अच्छी से अच्छी व्यवस्था में भी 'कुछ बलात्कार' तो होंगे ही और सामाजिक उदारीकरण के माहौल में तो ऐसे 'हल्के-फुल्के' बलात्कार और भी बढ़ेंगे। 'हल्के-फुल्के' (?) बलात्कार जो पूर्णतया 'स्वाभाविक' हैं और इसके लिए स्त्रियाँ ही जिम्मेवार हैं। बलात्कारी बेचारा पुरुष तो 'अभिशप्त' है और स्त्रियों की साजिश का शिकार।

उन्हें 'बलात्कार को स्तब्ध कर देनेवाली घटना बनाने के पीछे मुख्य धारणा स्त्री के कौमार्य की चिन्ता प्रतीत होती है।' उनके अनुसार, 'कुँवारी स्त्री किसी और की थाती है। विवाहित स्त्री अपने पति की जागीर है। यह नजरिया बलात्कार को एक भयावह घटना बना देता है।' क्या बलात्कार स्तब्ध कर देनेवाली या भयावह घटना होती नहीं 'बना' दी जाती है और कौमार्य की चिन्ता भी होती नहीं बल्कि 'प्रतीत' होती है? जबकि वे स्वयं यह भी कहते हैं कि 'विवाह की अपनी शर्तें हैं और उनका पालन होना ही चाहिए। दूसरी ओर विवाह-पूर्व सम्बन्ध की भी निश्चित मर्यादाएँ होनी चाहिए।' विवाह की शर्तों का पालन भी 'होना ही' चाहिए और विवाह-पूर्व सम्बन्ध की 'निश्चित मर्यादाएँ भी होनी चाहिए' से स्पष्ट है कि 'सतीत्व' और कौमार्य' या 'शीलभंग' किसी भी हालत में स्वीकार नहीं किया जाएगा लेकिन बलात्कार को न 'स्तब्ध कर देनेवाली' या 'भयावह घटना' बनाने की जरूरत है और न ऐसी 'स्त्री के कौमार्य' की चिन्ता करने की। 'प्रतीत' होती है तो होती रही। क्योंकि 'कोई भी समाज तभी स्वस्थ ढंग से चल सकता है, जब यौन आवश्यकताओं की स्वस्थ पूर्ति के दरवाजे हमेशा खुले रहें।' (सिर्फ पुरुषों के लिए) लेकिन 'विवाह का बन्धन नहीं है, इसका अर्थ यह नहीं कि जब इच्छा हो, जिसके साथ इच्छा हो, सो लिया जाए' और 'कुमारियों, विधवाओं और तलाकशुदा महिलाओं को या ऐसे ही पुरुषों को समाज का पानी हमेशा हिंडोलते रहने का

अधिकार नहीं हैं।' कहने का अभिप्राय यह कि विवाह संस्था के बाहर यौन-सम्बन्ध वर्जित। (हालाँकि भारतीय कानून में ऐसा कोई प्रतिबन्ध नहीं है) फिर भी 'यौन आवश्यकताओं की स्वस्थ पूर्ति के लिए दरवाजे हमेशा खुले' रहने चाहिए तभी 'समाज स्वस्थ ढंग से चल सकता है'। और 'ऐसे (ही) समाज में बलात्कार की घटनाएँ क्रमश: कम होती जाएँगी' क्योंकि 'संस्कृति की उचित कसौटी यह नहीं है कि बलात्कार को खत्म किया जा सका या नहीं। कसौटी यह है कि बलात्कार बढ़ रहे हैं या घट रहे हैं।'

यौन आवश्यकताओं के सभी दरवाजे हमेशा खुले रखकर 'कौमार्य' और 'मर्यादाओं' की रक्षा का पाखंड असम्भव है। पुरुषों के लिए दरवाजे खुले रहें और स्त्रियों के लिए बन्द—यह कैसे हो सकता है? और सारी नैतिकता-मर्यादा-पवित्रता-कानून सिर्फ स्त्रियों के लिए ही क्यों?

राजकिशोर ने आगे लिखा है, "इस सन्दर्भ में वैवाहिक जीवन में बलात्कार की मीमांसा उपयोगी होगी। बहुत से लोगों को तो यह प्रश्न ही अटपटा लगेगा कि क्या वैवाहिक जीवन के भीतर भी बलात्कार सम्भव है? कानून इसकी मान्यता नहीं देता, जिस पर हाय-तौबा मचाना अब फैशनेबल हो चला है।"

वैवाहिक जीवन में बलात्कार की मीमांसा उपयोगी होती, अगर की गई होती। प्रश्न इतना ही 'अटपटा' लगता या होता तो राजकिशोर अपना बहुमूल्य समय (सिर्फ) सवाल करने में नष्ट नहीं करते हालाँकि जवाब देने (न देने) में उन्होंने समय, विचार, विचार-शक्ति और पृष्ठ बचा ही लिये। भारत में कानून इसकी मान्यता नहीं देता—सिर्फ उन मामलों में जहाँ पत्नी की उम्र 15 साल से अधिक है। पढ़ें लेख, 'बाल-विवाह और बलात्कार।'

हाँ, 'हाय-तौबा मचाना अब फैशनेबल (जरूर) हो चला है' वरना इस पर 'मीमांसा उपयोगी' न लगती। वैवाहिक जीवन में बलात्कार की सम्भावना का सवाल 'अटपटा' कैसे लग सकता है? यह कहना सिरे से गलत है कि 'पत्नी की इच्छा के विरुद्ध इसके साथ पति का यौन-कृत बलात्कार क्यों नहीं माना जाए', इस पर दुनिया भर में बहस जारी है। वे स्वयं मानते हैं कि 'फिर भी स्त्री का (पत्नी का) ना कहने का अधिकार उसका एक मौलिक अधिकार है' लेकिन 'यह अधिकार उसे सिर्फ कानून में संशोधन के द्वारा नहीं मिलेगा। बिस्तर पर ना कहने का अधिकार स्त्री तभी प्राप्त कर सकेगी, जब वह अपने अन्य मौलिक अधिकारों को भी वास्तविक जीवन में हासिल कर लेगी' जो पितृसत्तात्मक समाज की संसद कभी नहीं होने देना चाहेगी। वे कहते हैं, 'इसके लिए जरूरी है कि परिवार का ढाँचा बदला जाए' लेकिन सवाल है कि बदलेगा कौन? कब? और अब तक बदला क्यों नहीं? जब स्त्रियाँ ढाँचा बदलने की स्थिति में हो जाएँगी तो क्या आप उन्हें रोक पाएँगे?

राजकिशोर ने लिखा है, ''दमित समाज बलात्कार की परिस्थितियाँ तो तैयार करता है, किन्तु उससे निपटने के रास्ते तैयार करना नहीं जानता।'' क्या 'रास्ते तैयार करना नहीं जानता' या 'करना नहीं चाहता'? मेरे विचार से जानता ही नहीं, उसने रास्ते बहुत पहले से बना रखे हैं। रास्ते भी ऐसे कि कोई बच के तो दिखाए। हर बार, बार-बार औरत को यह समझाया जाता है कि 'हर चीख स्त्री की सम्पूर्ण तबाही का कारण बन सकती है', पति को बताओगी तो 'सबसे पहले स्त्री का त्याग वही करेगा' और 'कुमारी के साथ बलात्कार को तो सौ परदों में छिपाकर रखना होगा' वरना कौन ब्याह रचाएगा उससे। यही वो रास्ते हैं जो दमित समाज ने बलात्कार से निपटने के लिए सदियों से बना रखे हैं। यह कहकर दिशा-भ्रमित नहीं किया जा सकता या किया जाना चाहिए कि 'रास्ते तैयार करना नहीं जानता।'

उन्होंने आगे जिक्र किया है, 'खुले समाजों में भी ऐसे बलात्कार बढ़ रहे हैं, जो स्त्री पर तरह-तरह के अप्रत्यक्ष दबाव डालकर किए जाते हैं। पद, पैसे और कैरियर का प्रलोभन अक्सर स्त्रियों की सहमति पाना आसान कर देता है।' परन्तु यहाँ भी ये सवाल करते हैं कि क्या इन 'ऑफिशियल बलात्कारों के लिए स्त्रियों को भी दोषी ठहराया जा सकता है?' और उसका जवाब है हाँ। सिर्फ आंशिक रूप से क्योंकि 'मंदाकिनी (या कोई भी स्त्री) कुछ उन्मुक्त माहौल में रहती (रहेगी) और अपना पुरुष खोजने की प्रक्रिया में दोस्तियाँ करती (करेगी), तब इस प्रक्रिया में भी उसके साथ बलात्कार हो सकता था (है)।'

संक्षेप में 'स्त्री पुरुष से दोस्ती के लिए खुद निकलती है अपना पुरुष ढूँढ़ने, इसलिए बलात्कार तो होगा ही जिसके लिए वह स्वयं दोषी है क्योंकि वे भी कामुकता की इस संस्कृति को तरह-तरह से अपना अर्घ्य दे रही हैं।' खुद 'इस दुश्चक्र में शामिल हो गई हैं' और उनका 'सारा जोर 'सेक्सी' दिखने पर है।' यही वे औरतें हैं जिनका 'माहौल को कामुक बनाने में सबसे ज्यादा योगदान है।' सारी वयस्क पत्रिकाओं, फिल्मों और मनोरंजन उद्योग के एकमात्र अधिकारी पुरुषों के समाज में ऐसे तर्क गढ़ना कोई नई बात नहीं है।

राजकिशोर का एक और प्रस्ताव है, 'बलात्कार मनुष्य (पुरुष) करता है, इसलिए मनुष्य (पुरुष) ही ऐसी व्यवस्था बना सकता है जिसमें बलात्कार की आशंका न्यूनतम हो सके', लेकिन वह ऐसी व्यवस्था क्यों बनाएगा? या अब तक क्यों नहीं बनाई? विशेषकर तब जब उसने अपनी व्यवस्था बनाए रखने के लिए बलात्कार को औरतों को सतत भय में रखने के लिए ही ईजाद किया है और उसका हथियार के रूप में इस्तेमाल करता है।

आप ही ने कहा है कि ''बलात्कार पुरुष करता है और अदालतों पर भी पुरुषों का ही कब्जा है। जिस पुलिस का काम बलात्कारी को सजा दिलाना है वह स्वयं

मौका पाते ही बलात्कार करते हुए पाई जाती है।'' इसलिए ''अब भी अदालती प्रक्रिया आमतौर पर ऐसी है कि बलात्कारी के छूट जाने की सम्भावना ज्यादा होती है।'' इसका कारण बताते हैं 'पुरुष वर्ग का स्वार्थ' और फिर भी कहते हैं कि 'बलात्कार अब रफा-दफा करने योग्य मामला नहीं, बल्कि अदालत से भरपूर सजा दिलवाने की चीज है' लेकिन पूछते हैं 'ऐसा विधान कहाँ है, जो बलात्कारी को शान्ति भी दे सके और बलात्कृत किशोरी का भविष्य भी गँदला न करे?' समझ नहीं आता कि आखिर वे बलात्कारी को 'भरपूर सजा' दिलवाना चाहते हैं या 'बलात्कारी को शान्ति' और कैसे?

समाज में लगातार बढ़ते बलात्कारी माहौल में ऐसे 'प्रस्ताव' सचमुच बेहद 'क्रान्तिकारी' हैं। 'उपयोगी मीमांसा' करते हुए जिस नए समाज का एक प्रारूप राजकिशोर ने दिया है, वह गम्भीरता से 'विचारणीय' है। अगर किसी की अपनी पत्नी, बहू, बेटी या किसी रिश्तेदार के साथ बलात्कार की दुर्घटना हो जाए तो क्या फिर भी ऐसे ही 'शान्ति प्रस्ताव' पेश करेंगे?

बचपन से बलात्कार

कृष्णा सोबती का उपन्यास 'सूरजमुखी अँधेरे के' बचपन से बलात्कार का हिन्दी में ही नहीं, अन्य भारतीय भाषाओं में भी शायद पहला और अकेला सशक्त उपन्यास है जिसका प्रथम संस्करण 1972 में प्रकाशित हुआ था। उस समय कम उम्र की बच्चियों से बलात्कार की समस्या से शायद समाज इतना चिन्तित और परेशान नहीं था जितना आज है। सुसन ब्राउन मिलर द्वारा रचित बलात्कार पर पहली गम्भीर पुस्तक 'अगेंस्ट ऑवर विल : मैन, विमेन एंड रेप' का पहला संस्करण 1975 में आया था। इसमें सुसन मिलर ने बच्चों के यौन-शोषण के बारे में कुल 12 पृष्ठों पर (271-82) लिखा है। सोबती का उपन्यास 135 पृष्ठों का है। बचपन में हुए बलात्कार की शिकार रत्ती सारी उम्र एक ऐसे अपराध की सजा भुगतती है जो उसने किया ही नहीं। लेकिन इस उपन्यास को अब तक इस परिप्रेक्ष्य में देखा, जाँचा और परखा नहीं गया। उपन्यास के आवरण के पृष्ठ 2 पर लिखा है, ''उपन्यास में ऐसी लड़की की कहानी है जिसके फटे बचपन ने उसके सहज भोलेपन को असमय चाक कर दिया और उसके तन-मन के गिर्द दुश्मनी की कँटीली बाड़ खींच दी।...गहन संवेदना के स्तर पर कलाकार की तीसरी आँख ने परत-दर-परत तन-मन की साँवली प्यास को उकेरा है।...आदर्शों की भव्यता से अलग हटकर 'सूरजमुखी अँधेरे के' यथार्थ और सत्य के निरूपण की वह असाधारण सत्यकथा है जिसका सत्य कभी मरता नहीं।''

'सहज भोलेपन को असमय चाक' करनेवाला 'फटा बचपन' ही बलात्कार की वह दुर्घटना है जिसने रत्ती के बचपन को तार-तार कर दिया था और जिसका दंश वह सारी उम्र झेलती रही। 'तन-मन की साँवली प्यास' उपन्यास की विषय-वस्तु की नितान्त देहवादी दृष्टि से देखने-समझने का ही परिणाम हो सकती है, वरना उपन्यास में ऐसा कुछ है ही नहीं। उपन्यास 'असाधारण सत्यकथा' है या 'निरन्तर नंगे होते आम भारतीय समाज में बेबस, लाचार और अभिशप्त बेटियों की चीख, जो हर बार गले में घुटकर दम तोड़ देती है'। 'सूरजमुखी अँधेरे के' दरअसल बचपन में ही बलात्कार की शिकार हुई उन बेटियों की संघर्षगाथा है जिन्हें माँ-बाप, भाई-

बहन, दोस्त–रिश्तेदार और समाज कहता रहता है, ''कलमुँही, तू मर क्यों नहीं गई ?'' और जिनके लिए 'सवाल अस्मत का नहीं, अस्मिता का है।'

प्रसिद्ध लेखक राजेन्द्र यादव के अनुसार, 'सूरजमुखी अँधेरे के' में कृष्णाजी की नारी एक खतरनाक दिशा की ओर मुड़ती दिखाई देती है। 'डार से बिछुड़ी' में आदमी ने औरत को 'चीज' की तरह इस्तेमाल किया था, यहाँ औरत आदमी को एक दूसरी दृष्टि से इस्तेमाल करती है। ('औरों के बहाने' में पृष्ठ 43)

'खतरनाक दिशा' से राजेन्द्र यादव का क्या अभिप्राय है ? और यहाँ औरत आदमी को कौन–सी दूसरी दृष्टि से इस्तेमाल करती है ? रत्ती तो आदमी को 'चीज' की तरह इस्तेमाल नहीं करती। यादव जी को लगता है, ''यह कुछ–कुछ वही रत्ती है जो मित्रो थी...पुरुषों को तरसाती, खिलवाड़ करती और फिर बेकार चीज की तरह एक ओर फेंक देती हुई—लेकिन भीतर से घायल, सहमी और सशंकित। बाहर का हर प्रयोग जैसे उसे भीतर से और आतंकित, स्तब्ध छोड़ जाता है।...यह औजार भी बेकार गया...रंजन, सुमेर, भानुराव, सुब्रामनियम...सभी को उठाती है, तोलती है और अगला वर्क उलट देती है।''

क्या सचमुच रत्ती 'पुरुषों को तरसाती, खिलवाड़ करती और बेकार चीज की तरह एक ओर फेंक देती हुई' नारी है ? और इसीलिए, 'एक खतरनाक दिशा की ओर मुड़ती दिखाई देती है ?' दरअसल, रत्ती उपन्यास में किसी भी पुरुष को न तो 'चीज' की तरह इस्तेमाल करती है और न ही इस्तेमाल करने के बाद 'बेकार' चीज की तरह एक ओर फेंक देती है। वह न पुरुषों को तरसाती है, न खिलवाड़ करती है। हाँ, हर एक को देखती, समझती, परखती और तोलती जरूर है। हर उस पुरुष से जो उसे 'चीज' की तरह इस्तेमाल करना चाहता है, दूरी बनाए रखने को ही शायद यादवजी 'खतरनाक दिशा की ओर मुड़ना' मानते हैं। 'आदमी की निगाह में औरत' का यह निर्णय 'खतरनाक दिशा की ओर मुड़ना' ही है क्योंकि ऐसे में उसे रोज 'चीज' की तरह इस्तेमाल कर पाना असम्भव है। यही नहीं, ऐसा व्यवहार पुरुष–अहं को भारी ठेस पहुँचाता है, इसलिए उन्हें लगता है कि 'रत्ती नाम की जो लड़की बन रही है यह है उद्दंड, गुस्सैल और बदतमीज रत्ती।'

यादवजी आगे लिखते हैं, ''और तब आता है दिवाकर। रत्ती के भीतर की औरत 'सूँघ' लेती है यही वह पुरुष है जो उसे सुरंगों से निकालकर 'आकाश' देगा।...मैंने अनेक देशी–विदेशी उपन्यासों में बहुत से बेडरूम सीन पढ़े हैं। लेकिन जिस नाजुक कलम और तन्मय विभोरता से इसे कृष्णाजी ने लिखा है वह सिर्फ और सिर्फ कविता है।...शायद पहली बार छायावादी मुहावरे को ऐसा मांसल धरातल मिला है। नारी–पुरुष के इस बेबाक मिलन, सम्भोग की विभिन्न स्थितियों को निश्चय ही इसमें उन्होंने पूजा जैसी गरिमा दी है। शायद ऐसी ही निष्ठा से खजुराहो

और कोणार्क के मिथुन-युग्म तराशे गए होंगे...जहाँ हर तलाश और तलाश सिर्फ एक ऋचा जैसी लगे।''

मैं इसे दुर्भाग्य ही कहूँगा कि उपन्यास को सिर्फ 'मांसल धरातल' पर ही पढ़ा और 'पूजा' गया। क्या (बेडरूम) सीन है। ऐसा तो अब तक किसी देशी क्या, विदेशी उपन्यास में भी पढ़ने को नहीं मिला। इसी मानसिकता का परिणाम है कि अमृता प्रीतम ने भी 'कौन-सी जिन्दगी, कौन-सा साहित्य' (पृष्ठ 15-21) में इसी 'सीन' को पुन: प्रकाशित करते हुए लिखा है, ''आधुनिक हिन्दी साहित्य के यौन आचरण का एक बड़ा खूबसूरत हवाला कृष्णा सोबती के उपन्यास 'सूरजमुखी अँधेरे के' में मिलता है। इस हवाले का महत्त्व दो पहलुओं से है। एक, दो जिस्मों के जिक्र को दो रूहों के वजूद का वर्णन बना देना अपने-आपमें कलम की कला की प्राप्ति है। किसी बयान में संकोच कहीं नहीं, पर उसकी नाजुक बयानी कैसे उसे सहज रूप दे सकी है, यह साहित्यिक मियाद के पक्ष से देखने की बात है। दूसरा, इसकी औरत-पात्र अपने महबूब से मिलने के समय सहज नहीं है। उसके साथ बलात्कार की घटना घटी थी, उसके बचपन को घायल कर गई थी, इसीलिए जवानी में जिस्मानी मेल का समय उसके लिए न सहज है, न स्वाभाविक। इस कहानी का मर्द-पात्र कैसे मूल्यों के विश्वास में से इस अस्वाभाविक को स्वाभाविक करता है, औरत को बलात्कार की भयानक याद की खाई में से निकालकर मुहब्बत के दिव्य सिंहासन पर ले जाता है, इस पक्ष से हवाला और भी अधिक महत्त्व रखता है।''

क्या 'सूरजमुखी अँधेरे के' के सिर्फ 6-7 पृष्ठ, जिनमें रत्ती-दिवाकर के सम्भोग का चित्रण है, ही उल्लेखनीय और महत्त्वपूर्ण हैं? और शेष पृष्ठों में लिखित मूल समस्या गौण? कारण, इन विश्लेषकों की अपनी सीमा है या लेखक की कमजोरी?

'सूरजमुखी अँधेरे के' मुख्य पात्र के बचपन से बलात्कार की कहानी है जिसमें रत्ती एक लम्बी लड़ाई लड़ती है, हारती है, पर हार मानती नहीं। हर बार सिर उठा आगे बढ़ती है। रत्ती के लिए 'भविष्य वह अन्धी आँखों वाला वक्त बना रहा जिससे रत्ती ने कभी साक्षात्कार नहीं किया', मगर रत्ती का 'बार-बार सिर उठा आगे बढ़ना देखना' ही रत्ती की ताकत है...हिम्मत है। बचपन में वह बलात्कार 'हवाघर' में कोई तब करता है जब वह स्कूल में पढ़ रही होती है। बलात्कार के समय रत्ती की उम्र (5 साल से 11 साल) बहुत ही कम रही होगी। बलात्कार की इस घटना के बारे में स्कूल के बच्चे तक जानते हैं तो स्पष्ट है कि शहर के अन्य लोग भी जानते ही होंगे। स्कूल में बच्चे (लड़के और लड़कियाँ) रत्ती को 'अच्छी लड़की नहीं' समझते या 'बुरी लड़की', 'गन्दी लड़की' कहकर चिढ़ाते रहते हैं और उसके बारे में तरह-तरह की झूठी अफवाह फैलाते रहते हैं। रत्ती को गुस्सा आता है और वह किसी-न-किसी की जमकर पिटाई कर देती है।

अज्जू कहता है, "किसी ने बुरा काम किया था न तुम्हारे साथ। खून निकला था न।" और रत्ती फटाक से सूरजमुखी का ढेर अज्जू के मुँह पर दे मारती है। अज्जू रोते हुए कहता है, "मैं ही अकेला थोड़े कहता हूँ। सब लड़के-लड़कियाँ..." इस पर 'रत्ती ने घूँसों से पीटा...इधर-उधर फिर जमीन पर पटक दिया' और कहा, "मिस डेविड से कहकर 'पनिश' करवाऊँगी।" अज्जू गिड़गिड़ाने लगता है, "मुझे क्यों मारती हो रत्ती...डॉक्टर अंकल की लड़की डिम्पी सबसे कहती फिरती है।"

इसके बाद रत्ती 'भागती गई और रोती गई' उसके दिल-दिमाग में घूमने लगता है 'वह हवाघर...वह भद्दा चेहरा—वह नीचे पटकता हाथ।'

लड़के छेड़ते हैं क्योंकि बार-बार 'बुरी लड़की' कह-कहकर उसका मनोबल तोड़ देना चाहते हैं, ताकि हारकर वह उनके सामने समर्पण कर दे। वह पुरुष वर्चस्व स्थापित करने का एक नुस्खा है जहाँ पुरुष बुरी लड़की से 'बुरा काम' करने का एक सामाजिक, नैतिक और कानूनी आधार और अधिकार हासिल करने में सफल होता है। लेकिन उसका विरोध करो तो जल्दी ही गिड़गिड़ाकर माफी माँगने लगता है। लड़कियाँ छेड़ती हैं, सबसे कहती फिरती हैं कि रत्ती 'बुरी लड़की है', रत्ती 'गन्दी लड़की है', शायद इसलिए कि उसे यह कहें कि 'वह अच्छी लड़की है।' खुद को 'अच्छी लड़की' सिद्ध करने या कहलवाने के लिए जरूरी है वे रत्ती को 'बुरी लड़की' या 'गन्दी लड़की' कहती रहें। 'कौमार्य', 'शील' और 'यौन शुचिता' के मिथ समाज में विभिन्न स्तरों पर इस बारीकी से हमला करते हैं कि बलात्कार की शिकार लड़की या औरत को ही अपराधी करार देते हैं।

रत्ती को गुस्सा आता है और मार-पिटाई पर उतर आती है तो सिर्फ इसलिए कि उसे लगता है कि इसमें उसका क्या कसूर? एक तो उसके साथ ज्यादती हुई और ऊपर से उसी पर लांछन लगाया जा रहा है। बेबुनियाद अफवाहें उड़ाकर बदनाम किया जा रहा है। गुस्से में मार-पीट करके रोती-सिसकती घर पहुँचती है तो माँ-बाप के पास पहले से ही शिकायत दर्ज है। पापा कहते हैं, "अपने दोनों कान पकड़ो और दीवार की ओर मुँह कर खड़ी रहो। तुम्हारे लिए यही सजा है।" ढिठाई से सामना करती है तो माँ के तमाचे...एक...दो...तीन। वह बहुत देर चुप रहती है, मगर बार-बार सच बोलने के लिए पापा जोर देते हैं और माँ कहती है, "पापा से कह दो बेटी...उन्हें तुम्हारी मिस को जवाब देना है।" तब धीरे-से कह पाती—"पापा, डॉक्टर अंकल की लड़की सबसे हवाघर की बात कहती है।" "बेटे, यह बात तुम्हें मम्मी-पापा को पहले ही बता देनी चाहिए थी।" ऐसे माँ-बाप का पुचकारना सिर्फ उसे और रुलाता है और वह भर्राए गले से कह उठती है—

"आप दोनों भी गन्दे हो, गन्दे!"

बलात्कार जैसे जघन्य अपराध की शिकार लड़की स्वयं धीरे-धीरे समाज में ही नहीं, अपने परिवार में भी 'अछूत' होती जाती है, सबकी निगाह में 'घृणा' की पात्र। सब जैसे उसके जख्म पर नमक छिड़क रहे हों। लगातार अपमानित होती ऐसी लड़की भला कब तक चुप रह सकती है, और ऐसे दमघोंटू माहौल में निश्चित है कि वह या तो आत्महत्या कर ले या फिर उसका डटकर मुकाबला करे। रत्ती आत्महत्या नहीं करती। उसे जी कड़ा कर आँसुओं को गले में नीचे उतार अपने को समझा लिया, 'चुप। एक-एक को पकड़कर पीट देना।' यही वह निर्णय है जो रत्ती को जिन्दा रखता है और ऐसे ही रत्ती सम्मानपूर्वक जी भी सकती है।

फिर चाहे रत्ती को ब्लैकमेल करने की साजिश करनेवाली श्यामली हो या उसके खिलाफ गन्दी अफवाहें उड़ानेवाली अन्य लड़कियाँ हों या उसे छेड़नेवाला पाशी हो—रत्ती इन सबके खिलाफ यही रवैया अपनाती है। रत्ती का आक्रमण बाकायदा परिभाषित है। वह बचाव के लिए आक्रमण का इस्तेमाल करती है, जबकि सामाजिक परिवेश का लाभ उठानेवाले लड़के-लड़कियाँ उसे जलील करने के लिए आक्रामक होते हैं।

मार-पीट की एक घटना के बाद स्कूल से लौटते हुए रास्ते में असद भाई मिले तो रत्ती ने सब कुछ उन्हें बताया। असद समझाते रहे कि मम्मी से कह देना 'पहल पाशी ने की थी,' मगर रत्ती बोली, "मैं क्यों झूठ बोलूँगी? मुझे तो आज किसी एक को मारना ही था, मिलकर हमेशा छेड़ा करते हैं।" आखिर असद ने लाड़ से कहा, "रत्ती हमेशा याद रखेगी—वह एक अच्छी लड़की है, प्यारी और बहादुर।" और यही वो शब्द हैं जो रत्ती को रेगिस्तान में ओस की बूँद जैसे लगते रहे सारी उम्र। कुछ साल बाद असद ने कहा था, "एक दिन तुम्हारे मम्मी-पापा की इजाजत से...मगर नहीं रत्ती...उन्हें जरूर एतराज होगा।" और रत्ती ने जवाब दिया था, 'लॉली-पॉप माँगने की तरह क्या इस बात की भी इजाजत माँगने जाइएगा असद भाई।' रत्ती और असद भाई के बीच सहज स्नेह और आपसी विश्वास के सूत्र धीरे-धीरे गहरे होते हैं, लेकिन अचानक रत्ती को पता लगता है कि असद 'अल्लाह को प्यारे हो गए'। बीस-एक दिन बीमारी के बाद सीधा तार ही आ गया। सुनकर रत्ती फाटक से लौट गई। फिर एक दिन आपा से मिलने गई तो लगा 'एक बार और बचपन मर गया।' रत्ती असद को सारी उम्र भुला नहीं पाती है और उसे हमेशा याद आता है, 'रत्ती हमेशा याद रखेगी—वह एक अच्छी लड़की है, प्यारी और बहादुर...'। असद की अकाल मृत्यु रत्ती की इकलौती सम्भावना और सपने की भी अकाल मृत्यु है। बलात्कार के हादसे के बाद दूसरा बड़ा हादसा। यह न होता तो रत्ती की कथा का अन्त शायद कुछ और ही होता। यकीन से कहा जा सकता है कि रत्ती आगे के जीवन में हर पुरुष में सिर्फ और सिर्फ असद को ही तलाशती रही है।

बाद के जीवन में जगतधर, रंजन, रोहित, बाली, ओमी, सुमेर, डेविडवाइट, भानुराव, सुब्रामनियम, जयनाथ, श्रीपत, राजन महेन के रत्ती के साथ सम्बन्ध कैसे हैं? क्या सचमुच रत्ती पुरुषों को तरसाती, उनसे खिलवाड़ करती और फिर उन्हें बेकार चीज की तरह एक ओर फेंक देती हुई नारी है?

रत्ती जगतधर के कमरे पर बिना किसी पूर्व सूचना के पहुँचती है तो जगतधर कहते हैं, "मुझे तो मीता से मिलना था, पर अब जाकर टाल दूँगा।" रत्ती कहती है, "मीता को यहीं क्यों नहीं लिवा लाते?" और "मैं तुम दोनों के लिए कॉफी तैयार किए देती हूँ।" जगतधर मीता को लेकर आते हैं तो मीता रत्ती को देख गुस्से में कुछ सवाल करती है और यह कहकर चली जाती है कि "तुम दोनों की शाम में टपक पड़नेवाली मैं कौन हूँ।" जगतधर मीता के बारे में कहता है, "मीता है, पर मैं तुम्हें चाहता हूँ...तुम्हें रत्ती।" इस पर रत्ती सिर्फ इतना कहती है, "जगतधर, हम दोनों अच्छे दोस्त हैं, पर तुम और मीता ही एक-दूसरे को प्यार करते हो।" जगतधर आवेश में पूछते हैं तो रत्ती कहती है, "रोहित और रंजन भी तुम्हारी ही तरह दोस्त हैं जगतधर..."

और अन्त में रत्ती यह कहकर चली जाती है, "अब गुस्सा मत करो। आज शाम के लिए तुम्हारी मीतू से मैं माफी माँग लूँगी।"

क्या यह जगतधर को तरसाना, खिलवाड़ करना और फिर बेकार चीज की तरह एक ओर फेंक देना है? जगतधर को विश्वास है कि 'मीता दूर नहीं जाएगी और लौटकर यहीं आएगी,' इसलिए उसे उस समय मीता की चिन्ता नहीं है। 'मीता है, पर मैं तुम्हें चाहता हूँ...तुम्हें रत्ती'—जगतधर की कलई खोलने की लिए काफी है। कहने की आवश्यकता नहीं कि वह खिलवाड़ करके 'बेकार चीज' की तरह उसे एक ओर फेंक देगा। रत्ती का पूरा व्यवहार जगतधर और मीता के प्रति अत्यन्त मानवीय अैर उदार है। माफी माँगने तक। है कहीं 'उद्दंडता, गुस्सा या बदतमीजी?' जगतधर और मीता के प्रेम-सम्बन्धों को सही से समझते हुए वह अपने-आपको सिर्फ 'अच्छा दोस्त' मानती है और उससे आगे बढ़ने से अपने आपको भी रोकती है तथा जगतधर को भी। रिश्तों की नजाकत को समझना और अपने-आपको दलदल में धँसने से बचाना रत्ती ने अनुभव से ही सीखा है।

रोहित रंजन के बारे में उलटी-सीधी बातें करता है, लेकिन रत्ती नहीं मानती तो गुस्से में कहता चला जाता है, "तुम दोनों के बारे में लड़के-लड़कियाँ क्या कहते हैं..." "उस रात तुम कितने बजे होस्टल पहुँची थीं?"..."किसी दिन और सुलझूँगा तुमसे।" रत्ती आखिर में डपटते हुए कहती है, "तुम किसी भी दिन आज की-सी बातें नहीं करोगे। मुझे किसके साथ कहाँ जाना चाहिए, यह मेरे सोचने की बात है, किसी और की नहीं।"

दरअसल, रोहित रत्ती को रंजन से अलग करके अपना एकाधिकार जमाना चाहता है और उसके लिए 'लोग क्या-क्या कहते हैं' जैसे तीरों का इस्तेमाल करता है, जो रत्ती के लिए नई बात नहीं है। बचपन में बहुत सुना है कि लोग उसे 'बुरी लड़की' या 'गन्दी लड़की' कहते घूमते हैं।

अगली मुलाकात में रोहित दूसरा पासा फेंकता है, "एक बार 'हाँ' तो कहो रत्ती! मैं तुम्हें चाहता हूँ, पाना चाहता हूँ।" रत्ती निर्दयता से हँसकर टालती है, "सिर्फ अपने चाहने से दूसरे को पा नहीं लिया जाता।" रोहित रत्ती को घमंडी कहता है और सख्ती से रत्ती को बाँहों में जकड़कर कहता है, "तुम्हें चाहता हूँ...तुम्हें ही पाऊँगा।" इस पर रत्ती अपने-आपको छुड़ाने के बाद कहती है, "चाहूँगी नहीं और तुम जबर्दस्ती..." परेशान-हैरान रोहित को समझाती है, "पाने के लिए दोनों को एक-दूसरे को चाहना होता है रोहित!"

रोहित अपना असली चेहरा दिखाते हुए चोट करता है, "कौन चाहेगा तुम्हें, तुम एक ठंडी मनहूस लड़की," और बताता है कि "पहने हुए कपड़ों के सिवाय तुम्हारे पास कोई गरमाहट नहीं।" रत्ती 'पत्थर' हो चीखती है, "जाओ, तुम चले जाओ।"

सचमुच रोहित रत्ती से प्रेम नहीं करता, सिर्फ शादी का झाँसा देकर पाना चाहता है, क्योंकि वह जानता है कि रत्ती एक 'ठंडी और मनहूस लड़की है'। जब रत्ती उसके झाँसे में नहीं आती तो उसका पुरुष-अहं आहत हो चोट करने लगता है। इतना सुनने के बाद रत्ती क्या, कोई भी लड़की चीख उठेगी, 'गेट आउट'। यहाँ भी खिलवाड़ रोहित करता है और रोहित ही है जो उसे 'चीज' की तरह इस्तेमाल करके फेंक देना चाहता है। रोहित एक बार फिर रत्ती को आहत करके अपने अहं को तसल्ली देते हुए कहता है, "हमारी पिछली मुलाकात खुशगवार नहीं थी रत्ती, पर दिल से तुम्हारा शुक्रगुजार हूँ। तुम वह नहीं कहती जो तुमने उस दिन कहा तो मैं एक खूबसूरत ख़्वाब से महरूम रह जाता।" रत्ती टालती है और रोहित से उसकी पत्नी रोज़ी की तारीफ में कुछ कहने को कहती है। रोहित कहता है, "रोजी मेरे करीब एक नशा है नशा, रत्ती!" तो रत्ती जवाब देती है, "जो नशा इतने करीब हो कि हरदम चाहने पर पाया जा सके वह सरूर नहीं, आदत है रोहित।"

रत्ती बिल का भुगतान रोहित को नहीं करने देती। रोहित 'ठंडी चट्टान की तरह उसे देख आखिरी हमला करता है, "रंजन को कब बाहर करनेवाली हो?"

रोहित रत्ती से मिलता है सिर्फ यह बताने के लिए कि तुमसे लाख दर्जे बेहतर लड़की से शादी की है। तू क्या समझती है अपने-आपको। जुए में हारे खिलाड़ी-सा अपमानित रोहित रत्ती के साथ ऐसा ही दुर्व्यवहार कर सकता है। यह तो रत्ती ही है जो इस सबके बावजूद रोहित जैसे लम्पटों को भी 'तुम्हारी खुशी में इतनी-सी मेरी भी' कहकर सिर्फ टाल जाती है। वयस्क होने पर रत्ती की लड़ाई का तरीका

बदला है जिसमें मार का दर्द पहले से कहीं ज्यादा होता है। ओमी, रंजन और बाली के साथ रत्ती बोटिंग पर जाती है। लेकिन अब रत्ती अपने बारे में ठंडी होना सुनकर भी बड़े मासूम अन्दाज में कह सकती है, "जहाँपनाह, अब इस कमअक्ल, बेवकूफ लड़की को बख्श दीजिए।" कोई भी सवाल अब रत्ती को अचानक उत्तेजित करके गुस्सा नहीं दिलाता है।

बिलियर्ड खेलते सुमेर से रत्ती पूछती है, "इस आखिरी मौके से पहले पूछ क्यों न लूँ कि तुम्हारे बेटे की सालगिरह पर दिया गया उपहार वापस क्यों लौटा दिया गया?" सुमेर शर्मिन्दा हो कहते हैं, "काश, उस औरत को (पत्नी को) समझाया जा सकता... इतनी कीमती चीज बेमतलब भी दी जा सकती है।" इस पर रत्ती अफसोस से कहती है, "तुम दोनों ने मेरे सीधे-सादे चाव को पैरों तले रौंद डाला है सुमेर," और "कितने जतन से पैक किया था...क्या देखा था?" सुमेर ने रत्ती का उपहार वापस करके सचमुच रत्ती की भावनाओं के साथ खिलवाड़ किया है, न कि यह सब कर रत्ती ने सुमेर के साथ। भानुराव रत्ती को बम्बई के किसी होटल में देखकर भी अनदेखा करते हैं और बाद की एक मुलाकात में स्वीकार करते हैं। चाहते हैं कि रत्ती भूल जाए। रत्ती को अब तक शक था कि शायद न देखा हो, लेकिन अब 'कन्फर्म' करने के बाद कहती है, "भानुराव, तुम्हें बेनिफिट ऑफ डाउट देना चाहा था, पर तुम उसके काबिल नहीं।" भानुराव क्षमा माँगते हुए कहते हैं, "नहीं...इस प्रार्थी को लाइन से एकदम बाहर मत करो।" लेकिन रत्ती सिर्फ इतना कहती है कि "इस गलतफहमी का क्या करोगे भानु! तुम पूरा वक्त अपने से इंगेज हो।"

यहां भी भानुराव ही है जो रत्ती की उपेक्षा करता है, देखकर उपेक्षा करता है, देखकर अनदेखा करता है, रत्ती को अपमानित और आहत करने के लिए। रत्ती फिर भी शक का लाभ देना चाहती है, लेकिन भानुराव ही इसके योग्य नहीं। ऐसे में रत्ती का दोष? रत्ती और सुब्रामनियम एक-दूसरे के करीब नहीं आ पाते। सुब्रामनियम को लगता है कि जिसका रत्ती को इन्तजार है वह "मैं नहीं हो सकता।" रत्ती समझती है कि अपने आर-पार फैली दूरी "लाँघ लेने की हिम्मत खुद मुझमें नहीं। परिणामस्वरूप मेज के आर-पार बिछे दो रेगिस्तान उस दोपहरी में तनिक भी सरके नहीं।"

क्या सुब्रामनियम के साथ रत्ती का यह खिलवाड़ है? बेकार चीज समझकर एक तरफ फेंकना? तरसाना? इस्तेमाल करना? क्या है सिवा एक स्नेहिल सम्बन्ध की खोज के?

बूढ़ा जयनाथ रत्ती को कहता है, "मुझे तुम्हारी जरूरत है और कारोबार को तुम्हारे बेटों की।" लेकिन रत्ती संयत हो सहज कंठ से कहती है, "अपने बच्चों के

लिए कोई और माँ ढूँढ़नी पड़ेगी। बेटे बनाने की कला तो इस औरत के पास है ही नहीं।'' रत्ती यह कहकर किचन में जा नल खोलती है और 'चेहरा धार के नीचे रख' देती है।

जयनाथ का प्रस्ताव ठुकराकर रत्ती उसके साथ कोई खिलवाड़ नहीं कर रही है, न ही उसे चीज की तरह इस्तेमाल करके फेंक रही है। इतना-सा फैसला लेने का हक रत्ती को भी है, और क्यों न हो?

रत्ती बहुत कोशिश करती है, लेकिन कुछ भी भूल नहीं पाती और कहीं गहरे यह घाव घर कर गया है कि वह औरत नहीं, बर्फ की पहाड़ी चट्टान है। ''बर्फ के टीले। धूप पड़ती नहीं। बर्फ पिघलती नहीं?''

महेन पूछता है, ''रतिका, तुम क्या चाहती नहीं थीं।'' रत्ती भरे गले से जवाब देती है, ''चाहती थी, पर न हो सकी महेन...।'' इस पर ''भंग हुए महेन ने खट्टे हाथों ऊपर की चादर ऐसे उतार फेंकी कि रत्ती हो और अलग हो गए।''

रत्ती को चादर की तरह फेंकता हुआ महेन है। महेन सिर्फ एक मर्द है जिसे अपनी प्यास बुझाने से मलतब। प्यास नहीं बुझी तो रत्ती को शीशे के गिलास की तरह जमीन पर फेंककर तोड़ दिया। वह तोड़ सकता है क्योंकि मर्द है। उसे क्या पता, शीशे पर क्या बीती होगी। इस पर भी इल्ज़ाम यह है कि खिलवाड़ रत्ती करती, पुरुषों को बेकार चीज की तरह एक ओर फेंक देती है। हर कसूर औरत के मत्थे मढ़ो और चलते बनो। पुरुष समाज का यही नियम है। राजन बरस-भर लम्बे परिचय के बाद एक दिन रत्ती को बिस्तर तक लाते हैं, लेकिन रत्ती भरसक कोशिश के बावजूद और न सह पाने पर अलग हो जाती है। राजन झुँझलाते हैं और रत्ती को बार-बार 'अपना शव दीख' जाता है। रत्ती कहती है, ''मुझे तुमसे माफी माँगनी है राजन...वह एक काला जहरीला क्षण हर बार मुझे झपट लेता है और मैं काठ हो जाती हूँ।'' राजन रत्ती को न पा सकने की कडुवाहट में उसे उपेक्षा से रौंद डालते हैं। रत्ती रोकती है, लेकिन राजन हाथ झटक कहते हैं, ''जो सालोसाल तुम्हारे कीमती हाथों को चूमता रहे मैं वह नहीं हूँ।'' और ''मुझे हमेशा शक था तुम औरत हो भी कि नहीं।''

यहाँ राजन महेन से भी अधिक क्रूर दिखाई पड़ता है। रत्ती के माफी माँगने और बताने के बावजूद उसमें कोई हमदर्दी नहीं, अपनी हवस के आगे सारे रास्ते बन्द। और इसी कड़ी में अन्तिम 'पुरुषोचित दर्प और सामर्थ्य' लिए श्रीपत। पत्नी बाहर गई है। रत्ती को अपने घर, अपने बेडरूम तक लाते हैं श्रीपत और जैसे 'मसल डालना' चाहते हों। रत्ती मना करती है तो श्रीपत इल्ज़ाम लगाते हैं, ''उस पहली शाम से तुम मुझे उकसाती रही हो। तुम, तुम क्रूर और ज़ालिम औरत।'' रत्ती समझाती है, ''काश इस क्षण को तुम इस कमरे तक न लाते श्रीपत तो शायद हम एक-दूसरे को लहकाते। कम-से-कम मुझे तो। पर श्रीपत, यह तो तुम्हारा घर

था...तुम्हारा।'' श्रीपत कहते हैं, ''ऐसे बात करती हो कि तुम पर बलात्कार करने जा रहा था।'' सुनकर रत्ती छलनी हो जाती है और कहती है, ''तुम्हारे शब्दों के चुनाव को कुचल देने को जी चाहता है श्रीपत।''

फिर भी रत्ती उठते हुए कहती है, ''हम लोग आज का दिन निकालकर एक-दूसरे को याद कर सकें तो अच्छा होगा श्रीपत। इतनी कड़ुवाहट का मैं क्या करूँगी। मेरे पास तो ज़हर-ही-ज़हर जमा है।'' जगतधर से श्रीपत तक पुरुष स्त्री को पाना चाहता है, जीतना चाहता है। न पा सके तो रौंदकर मसल देना चाहता है। पाने के बाद 'बेकार चीज' की तरह फेंक देता है। पाने के लिए लार टपकाता घूमता है पीछे-पीछे। तारीफ में न जाने क्या-क्या कहता है। जाल-पर-जाल बिछाता रहता है। मछली न फँसे तो क्रूरता की सभी सीमाओं को पार कर आक्रामक हो जाता है। जवाबी हमला होने पर जल्दी ही हार भी मान लेता है और गिड़गिड़ाने लगता है।

रत्ती ने सिर्फ ''सिर उठा अपने लिए अपनी लड़ाई लड़ी है, कड़ुवाहट के ज़हर से अपने को अपना दुश्मन नहीं बनाया। दोस्त नहीं मिला तो भी दोस्ती को दुश्मनी नहीं समझा।''

''सूरजमुखी अँधेरे के' का अर्थ राजेन्द्र यादव के अनुसार, 'अँधेरे से उभरता हुआ एक सूर्यपुष्प' है, लेकिन मुझे लगता है इसका अर्थ 'अँधेरे में मुरझाए सूरजमुखी' होना चाहिए। समाज के अँधेरे में सूरजमुखी के उभरने, खिलने और महकने की गुंजाइश ही कहाँ है? सूरजमुखी-सी रत्ती के साथ बलात्कार उसके जीवन में अँधेरा-ही-अँधेरा तो करता है। बलात्कार का अँधेरा सूरजमुखी के चेहरे को सिर्फ काला कर सकता है, ऐसा काला कि जीवन भर धुलता ही नहीं।

सालों बाद रत्ती 'सिर्फ' है। उसका तीखापन, कड़ुवाहट सब मर गए हैं। वह फीकी है। एक फीकी औरत। एक लड़की जो कभी लड़की नहीं थी। एक औरत जो कभी औरत नहीं थी। जिसकी छाती पर काँटों की बाड़ 'उग आई' है और 'वह आप ही अपनी सड़क का डेड एंड है।' उसकी लड़ाई किसी से नहीं, खुद अपने से ही है। वह 'सिर्फ गीली लकड़ी है। जब भी जलेगी धुआँ देगी। सिर्फ धुआँ। उसने कई बार 'चाहा कोई चेहरा, एक नाम याद कर किसी को पुकार सके, पर चेहरों की भीड़ जैसे 'फोकस' के बाहर हो गई और वक्त का धब्बा बनकर आँखों के सामने टँगी रही।'' उसका कल इतना भयावह है कि वह परेशान हो जाती है। झल्लाकर कहती है, ''कल की बात मत करो। मुझे कल (पीकर) मर जाना चाहिए था।'' क्योंकि ''आधी जिन्दगी गुजर जाने के बाद मैंने वह गुजरा हुआ वक्त देखा था जो मेरा हो सकता था।'' लेकिन अब ''चाहने की नहीं, चाह सकने की सामर्थ्य की बात है।'' उससे कोई पूछे 'तुम्हारे बच्चे हैं' तो 'बाँझ बेबसी से आँखें पुत' जाती हैं। उसकी आँखों में हमेशा 'एक हारी हुई लड़ाई की चमक' उठती है मगर 'क्रूर, बेबस

और खूबसूरत।' उसके लिए जीवन 'हर बार मिट्टी का ढेर था। हर बार बीच में वही ढेर मिट्टी हो गए वक्त का।' रत्ती सोचती है, ''कहीं एक ऐसा कोना इस कमरे में हो जिसे कोई न देख सके। एक रत्ती को यहाँ छिपा जाऊँ दूसरी को गाड़ी में बिठा अपने साथ ले जाऊँ।''

रीमा, केशो और कूमू बाबा के साथ कुछ दिन रहने के बाद रत्ती को लगता है—''इस पुल पर से अँधियारे की गहरी दुर्गम घाटी पार की हो।''

लगता है कि रत्ती ने बड़ी बेरहमी से अपना 'पोस्टमार्टम' किया है और अपने आसपास के जीवन को तटस्थ होकर देखने की कोशिश की है। मानसिक रूप से सहज और स्वाभाविक होने की जरूरत महसूस करके ही वह पुरानी रत्ती को कमरे में छिपा जाने और नई रत्ती को अपने साथ गाड़ी में ले जाने का निर्णय लेती है। अतीत से मुक्त होकर ही शेष जीवन सहज रूप से जिया जा सकता है। बाद में रत्ती दिवाकर को बताती भी है—''रीमा के घर पहुँचकर पाया कि तन-मन के अँधियारे में कई बत्तियाँ टिमटिमाने लगी हैं। रीमा-केशी-बच्चा। उन्हें देखती, फिर अपने को, फिर उन्हें। दिवाकर, उन बर्फीले दिनों में मैंने जैसे खो गए वक्त को ढूँढ़ निकाला था। पिछले सफर की हर कड़ी अपने आप एक-दूसरे से जुड़ती चली गई और पाया मैंने कुछ भी अर्जित नहीं किया। सिर्फ उन कड़ियों से जकड़ी गई हूँ।''

स्त्री की गरिमा और सम्मान का सवाल

केन्द्रीय मंत्रिमंडल ने (12 नवम्बर, 2002 को) फैसला लिया है कि बलात्कार के मुकदमों में महिलाओं के चरित्र हनन को रोकने के लिए, भारतीय साक्ष्य अधिनियम, 1872 की धारा 155 की उपधारा (4) को हटाने के लिए कानून में संशोधन किया जाएगा। गौरतलब है कि ऐसा विधि आयोग और महिला आयोग की सिफारिश पर किया जा रहा है। देश भर में संगठनों और शेष प्रबुद्ध समाज में इस महत्त्वपूर्ण फैसले का जोरदार स्वागत हुआ है। लेकिन बेहद आश्चर्यजनक और दुखद बात यह है कि राजधानी के वकील संगठनों के नेताओं ने विरोध में अपनी-अपनी आपत्ति दर्ज कराते हुए कहा है, "बुरे चरित्र की कई महिलाएँ इस तरह के कानूनों का सहारा लेकर पैसा बनाने में लग जाएँगी और इससे महिलाओं को कोई राहत नहीं मिलने जा रही है...।" अगर सचमुच महिलाओं को कोई राहत नहीं मिलनेवाली तो बलात्कारियों के पक्षधरों के शेष-अशेष तर्कों (कुतर्कों) का कोई अर्थ (अनर्थ) नहीं। बदलते समय और समाज के साथ-साथ विधान-संविधान को बदलना भी अपरिहार्य है। लेकिन जिन दिमागों में संस्कारों का दीमक लग चुका है, वो यथास्थिति बनाए-बचाए रखने के लिए ऐसे-वैसे-कैसे भी आरोप गढ़-मढ़ सकते हैं। स्त्री विरोधी ऐसे शर्मनाक और अन्यायपूर्ण कानूनी प्रावधान में, एक सौ तीस साल बाद होनेवाले संशोधन में यौन हिंसा की शिकार स्त्रियों के सम्मान की रक्षा के साथ-साथ भारतीय न्याय व्यवस्था के सम्मान की भी समुचित मरम्मत होने की उम्मीद की जा सकती है।

खैर...भारतीय साक्ष्य अधिनियम की धारा 155(4) में प्रावधान किया गया है कि गवाह की विश्वसनीयता खंडित करने के लिए "अगर किसी पुरुष पर बलात्कार का आरोप हो, तो उसे यह सिद्ध करना चाहिए कि पीड़िता आमतौर से अनैतिक चरित्र की महिला है।" मतलब यह है कि बलात्कार की शिकार महिला को अनैतिक चरित्र की महिला (वेश्या, कॉलगर्ल, रखैल, सम्भोग की आदी, दुश्चरित्र...) प्रमाणित करो और बाइज्जत रिहा हो जाओ। 'बुरे चरित्र' की महिलाओं से जब चाहे बलात्कार करो या बलात्कार करने के बाद, पीड़ित स्त्री को अनैतिक चरित्र की

औरत (बदनाम, कुलटा, नीच, व्यभिचारिणी...) प्रमाणित करके—मूँछों पर ताव देते हुए 'न्याय मन्दिरों' से बाहर निकल आओ। देश भर में तीस लाख महिलाएँ वेश्यावृत्ति करने को विवश हैं, जिसमें (सरकारी आँकड़ों और मानव संसाधन विकास मंत्री महोदय के राज्यसभा में बयानानुसार) लगभग पन्द्रह प्रतिशत वेश्याओं की उम्र पन्द्रह साल से कम है। यानी करीब पाँच लाख नाबालिग लड़कियों के साथ रोज बलात्कार होता है, हो रहा है क्योंकि आपके ही कानूनानुसार सोलह साल से कम उम्र की लड़की के साथ सहवास बलात्कार है, भले ही उसकी सहमति हो या न हो।...हम जानते हैं कि आप फिर वही कानून पढ़ाने लगेंगे या कुतर्क : 'वे सब बुरी' 'भ्रष्ट' और 'अनैतिक चरित्र' की औरतें हैं...वेश्या...कॉलगर्ल...गश्ती... टैक्सी...रंडी...। ग्राहक से पैसे लिये हैं, सो 'बलात्कार का सवाल ही नहीं उठता।' है ना! पर संशोधन के बाद ऐसा कोई तर्क (तीर) नहीं चल पाएगा।

बाल वेश्याओं के यौन शोषण सम्बन्धी एक जनहित याचिका (ए. आई. आर. 1990, सुप्रीम कोर्ट 1412) में विद्वान न्यायमूर्तियों ने कहा, 'हमारे विचार से, देश भर में केन्द्रीय जाँच ब्यूरो द्वारा पूछताछ या पड़ताल न तो व्यावहारिक रूप से सम्भव है और न ही वांछित। उन्हें निर्देश देने से कोई लाभदायक उद्देश्य सिद्ध नहीं होने वाला...यह सिर्फ सामाजिक नहीं, आर्थिक समस्या भी है। सजा से अधिक नियंत्रण आवश्यक है।' नो कमेंट्स, माई लार्ड्स। 1972 में प्रमिला कुमारी के साथ तीन व्यक्तियों ने बलात्कार किया। उस समय प्रमिला गर्भवती थी। अदालत ने अपने निर्णय (ए. आई. आर 1977, सुप्रीम कोर्ट 1307) में कहा कि प्रमिला 'रखैल' थी, सम्भोग की आदी थी, उसने कोई चीख-पुकार नहीं मचाई, इन परिस्थितियों में जो कुछ हुआ, उसकी मर्जी या सहमति से हुआ (चार-पाँच दिन बाद गर्भपात) या फिर उसमें उसके पति (प्रेमी) की भी मिलीभगत थी। परिणामस्वरूप तीनों अभियुक्तों को बाइज्जत बरी किया जाता है। सर्वोच्च न्यायालय के माननीय न्यायमूर्ति पी.एन. भगवती और एस. मुर्तजा फजल अली ने सेशन और हाईकोर्ट के फैसलों को रद्द करते हुए इसे 'सीरियस मिसकैरिज ऑफ जस्टिस' माना था। विद्वान न्यायमूर्तियों के अनुसार, बलात्कार के कारण प्रमिला का गर्भपात नहीं बल्कि निर्दोष अभियुक्तों को सजा सुनाने के कारण न्याय का गर्भपात हुआ था।

1978 में मथुरा बलात्कार कांड में सर्वोच्च न्यायालय का फैसला न्याय की भाषा का 'सर्वश्रेष्ठ नमूना' कहा जा सकता है। पुलिस स्टेशन में पुलिसकर्मियों द्वारा बलात्कार को एक शान्तिपूर्ण सहमति का मामला माना था और मथुरा को 'झूठी ही नहीं, 'चरित्रहीन' स्त्री भी। क्या पुलिस स्टेशन को 'वेश्यालय' की तरह इस्तेमाल करना कोई अपराध और यह निर्णय उसका लाइसेंस नहीं? मथुरा केस में सुप्रीम कोर्ट के निर्णय के विरुद्ध महिलाओं द्वारा राष्ट्रीय स्तर पर विरोध और जनान्दोलनों

के परिणामस्वरूप 1983 में बलात्कार सम्बन्धी प्रावधानों में संशोधन के बावजूद गहरे गड्ढे मौजूद हैं और न्यायिक दृष्टिकोण में भी कोई उल्लेखनीय बदलाव नहीं हुआ लगता। सुमन से लेकर भँवरीबाई बलात्कार कांड तक में हुए निर्णय इसका प्रमाण हैं। मगर न्यायमूर्तियों का कहना है, "यह अदालत स्त्री गरिमा और सम्मान की रक्षा में किसी से भी कम नहीं है।"

बंटी उर्फ बलविन्द्र सिंह बनाम मध्य प्रदेश राज्य (1992 क्रिमिनल लॉ जर्नल 715) सामूहिक बलात्कार का एक ऐसा मामला है, जिसमें पच्चीस वर्षीया विवाहिता महिला के साथ बलात्कार करनेवाले पाँचों अभियुक्तों को बाइज्जत रिहा करते हुए मध्य प्रदेश उच्च न्यायालय के न्यायमूर्ति एस. के. सेठ और एस.के. चावला ने निर्णय में लिखा, "यहाँ यह बता दें कि यह सामूहिक बलात्कार का मुकदमा है। एक औरत, जो भले ही कितनी भी दुराचारी क्यों न हो, इतने व्यक्तियों को, अपमानजनक ढंग से सामूहिक सम्भोग करने की आमतौर पर सहमति नहीं देगी, जैसे वह सार्वजनिक प्रयोग के लिए कोई जानवर हो।" उन्होंने आगे कहा, "कानून मानता है कि भले ही कोई स्त्री अनैतिक चरित्र की हो या वेश्या ही हो, उसकी अपनी गरिमा और सम्मान होता है। उसके इस नीच व्यवसाय के कारण ही उसके साथ अतिक्रमण नहीं किया जा सकता।" लेकिन निर्णय के अन्त तक आते-आते न्यायमूर्तियों ने स्थापना यह दी कि "लेकिन मानना पड़ेगा कि फिर भी, अनैतिक चरित्र पूर्णतया गौण परिस्थिति नहीं होगी। यह स्वयं सारी कहानी को अविश्वसनीय बना सकता है। यह कहानी से उस सम्भावना शक्ति को छीन सकता है, जो किसी ऐसी महिला ने सुनाई हो, जिसका कोई नैतिक चरित्र नहीं। किसी अनैतिक चरित्र की महिला पर विश्वास करना कठिन है। अगर वह यह कहे कि कुछ व्यक्तियों ने उसके साथ (बलात्कार) सम्भोग किया है, बशर्ते कि इस बात का कोई सन्तोषजनक प्रमाण उपलब्ध न हो।"

'किसी वेश्या की मर्यादा को भी समान सुरक्षा का उतना ही अधिकार है, जितना किसी अन्य महिला को।' (ए.आई.आर 1962 मद्रास 31) लेकिन हर बार न्याय की अन्धी देवी की तुला में एक तरफ बलात्कार की अपमानजनक पीड़ा होती है और दूसरी तरफ पीड़िता का नैतिक चरित्र। जाहिर है कि ऐसे में ऐसी स्त्री के साथ न्याय असम्भव है, क्योंकि उसकी पूरी कहानी सन्देह के घेरे में ही घूमती रहेगी। उसकी बात पर कौन यकीन करेगा। सिर्फ न्यायमूर्तियों को दोषी ठहराना भी व्यर्थ होगा, क्योंकि वे भी उसी समय और समाज की उपज हैं, जिसमें नैतिकता, मर्यादा, पवित्रता, यौन शुचिता वगैरह की सारी जिम्मेवारी सिर्फ स्त्री पर लाद दी गई है— धर्मशास्त्रों से लेकर न्यायशास्त्रों तक में। कानूनी संशोधनों के बावजूद स्त्री के लिए इस दुष्चक्र से बाहर निकलने का तब तक कोई दरवाजा नहीं, जब तक सामाजिक और मानसिक बदलाव की कोई ठोस आधारभूमि नहीं तैयार होती या की जाती।

सुमन बलात्कार केस (ए. आई. आर. 1989, सुप्रीम कोर्ट 937) में सर्वोच्च न्यायालय के न्यायमूर्तियों द्वारा हरियाणा के पुलिस वालों की सजा दस साल से घटाकर पाँच साल की गई थी। मुख्य कारण—'लड़की सन्दिग्ध चरित्र' की है। पुलिस पक्ष की ओर से मुकदमे की पैरवी मानवाधिकारों के चैम्पियन गोविन्द मुखौटी ने की थी। जब अखबारों और पत्रिकाओं में इस निर्णय की आलोचना हुई तो मुखौटी को सार्वजनिक रूप से माफी माँगते हुए पी. यू. डी. आर. की अध्यक्ष की कुर्सी से इस्तीफा देना पड़ा था। पुनर्विचार याचिका में न्यायमूर्तियों ने अपना फैसला तो नहीं बदला, हाँ, इतना स्पष्टीकरण जरूर दिया कि हमारे पूर्व फैसले का आधार लड़की का चरित्र होना नहीं बल्कि रिपोर्ट पाँच दिन बाद करवाना है। पुनर्विचार के बाद निर्णय में कहा गया कि 'हम यह कहना चाहते हैं कि यह अदालत स्त्री गरिमा और सम्मान की रक्षा में किसी से कम नहीं है।' (ए. आई. आर. 1990, सुप्रीम कोर्ट 538)।

महाराष्ट्र बनाम मधुकर नारायण मारडीकर (ए. आई. आर. 1991, सुप्रीम कोर्ट 207) के मामले में पुलिस इंस्पेक्टर मधुकर पर आरोप था कि उसने 13 नवम्बर, 1965 की रात बानुबी के साथ बलात्कार का प्रयास किया। उसने जाँच-पड़ताल (विभागीय) में अपने बचाव में कहा कि स्त्री वेश्या है। उच्च न्यायालय के फैसले को रद्द करते हुए सर्वोच्च न्यायालय के माननीय न्यायमूर्ति के. जगन्नाथ शेट्टी और ए.एम. अहमदी ने कहा था, "चरित्रहीन स्त्री को भी व्यक्तिगत गोपनीयता (प्राइवेसी) का अधिकार है और कोई भी जब चाहे उसके इस अधिकार का अतिक्रमण नहीं कर सकता। इसलिए किसी को भी या हर एक को यह हक नहीं कि स्त्री की सहमति के बिना, जब चाहे उसकी व्यक्तिगत गोपनीयता का उल्लंघन कर सके। उल्लंघन (बलात्कार) की स्थिति में उसे अपने बचाव और सुरक्षा का अधिकार है। वह भी कानूनी संरक्षण की समान रूप से अधिकारी है। परिणामस्वरूप उसके साक्ष्य को रद्दी की टोकरी में सिर्फ इसलिए नहीं डाला जा सकता कि वह एक चरित्रहीन स्त्री है। ज्यादा से ज्यादा, साक्ष्यों की सत्यता को परखनेवाले अधिकारी को चाहिए कि उसके साक्ष्य (गवाही) को स्वीकार करने से पूर्व सावधान या चौकस रहे।"

'स्त्री गरिमा और सम्मान की रक्षा' के सारे वायदों और घोषणाओं के बावजूद न्यायमूर्तियों का स्पष्ट सुझाव यह भी रहा कि चरित्रहीन स्त्रियों की गवाही स्वीकार करने से पूर्व अधिकारियों को पूर्णरूप से 'सावधान', 'चौकस' या 'जागरूक' रहना चाहिए। बंटी उर्फ बलविन्द्र के मामले में इसी रेखांकित सुझाव का परिणाम है कि 'किसी अनैतिक चरित्र की महिला पर विश्वास करना कठिन है' और 'अनैतिक चरित्र पूर्णतया गौण परिस्थिति नहीं।' रफीक बनाम उत्तर प्रदेश (1980 भाग 4, सुप्रीम कोर्ट केस 262) में सर्वोच्च न्यायालय के विद्वान न्यायमूर्ति वी.आर. कृष्णा अय्यर

ने कहा था, 'कोई भी प्रतिष्ठित महिला किसी पर भी बलात्कार का आरोप नहीं लगाएगी क्योंकि ऐसा करके वह जो बलिदान करती है, वो तो उसे सबसे प्रिय है।' यहाँ 'विमेन ऑफ ऑनर' यानी प्रतिष्ठित महिला की परिभाषा में वेश्या, कॉलगर्ल या चरित्रहीन औरतें शामिल नहीं हैं और न 'दोहरा अभिशाप' झेलती वे गरीब, हरिजन या आदिवासी औरतें जो बिना किसी 'मानवीय गरिमा' या किसी भी गरिमा की निर्धनता रेखा से नीचे जी रही हैं। तर्क के दूसरी तरफ यह छिपा है कि प्रतिष्ठित स्त्री को बलात्कार का आरोप लगाने की जरूरत नहीं और अप्रतिष्ठित को ऐसा आरोप लगाने का हक नहीं। यहाँ आर्थिक भेद और लिंगभेद किस कदर मिल-जुल गए हैं कि एक ओर तर्क से अमीर स्त्री की प्रतिष्ठा को उसका बन्धन बनाया जा रहा है, दूसरी ओर गरीब स्त्री को प्रतिवाद के हक से वंचित किया जाता है कि वह तो 'ऐसी' थी ही।

पड़रिया बलात्कार कांड में न्यायाधीश ओ.पी. सिन्हा का फैसला था, ''इन महिलाओं की तुलना सभ्य और प्रतिष्ठित समाज की महिलाओं से नहीं की जा सकती। ये महिलाएँ नीच काम में शामिल थीं और इनका चरित्र सन्दिग्ध है।'' ऐसे अनेक फैसले कानून की किताबों में भरे पड़े हैं। दरअसल यौन हिंसा की शिकार स्त्रियों के साथ कानून और न्याय एक ऐसा 'खेल' है, जिसमें चारों ओर 'पुरुष' के बचाव में खड़े सुरक्षा प्रहरी कभी 'सहमति से सम्भोग' पर बहस करने लगते हैं और कभी स्त्री के चरित्र, शील, यौन शुचिता और नैतिक पवित्रता पर मतभेद। अन्ततः न्यायिक विवेक कहता है, 'जहाँ बलात्कृत लड़की' अक्षत योनि या 'पवित्र देह' नहीं, वहाँ सात साल कठोर कारावास की सजा बहुत सख्त सजा है।

संसद से यही आशा और विश्वास या उम्मीद की जा सकती है कि वह इस संशोधन को आम सहमति से पारित कर दे, महिला आरक्षण बिल की तरह लटकाए नहीं। अदालतें तो खैर हर आम आदमी (औरत) की आस्था की अन्तिम शरणस्थली बनी ही रहेंगी—कम से कम तब तक, जब तक न्याय की जरूरत, उम्मीद और संघर्ष जारी रहने-रखने का अन्य कोई विकल्प नहीं।

परिशिष्ट

Amir, M., *Petterns in Forcible Rape* (Chicago, 1971).

Barnes, Dorothy L., *Rape : Bibliography* 1965-75 (The Whitson Publishing Company, New York, 1977).

Bashar, Nazife, Rape in England Between 1550 and 1700, *in the Sexual Dynamics of History* (London, 1983).

Brownmiller, Susan, *Against Our Will : Men, Women and Rape* (New York, 1975, later editions 1976, 1981).

Clark, Lorene and Lewis Debra, *Rape : The Price of Coercive Sexuality* (Toronto, 1977).

Courtivron, Isabelle de. (trans.), *'Rape is an abuse of power', from Le Quotidien des Femmes,* 3 May 1975, in Elaine Marks and Isabelle de Courtivron (eds).

New French Feminisms : and Anthology (Amherst, 1980, Brighton, 1981).

Daly, Mary, *Gyn/Ecology : The Metaethics of Radical Feminisme* (Boston, 1978, London, 1979).

Donaldson, Ian, *The Rape of Lucretia : a Myth and Its Transformation* (Oxford, 1983).

Dworkin, Andrea, *Pornography : Men Possessing Women* (London, 1981).

Eagleton, Terr., *The Rape of Clarissa* (Oxford. 1982).

Edwards, Allison, *Rape, Racism, and the White Woemen* (London, 1981).

Eagleton, Terry., *The Rape of Clarissa* (Oxford. 1982).

Edwards, Allison, *Rape Racism, and the White Women's Movement : an answer to Susan Brownmiller* (Chicago, 1976).

Frieze, Irene Hanson., *'Causes and consequences of Martital rape', signs* 8 (1983) pp. 532-33.

Gail omvedt., *violence against women, new movements and new trends in India* (Kali for women, 1990).

Griffin, Susan, 'Rape : the all-Americal Crime' *Ramparts,* 3 (1971) pp. 26-35.

Griffin, Susan, *Rape : the Power of Consciousness* (New York, 1978).

Groth, Nicholas, *Men Who Rape* (New York, 1979).

Hall, Ruth E., *Ask Any Woman : A London inquiry into rape and sexual assault,* Report of the Women's Safety Survey conducted by Women Against Rape (Bristol, 1985).

Hall, Ruth E., *The Rapist who pays the rent* (Vristol, 1982).

Harper, Ross and Mcwhinnie Arnot., *The Glasgow Rape Case* (London, 1983).

Kemmer, Elizabeth Jane, *Rape and Rape Related Issues : an annotated bibliography* (London 1977).

Konner. Melvin, *The Tangled Wing : biological constraints on the human spirit* (London, 1983).

London Rape Crisis Centre (ed.) *Sexual Violence : the Reality for Women* (London).

Rich Adrienne, *On Lies, Secrets and Silences : Selected Prose 1966-78* (New York, 1979).

Russell, Diana E. H., *The Politics of Rape* (New York, 1975.

Russell, Diana E. H., *Rape in Marriage* (New York, 1982).

Russell, Diana E.H., *Sexual Exploitation : Rape, Child Sexual abuse and Work place Harassment* (London, 1984).

Sanday, Peggy Reeves, *Female Power : Male Dominance : on the origin of Sexual inequality* (Cambridge. 1981).

Sanday, Peggy Reeves, 'The Socio-cultural context of rape : a cross-cultural study', *The Journal of social Issues,* 37 (1981), p. 5.

Schwendinger, Julia R. And Schwendinger, Herman, *Rape and Inequality* (London, 1983).

Shorter, Edward, 'On writing the history of rape., *Signs,* 3 (1977), pp. 471-82.

Smart, Carole and Smart, Barry, 'Accounting for rape., *in Women, Sexuality and Social Control* (London 1978).

Taylor, G.R., *Sex in History* (London, 1953).

Ward. Elizbeth, *Father, Daughter Rape* (London, 1984).